乳幼児のこころ
子育ち・子育ての発達心理学

遠藤利彦・佐久間路子・徳田治子・野田淳子[著]

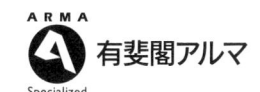

有斐閣アルマ

はしがき

　人の生涯を見わたしてみたときに，乳幼児期ほど，変化の大きな時期はないと言えるでしょう。生後たった数年という間に，子どもは身も心も，人生の中で最も劇的な変貌を遂げるのです。その意味からすれば，子どもの発達の歩みはとても確かで，おそらくは恐ろしく速いものと言えます。しかし，そうでありながら，私たち大人にとって，それはあくまでも，いつの間にかとてもひそやかに起きるものとしてあるような気がします。

　目の前で，いつも何かが変化しているはずなのに，私たちは，大概，それに気がつくことができず，つい何もなかったかのように見過ごしてしまうのです。そして，それでいながら，ある日，突然，大きく変じた赤ちゃんの姿にハッとさせられ，「いつの間にこんなことができるようになったの……」と感嘆と歓喜の声を上げることになるのです。

　このように，子どもの発達の歩みは，元来，私たちの生身の目では，はっきりとは見えにくいものとしてあると言えます。しかし，本書では，発達心理学という科学の目を通して，できるだけ精細に，赤ちゃんのどこで，いつ頃，何が，どのように，そしてなぜ，生起し，また変化していくのかを概観していきたいと思います。そして，折にふれて，私たち大人がどのように接することが赤ちゃんの発達に寄与することになるのかについても考察を試みたいと思います。

　本書は大きく分けて3部からなっています。より具体的に言えば，第Ⅰ部ではまず，乳幼児の「こころ」とは何か，それがどのように芽生え，そしてそれに対して私たち大人はいかに向き合えばよいのかということについて考えてみたいと思います。次に，第Ⅱ部では，

乳幼児の心身両面にわたる発達のプロセスやメカニズムについて，できる限り，最新の知見に基づきながら，概説していきたいと思います。そして，第Ⅲ部では，より実践的な立場から，私たち大人が，どのように乳幼児の発達を支えることができるのか，またそこにさまざまな問題が生じた場合に，それらにいかに対処すべきかということについていろいろと考察をめぐらしてみたいと思います。全体を通して，「子育ち」の基礎を確かにふまえながら，それを「子育て」の実践に適切に応用できるように，工夫を凝らしたつもりです。

　本書を通して，赤ちゃんの実際が少しでも，読者の皆さんに伝わり，赤ちゃんにもっともっと関わりたいという気持ちをもってもらえるとしたら，著者としてはこれほどうれしいことはありません。

2011 年 3 月

著者を代表して
遠 藤 利 彦

著者紹介

● **遠藤 利彦**（えんどう としひこ）

執筆担当：第 1〜5 章，*Column* ①〜⑩, ⑰, ⑲

現在　東京大学大学院教育学研究科教授
主著　『読む目・読まれる目——視線理解の進化と発達の心理学』（編著）東京大学出版会，2005 年
　　　『アタッチメントと臨床領域』（共編著）ミネルヴァ書房，2007 年
　　　『「情の理」論——情動の合理性をめぐる心理学的考究』東京大学出版会，2013 年

読者へのメッセージ

乳幼児の「こころ」が自分にはちゃんとつかめているのだろうかとふと自問してしまうことがあります。そして，そのたびごとに，まだまだわからないことが多すぎることに愕然としてしまうのです。しかし，最近になって，ほんの少しだけ見え始めてきたところもあるように思います。この本には，そのちょっとわかりかけてきたことをまとめてみました。

● **佐久間 路子**（さくま みちこ）

執筆担当：第 6〜8, 10 章，*Column* ⑪〜⑯, ⑳, ㉑

現在　白梅学園大学子ども学部教授
主著　『幼児期から青年期にかけての関係的自己の発達』風間書房，2006 年
　　　『子育て支援の心理学』（分担執筆）有斐閣，2008 年
　　　『発達心理学』心理学のポイント・シリーズ（共編著）学文社，2008 年

読者へのメッセージ

赤ちゃんを見ていると「かわいいなぁ」と感じることがよくありますね。そんなとき，どんなところが「かわいい」のか，なぜ「かわいい」と感じるのかを，少し考えてみてください。そしてこの本を通して，赤ちゃんの「かわいさ」だけでなく，発達や成長の「不思議」や「おもしろさ」に気づいてほしいと思います。

● **徳田 治子**（とくだ はるこ）　執筆担当：第 11, 12 章, *Column* ㉒〜㉕
現在　　高千穂大学人間科学部教授
主著　　『はじめての質的研究法——生涯発達編』（分担執筆）東京図書，2007 年
　　　　『発達心理学』心理学のポイント・シリーズ（分担執筆）学文社，2008 年
　　　　『成人発達臨床心理学ハンドブック——個と関係性からライフサイクルを見る』（分担執筆）ナカニシヤ出版，2010 年

読者へのメッセージ

　本書では，乳幼児を育てる親の発達と子ども虐待に関する章を担当しました。日々成長していく子どもと同じように，その子どもの生命を守り，育んでいく養育者もまた日々試行錯誤しながら，「育てる者」としての自分を確立していきます。「育つこと」と同様，「育てる」ことによって広がるこころの世界を本書から学んでいただければと思います。

● **野田 淳子**（のだ じゅんこ）　執筆担当：第 9, 13 章, *Column* ⑱, ㉖, ㉗
現在　　東京経済大学全学共通教育センター准教授
主著　　『事例で学ぶ保育内容 領域 言葉』（分担執筆）萌文書林，2007 年
　　　　『子育て支援の心理学』（分担執筆）有斐閣，2008 年
　　　　『感情と動機づけの発達心理学』（分担執筆）ナカニシヤ出版，2008 年

読者へのメッセージ

　人のこころは，目には見えません。しかし，すぐれた保育者は"一を聞いて十を知る"。子どものふとした表情や言動から，いくつものこころの動きを読み取って即座に応じます。本書で子どもの豊かなこころの世界にふれ，その謎に迫るだけでなく，自分のこころやその成りたちを考える楽しさも味わってほしいと考えています。

目　次

第Ｉ部
乳幼児のこころとは

第1章　赤ちゃんのこころに引き込まれる　3
錯覚と発達

1　科学的立場から見る赤ちゃんのこころ …………………………… 4
2　養育者の目から見る赤ちゃんのこころ ………………………… 6
3　錯覚の発達促進的な働き ……………………………………… 8

第2章　赤ちゃんのこころに向き合う　17
錯覚から脱錯覚へ

1　両刃の剣としての錯覚 ………………………………………… 18
2　「真の自己」と「偽りの自己」 ………………………………… 19
3　欲求の先読みの危険性 ………………………………………… 22
4　子どもにとって情緒的に利用可能であること ……………… 25
5　子どもは安全の環の中で育つ ………………………………… 28
6　ほどよくあることの奨め ……………………………………… 32

第3章　生命が芽生えるとき　　41

1 生命の萌芽と始動 …………………………………… 42
　　生命の萌芽（42）　胎児の始動（42）

2 胎児の知覚・認知能力 ……………………………… 44
　　胎児の知覚能力の発達（44）　胎児の認知能力の発達（46）

3 胎内環境の重要性 …………………………………… 47
　　胎内環境とテラトゲン（47）　つわりの隠れた働き（49）

4 妊娠期の母親の心理 ………………………………… 52
　　想像上の赤ちゃん（52）　出産前後の連続性（53）

第II部
乳幼児のこころとからだの謎を解く
初期能力と発達の諸側面

第4章　赤ちゃんが世界と出会うとき　　59

1 赤ちゃん観の変遷と赤ちゃん学革命 ……………… 60
　　赤ちゃん観の移り変わり（60）　赤ちゃん学革命（61）

2 赤ちゃんが世界をとらえる力 ……………………… 65
　　赤ちゃんの知覚能力（65）　赤ちゃんの知覚の特異性（67）　赤ちゃんのものの認識（72）

3 赤ちゃんが世界に動き出す力 ……………………… 74
　　赤ちゃんの運動機能と精神機能（74）　手腕の動きの発達（77）
　　はいはいと歩行の発達（79）

第5章　人との関係の中で育つ子ども　　85

1 アタッチメントの基本的性質 …………………………………… 86
基本的欲求としてのアタッチメント（86）　ヒトの赤ちゃんの特異性（88）

2 アタッチメントの起源と発達 …………………………………… 90
アタッチメントの成り立ちを支えるもの（90）　赤ちゃんと親の共進化（93）　乳幼児期におけるアタッチメントの発達（94）

3 アタッチメントの個人差とそれを生み出すもの ……………… 97
養育者を選べない赤ちゃん（97）　ストレンジ・シチュエーション法（98）　アタッチメントの個人差と養育環境（101）　無秩序・無方向型アタッチメントとその背景（105）　気質の関与と遺伝的基礎（109）

4 生涯発達におけるアタッチメントの意味 …………………… 110
内的作業モデルとアタッチメントの連続性（110）　アタッチメントの世代間伝達（112）

5 乳幼児期の可塑性と対人世界の広がり ……………………… 115
可塑性の高い乳幼児期（115）　社会的世界の広がり（117）

第6章　何から何を学んでいるの？　　121
知的能力と学び

1 知的能力の発達 ………………………………………………… 122
乳児期の知的能力：感覚運動期（122）　見かけにとらわれやすい：前操作期（125）

2 物理学や生物学に関する子どもの素朴理論 ………………… 126
物理的概念について（126）　生物と無生物の違い：生物学的因果関係（130）　子どもなりの理論：素朴理論（130）

3 他者との関わりと認知発達 …………………………………… 131
　発達の最近接領域（132）

4 遊びの発達 ……………………………………………………… 133
　遊びとは（133）　乳児期の遊びの特徴（134）　ごっこ遊びの発達（136）

第7章　はじめのことばはママかマンマ?!　　139
ことば

1 ことばが生まれる過程 ………………………………………… 140
　初めての声（140）　コミュニケーションの始まり（140）　二項関係から三項関係へ（141）　初めてのことば（144）　語彙の爆発！（146）

2 ことばの発達のメカニズム …………………………………… 148
　言語発達の生得的基盤（148）　言語発達を支える養育者の働きかけ（151）

3 ことばの獲得から広がる世界 ………………………………… 152
　過去を語る（152）　空想を語る（154）

4 読み書きの発達 ………………………………………………… 154
　読む力（155）　書く力（157）

第8章　わたしはわたし　　159
自己と感情

1 自分についての理解 …………………………………………… 160
　自分とは何か（160）　主体的自己：環境と自己の区別（160）　自分の身体を発見（161）　共同注意とことばの働き（162）　鏡映像の自己認知（162）　自己制御の芽生え（165）　自己を語る（167）　幼児期以降の自己概念の発達（167）

2 感情の発達 ……………………………………………………………… 170

   快・不快と興味から（170） 発達早期の感情制御の発達（172）
   てれと自己意識（173） できる自分とダメな自分（174）

第9章　けんかしても，一緒にいたい　179
社会的世界の広がりとこころの理解

1 他者との葛藤的やりとり ……………………………………………… 180

   からかい，ふざけ（180） けんか・いざこざ（181） 葛藤への
   大人の関わり（185）

2 こころの理解 …………………………………………………………… 186

   感情の理解（186） 信念の理解（189）

3 他者を思いやるこころや行動の発達 ………………………………… 196

   向社会的行動の芽生えと共感（196） 向社会的行動の発達と道
   徳性（198）

第10章　おもしろくってためになるの？　203
メディアとおもちゃ

1 子どもを取り巻く環境 ………………………………………………… 204

2 おもちゃ ………………………………………………………………… 204

   赤ちゃんにとっておもちゃとは（204） 想像力とおもちゃ
   （206） 子どもにとってよいおもちゃとは（206）

3 絵　本 …………………………………………………………………… 207

   絵本との出会い（207） どんなふうに読み聞かせをしているの
   か（209） どんな絵本が好き？（210） 保育場面における読み
   聞かせ（211） 絵本を読むことで得るものは（211）

4 テ レ ビ ………………………………………………………………… 214

   テレビをどんなふうに見ているの？（214） テレビの内容を理

解するのはいつから？（216）　メディア・リテラシー（217）

第Ⅲ部
乳幼児の発達・育ちを支える
子育て・保育の現場から

第11章　楽しいだけじゃない子育て　223
発達臨床心理的援助の基礎

1　子育てについて考える …………………………………… 224
　　アンビヴァレントな心を理解する（224）　育てる人の成長を見つめる（225）

2　育児ストレスと育児不安研究 ………………………………… 226
　　育児不安・育児ストレス（226）　育児ストレス・育児不安の規定要因（227）　職業の有無と育児感情（228）　育児ストレスをもたらすストレッサー（229）　総合的な取り組みの必要性（230）

3　親への移行にともなう変化と適応 …………………………… 232
　　親になる準備過程としての妊娠期（232）　望む妊娠・望まない妊娠（233）　個としての自己と親としての自己：母親が抱える4つのテーマ（235）　2つのアイデンティティの葛藤と揺れ（237）　夫婦関係の変化（238）　親への移行にどう対処するか（239）

4　親としての経験がひらく成熟への道筋 ……………………… 240
　　親になることによるパーソナリティの発達（240）　父親の発達の側面（241）　共発達の視点から親子の成長をとらえる（244）

5　親支援に向けての心がまえ ……………………………………… 246
　　親ならではの脆弱性を理解する（246）　ともに育て，育つ者として（247）

第12章 ママ・パパのこと大好きなのに　251
乳幼児虐待

1 虐待とは …………………………………………………… 252
　「虐待」が意味するもの（252）　虐待の4つの行動類型（252）
　身体的虐待とは（253）　性的虐待とは（253）　ネグレクトとは
　（255）　心理的虐待とは（256）

2 日本での取り組みと現状 …………………………………… 256
　児童虐待防止法の制定（256）　児童相談所への相談件数の爆発
　的な伸び（257）　乳幼児に多い虐待による死亡事例（259）

3 虐待はなぜ起きるのか ……………………………………… 260
　虐待を引き起こすリスク要因（260）　要因間の絡み合い（260）
　ケアとコントロールをめぐる葛藤（263）　子ども虐待のリス
　ク・モデル（263）

4 虐待を受けた子どもの理解 ………………………………… 264
　乳幼児期の虐待が子どもにもたらす全般的な影響（264）
　DESNOSによる診断基準（265）　長期的視野に立った支援の
　必要性（267）　虐待を受けた子どもの行動特徴（267）　幼稚
　園・保育施設でのケアの可能性（268）

第13章 なんとなく気になる子　271
発達のかたよりと支援

1 なんとなく「気になる」 …………………………………… 272
　「気になる」子どもの姿（272）　「気になる」子どもの行動を理
　解する枠組み（273）

2 「気になる」子どもの心身のつまずき …………………… 275
　精神面の問題（275）　発達面の問題（279）

3 発達のかたよりをどうとらえるか …………………………… 284
相乗的相互作用としての発達(284) 発達の個人差と個人内差(285) 発達のかたよりが「気になる」子どもの行動への対応(287)

4 親子の発達を支援する社会システム …………………………… 288
支援の窓口(288) 心理職による発達支援の役割(291) 発達支援を行ううえでの留意点(294)

引用・参考文献 297
事項索引 317
人名索引 324

Column 一覧

① ミラーリング（映し出し）とミラー・ニューロン　11
② 早期教育をいかに考えるべきか？　30
③ 生涯発達における遺伝と環境　35
④ 成人疾病胎児期起源説　51
⑤ 赤ちゃんの気質　62
⑥ 赤ちゃんの顔の知覚　70
⑦ 赤ちゃんの排泄とトイレット・トレーニング　78
⑧ 移動能力の発達から見る感情経験の変化　80
⑨ アタッチメント障害　107
⑩ 成人のアタッチメント　113
⑪ かくれんぼのルーツは「いないいないばあ」　135
⑫ 指さしの起源　143
⑬ 空想の友達　153
⑭ しりとりができるようになるためには　156
⑮ 自己鏡映像を認知できるのは人間だけか？　164
⑯ 関係の中で育まれる自己　169
⑰ ライナスの毛布——感情制御の術としての移行対象　175
⑱ 子どもはなぜ，ふざけるの？　182
⑲ 「心の理論」の起源をめぐる異説　193
⑳ ブックスタート・プロジェクト　208
㉑ テレビは子どもの発達に良いの？　悪いの？　218
㉒ 胎児への愛着感情の形成　234
㉓ 「怒るって難しいですね」——共感するこころ　248
㉔ 身体的虐待の特別な形態　254
㉕ 虐待か？　しつけか？　262
㉖ 障害をもつ子どもの親から見た「発達障害者支援法」　282
㉗ わが子の障害を受容することが難しい母親との，2年間の関わりから学んだこと　292

イラスト　オカダケイコ

本書のコピー，スキャン，デジタル化等の無断複製は著作権法上での例外を除き禁じられています。本書を代行業者等の第三者に依頼してスキャンやデジタル化することは，たとえ個人や家庭内での利用でも著作権法違反です。

第 I 部

乳幼児のこころとは

第1章　赤ちゃんのこころに引き込まれる
第2章　赤ちゃんのこころに向き合う
第3章　生命が芽生えるとき

第1章 赤ちゃんのこころに引き込まれる

錯覚と発達

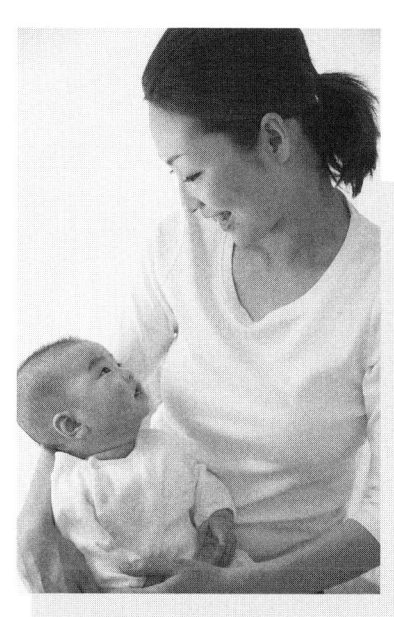

　生まれたばかりの赤ちゃんにどれだけ「心」と呼びうるものが存在するのか，この問いに対する科学的な答えは，いまだに揺れて定まってはいません。しかし，そうした学問的な視点から離れて，ひとたび，素の自分で，赤ちゃんに向き合ったとき，私たちは，多くの場合，その心を実に豊かにまたリアルに感じるものです。特に赤ちゃんがその円らな瞳で，じっと自分のほうを見つめ，時折り，さまざまな声をあげ，顔の表情を変えてくるような場合，私たちは，赤ちゃんがきっと自分に何かお話でもしたがっているのだろうと，ふと，考えてしまいます。もしかすると，これは私たちのただの錯覚にすぎないのかもしれません。しかし，実はこうした錯覚にごく自然に浸り，赤ちゃんの心につい引き込まれてしまうということが，子育ての出発点においてはことのほか，重要な意味をもっているようです。この章では，「錯覚」ということばを1つのキーワードにして，それが子育てや子どもの発達の可能性を切り拓きうるということについて考えてみることにしたいと思います。

1 科学的立場から見る赤ちゃんのこころ

　近年,「赤ちゃん学」(baby science) という学問領域がにわかに注目されるようになってきています。それは, もちろん, この本の基本的立場である発達心理学と密接に関わるものであるのですが, それのみならず, 小児医学や脳神経科学あるいは工学やコンピュータ・サイエンスといった理工系からのアプローチも組み入れた, 赤ちゃんという全存在に対する一大総合科学と言えるものです。そこでは, それこそ日進月歩で, 赤ちゃんの潜在的な能力に関わる驚くべき研究結果が生み出されてきていると言っても過言ではありません。そして, それらの知見は, 一見するところ, 赤ちゃんには非常に早くから心なるものがちゃんと備わって在るということを私たちに強く印象づけるものと言ってよいでしょう。

　筆者も, 無論, このような研究の方向性に疑いを立てるつもりなどさらさらなく, むしろそのさらなる発展に大いに期待しながら, 本書でも積極的にその最新知見の一端を紹介していきたいと思っています。しかし, それと同時に, こうした研究成果から安直に「赤ちゃんてすごい, 何でもできるんだ」などと赤ちゃんの心の存在やその働きを買いかぶり過ぎてはいけないとも思っています。たしかに,（後に第4章で詳しくふれますが）赤ちゃんはとても早くからいろいろなものを弁別的に認識することができます。また, 周りの人の顔や声などの特定の刺激を選り好みしたり, 時に養育者などの顔の表情や身体動作を模倣したり, それらに同調的に応じたりするということも知られています。しかし, それは, たとえば「ママの顔がおもしろいから, まねてみよう」というように, 赤ちゃんが自ら

「意図して」そうしているわけではありません。非常に冷ややかに言えば，特定の刺激に接すると，なぜかそうしてしまうという生物学的な行動傾向をもって生まれてくるということにすぎないのです。何を心とするかにもよりますが，少なくとも意図的・自覚的に何かを思い，考え，しようとするという観点からすれば，発達早期の赤ちゃんが現実に有している心の働きはやはり相当に乏しいものと見なすべきではないかと思います。

　もちろん，たとえ非意図的なふるまいであったとしても，現に赤ちゃんにいろいろなことができてしまうという事実そのものが，まさしく驚嘆に値するのだと言えなくもないのでしょう。しかし，それがそもそも本当に事実と言えるかということについてもさまざまな批判的な見方があるということを知っておくべきかもしれません。たとえば，ブランバーグ（Blumberg, 2005）という研究者は，一般的に**新生児模倣**（第4章参照）と呼ばれる現象が，多分に模倣らしきものではあっても，模倣そのものとはとうてい，言えないという可能性を示唆しています。彼によれば，新生児模倣の中でもとりわけ顕著なものとして知られる舌出し反応が，実は，対面した大人の舌出しに特異的に結びついて生じるわけではなく，赤ちゃんが目にした刺激全般に対するごく一般的な反応パターンとしてあるのだと言います。つまり，発達早期の赤ちゃんにおいては，何か刺激が呈示されるとそれが何であっても，多くの場合，舌出しをもって反応してしまうという傾向がある中で，たまたま目にする刺激が他者の舌出しだったりすると，そこでの赤ちゃんの舌出し反応が表面的には模倣に見えてしまうということにすぎないというのです。

　このような見方がどれだけ妥当かは措くとして，ここで心にとどめておくべきことは，「赤ちゃんには〜もできる」という知見の多くは，赤ちゃんの実際の能力に関する堅い「事実」の発見というよ

りは，研究者がある実験結果から推察した1つの「解釈」にすぎないということです。1つの解釈である限りにおいては，当然，別の解釈可能性も成り立つわけですから，科学的な追究がそこで終わりということにはけっしてならないはずなのです。近年における赤ちゃん研究の急速な進展の中で，私たちはややもすると，赤ちゃんにはこれもできる，あれもできるということばかりに目を向けがちになっているのかもしれませんが，それと同時に，赤ちゃんにはまだ何ができないのかということを正当に問う視点を堅持しておくことも科学的にはきわめて重要であるように思います。そして，そうした視座から見たときに，赤ちゃんの心は最初から豊かなものとしてあるわけではなく，養育者をはじめとする周囲の人や環境との密接な関わりの中で徐々に立ち上がり，やがて豊かなものに成長していくという見方のほうがより自然なものと言えるのかもしれません。少なくとも本書ではそういう立場をとって，以後，乳幼児の心の発達について考えていきたいと思います。

2 養育者の目から見る赤ちゃんのこころ

上に記したことは，厳密な科学的視点から「実体」としての赤ちゃんの心を探ろうとするときには，安易にその存在や機能を買いかぶり過ぎてはいけないということでした。しかし，筆者は，このことを，たとえば養育者のように日常的に赤ちゃんに接する人にまで広げて考えようなどとはさらさら思っていません。むしろ，話は逆で，ひとたび私たちが素朴な日常人として赤ちゃんに接するとなると，赤ちゃんの心を買いかぶるということは至極当然で，むしろそうすること，すなわち赤ちゃんの心について豊かな「錯覚」をもつ

ことによって，赤ちゃんに対する関わりやその影響下での赤ちゃんの発達がごく自然に適切なかたちで進行していくということを仮定するものです。

　これは第5章のアタッチメントの成り立ちのところで中心的に取り上げることになるのですが，私たち大人は，赤ちゃんの身体的特徴そのものにたまらない魅力を感じ，またその視線や表情などから，特に意識していなくとも，赤ちゃんの気持ちを読み取ってしまう存在であるようです。先にも述べたように，赤ちゃんには人の顔や声に特別な注意を向ける傾向があると言えるわけですが，これは母親や父親など，赤ちゃんの周囲にほぼいつもいるような人の視点からすれば，自分たちが頻繁に赤ちゃんから視線を向けられるということを意味しています。もし赤ちゃんからその円らな瞳でじっと見つめられ，しかも，同時に赤ちゃんのさまざまな表情や発声などに接することになれば，赤ちゃんが自分に何か言いたいのではないか，何かして欲しいのではないかなどと，いろいろとその心の状態を感じ取ったとしても何も不思議ではないでしょう。また，これも先述した通り，赤ちゃんには模倣をはじめとして他者の身体の動きに調子を合わせる傾向が備わっていると言えるのですが，赤ちゃんに関心を寄せる大人の側からすれば，こうした同調傾向は，自分の声かけや働きかけなどに対して赤ちゃんがちゃんと応えてくれたという感覚を与え，赤ちゃんのことをいっそういとしいと感じさせるのかもしれません。

　実のところ，それこそ科学的立場から見れば，こうした赤ちゃんの一連のふるまいは，赤ちゃん自身が意図的に起こしたものというよりは，むしろ半ば自動化されたかたちで生じる生物学的な行動傾向と言うべきものなのでしょう。その意味からすると，赤ちゃんの実体としての心は，少なくとも大人が思うほどには，何かを思った

り，考えたり，あるいは思い出したり，感じたりするものではない可能性が高いと言えるのかもしれません。しかし，私たち大人は，たとえば，実際には睡眠中におけるただの神経の痙攣でしかない赤ちゃんの口角の引き上げ（**新生児微笑**）をほかならぬ「微笑」として受けとめ，何を思い出して喜んでいるのかとか，どんな楽しい夢を見ているのかとか，ごく自然に考えてしまうように，赤ちゃんの心をその実体以上にやや過剰にあると思い込み，その心の状態をさまざまに推察してしまうものなのです。

　それは，実際には必ずしもあるとは言えないものまでもあると考えてしまうという意味でまさしく錯覚と言うべきものであるわけですが，マインズ（Meins, 1997）という研究者は，これを "mind-mindedness"（子どもの心をなぜかつい気遣ってしまう傾向）と呼び，養育者側にこれがあることによって，子どもの発達に促進的に働く子どもとの相互作用がごく自然なかたちで可能になり，ひいては，その中で現実に子どもがさまざまな社会情緒的な能力を備えるようになるのだと仮定しています。このことは，少なくとも当初，実体とはややかけ離れた錯覚が，養育者の子どもに対する関わりを適切に方向づけることを通じて，徐々に，子どもの心の実体を生み出すに至るというきわめて逆説的なプロセスがあることを示唆していると言ってよいのではないでしょうか。

3 錯覚の発達促進的な働き

　養育者側の錯覚あるいは "mind-mindedness" なるものが，子どもの発達に促進的に働くメカニズムとして第一に考えるべきことは，それを有しているほうがごく素朴に，子どもとの関わりがより楽し

く感じられ，子育てへの動機づけが高まる可能性が高いということです。子どもの視線や表情あるいは発声などに意味づけを行うことは，自然に子どもが自分に何か話しかけてくれているといった錯覚にとてもつながりやすいものと考えることができます。すなわち，実際には赤ちゃんにそこまでの心的状態がなくても，養育者が赤ちゃんが「喜んでいる」「寂しそうにしている」といった感情の類推を行い，さらに「もっと遊んでって言っている」「どこにも行かないでって叫んでいる」とひとたび感じれば，そこに想像上の対話が生まれ，養育者は多くの場合，その赤ちゃんとの対話を日常の中のこのうえない愉悦とし，さらに赤ちゃんとの相互作用にのめり込んでいくという道筋が考えられるのです（章扉写真参照）。かつて，ウィニコット（Winnicott, 1958）という児童精神科医は，子どもをもったばかりの養育者が，子どもの存在に異常なまでに意識を集中し一種の病的状態に陥るとして，これを「**育児に対する養育者の原初的没頭**」（primary maternal preoccupation）と呼びましたが，そこにこうした想像上の対話が深く関与していることは想像に難くありません。

このほかにも，養育者の錯覚は，一般的に乳幼児の発達に望ましいと言われるいくつかの条件を，養育者が特に意識しないままに可能にしているとも考えることができます。

例をあげれば，幼い子どもの，自己や他者に対する基本的な信頼感の発達において，養育者の随伴的で適切な関わりの重要性は広く仮定されるところです。子どもが何かをしたときに，それにタイミングよく好ましい結果がともなうという経験を多く積み重ねることができれば，子どもは自分には何ものかを実現する力があるという感覚（**自己効力感**）をもつことができるようになると言えるでしょう。たとえば，空腹が原因で大きな声で泣くことになったときに，

それにすぐに気づいた養育者からおっぱいを差し出してもらうという経験は，赤ちゃんの感覚としては，自分が泣きというシグナルを発したからこそ，養育者を動かし，不快な空腹の状態から抜け出すことができたのだという一種の自信のようなもの，すなわち自己効力感につながることが想定されます。そして，実のところ，こうしたことは，養育者の特別な配慮によって成り立っているものにほかならないわけですので，子どもは徐々に，自分に対する信頼とともに，それを支えてくれている養育者に対しても基本的な信頼を寄せることができるようになるのだと考えられるのです。

　また，子どもが自分を取り巻く環境を理解していくうえで，養育者の関わりの一貫性ということが重視されることもあります。この場合の環境を理解するというのは，子どもが，こうしたら次はああなるはずだという規則性のようなものに気づき，明確な期待や見通しをもって環境と関われるようになることと言い換えてもいいでしょう。もし，養育者の反応が行き当たりばったりで，赤ちゃんが同じことをしても，その都度，違っているような場合には，赤ちゃんは自分の生活環境に対して安定した見通しを立てることができなくなるでしょう。そして，次に何があるのかの予測がつかずに不安が先に立ち，行動全般が落ち着かなくなることが考えられます。そうならないためには，当然，養育者側の関わりができるだけ一貫していることが必要になるわけです。

　さらに，乳幼児期の発達において，赤ちゃんの心身の状態を養育者が映し出してあげること（ミラーリング＝映し出し）がことのほか，大切だと言われることもあります。発達早期の赤ちゃんは，自分がいまどのような内的状態にあるのかを，自らそこに意識を向けることによって感じ取るということがまだ不得手だと言われています。赤ちゃんがかろうじて自分の状態を知ることができるのは，その状

Column ① ミラーリング（映し出し）とミラー・ニューロン

　近年，脳神経科学の領域では，**ミラー・ニューロン**というものをめぐって，多くの研究者がにわかに色めき立っています。実のところ，それは，サルの運動系に関わる神経基盤を解明しようとする研究の中で，たまたま，発見されたものなのですが，それが意味するところは，文字通り，鏡のような役割を果たす（自分が見たり聞いたりしたほかの人の動作や感情などを直接，自らの脳の中に映し込み，ほかの人と同じような内的経験をさせ，場合によっては同じ動作や感情までをも再現させてしまう）神経組織ということになります。

　ちょっとだけ，その実験の話をすると，研究者が当初，見ようとしていたのは，サルが自発的にピーナッツなどに手を伸ばして食べようとしているときに使われる脳の神経組織がどこなのかということでした。それを知るために，研究者はサルの脳のいろいろなところに電極を差し込んでいたのですが，研究者にとって驚きだったのは，実験の合間の休憩中に，研究者がピーナッツを食べようと手を伸ばしたときにも，サル自身が同じものを食べようとするときに使われる，その神経組織が使われたということでした。これが含意していることは，他の個体の動作を知覚するメカニズムと，自身がそれと同じ動作を起こすメカニズムとが，同一の脳部位によって担われている場合があるということです（Rizolatti & Sinigaglia, 2008）。もう少しわかりやすい例をあげて言えば，他人が今にも転びそうになっているという場面を見たときに，私たちの中では，自分自身が転びつつあるときに，そこに関わってくる神経組織がそのまま活性化しているのかもしれないということです。そして，だからこそ，私たちには，時に，ほかの人がそのときにきっと覚えるだろう恐れや痛みのような感覚が，すぐさま，まさに自分のものであるかのように経験されるという可能性が考えられるというのです。

　言ってみれば，ミラー・ニューロンとは私たちの**共感性**を支える脳内基盤ということになるのでしょう。これがあることで，私たちには，ほかの人の気持ちが手に取るように読み取れたり，ほかの人と同じ感情を共有することができたりしているかもしれないのです。ミラー・ニューロンは現在，単に共感性や模倣あるいは他者の**心の理解**ということにと

どまらず，私たちの身ぶり・手ぶり，そしてことばやその獲得などにも深く関与していることが想定され，実に多方向的に研究が発展してきています。また，もしかすると，それこそ他者の気持ちの理解やコミュニケーションなどに困難をもつ自閉症という発達障害を読み解く究極の鍵が，このミラー・ニューロンにあるのではないかと考える向きもあるようです。

少し前置きが長くなりましたが，この第1章の *Column* の中で，ぜひ，ふれておきたいと考えたのは，本文中で述べた**ミラーリング（映し出し）**が，しゃれではなく，このミラー・ニューロンの発達に非常に重要な役割を担っている可能性が示唆されているということです。それこそ，心理学の領域では，アタッチメント理論やそれに先行する精神分析などのさまざまな考え方の中で，養育者のミラーリングが子どもの共感性や心の理解の発達に大きな影響を及ぼすということが一貫して強調されてきたわけですが，いままさに，それに対して，脳神経科学的な裏づけが得られつつあると言っても過言ではないようなのです。

たとえば，イアコボーニ（Iacoboni, 2008）という著名な脳神経科学者は，養育者が（自身のミラー・ニューロンの働きに従って，ほとんどの場合，無意図的に）子どもが起こした感情や動作を自らの表情や発声などを通して，子どもにフィードバックしてあげることによって，子どものミラー・ニューロンが徐々に発達してくるのだということを仮定しています。彼によれば，子どもはそこで，多くの場合，自分の内側で経験されるものと，自分の外側で生じている養育者の表情や動作など（実は映し出された自分の表情や動作など）とを結びつけることになるのだと言います。言ってみれば，たとえば（自分の内側で感じられる）泣くときの気持ちと（自分の目でとらえた）泣きの表情とを，あるいは笑うときの気持ちと笑いの表情とを，いつも「同時に」経験することになるため，このことの蓄積が，それら両方に関わる神経組織，すなわちミラー・ニューロンの発達につながると言うのです。

ここで述べたことは，いまだ仮説の域をそう大きく越えるものではありません。しかし，ミラー・ニューロンという共感する脳をもった養育者に，自分のミラー（鏡）になってもらう（共感される）ことを通して，

> 子どもの共感する脳＝ミラー・ニューロンが生み出され、そして、今度は子ども自身が誰かほかの人のミラー（鏡）にもなれる（共感できる）ようになるというプロセスが、もしたしかな科学的証拠をもって解明されたとしたら、これほど興味深いものはないと言えるのではないでしょうか。

態をまねて映し出したり、まねたうえで調節してくれたりする養育者という「鏡」を通してであるという考え方があるのです。一瞬でも、養育者の顔に現れた（自分の感情の映しとしての）喜び、悲しみ、怒り、恐れなどの表情やそれにともなう声の調子などを知覚することを通して、子どもは徐々に自分の中で何が起きているのかについて自覚的な気づきをもつようになると言えるのかもしれません。さらに発達が進みことばの理解が始まれば、今度は養育者から発せられるさまざまな心に絡む発話を、その時々の自分の心の状態に対応づけることによって、ますます、子どもは自分がどんな気持ちであるかについて、より明瞭に知ることができるようになるとも考えられるでしょう。

　ちょっと話が逸れてしまった感がありますが、ここで言いたいことは、随伴的な関わりにしても、一貫した応答にしても、ミラーリング＝映し出しにしても、養育者側のいい意味での錯覚によって、ごく自然に実現されている可能性が高いということです。たとえば「赤ちゃんが自分に何か言っている」「こっち来てって目で訴えている」などとひとたび感じれば、養育者は何かしてあげなくてはと瞬時に思い、それこそ間髪を入れずに（すなわち随伴的に）、赤ちゃんのもとに駆け寄り、現に赤ちゃんに何かしてあげることになるのではないでしょうか。また、実際には赤ちゃんにはエピソード的な記憶はまだないと言われますが、養育者が赤ちゃんにもある程度の記

憶があると思い込んでいれば，また赤ちゃんを心ある1人の人間と見なしていれば，そうでたらめなことはできないと思い，養育者の関わりは自ずと一貫性を帯びてくると言えるのかもしれません（新しい状況でなかなか泣きやまない子どもに対して「そうだAちゃんはBをするのが好きだったよね。この前，大喜びしたもんね」などと心的状態の帰属を行い，子どもにとって馴染みのBに関わる行為のパターンをもって赤ちゃんをなだめようとするなど）。さらに，養育者が赤ちゃんの心的状態をさまざまに読み取ることは，それに従って共感的な反応を返すことになりますので，特に意図しなくともそこに映し出しという行為が生み出されることになるのだと考えられます。

　こうしたことが現実にミクロなレベルでどのように生じているかについての実証的解明はまだまだこれからというのが実情なのですが，一部の研究はすでに，子どもが幼い頃の養育者の"mind-mindedness"の豊かさが，その後の養育者の子どもに対する一貫した，心に絡む発話の多さを予測し（篠原，2006），さらには幼児期に至った際の自他の心についての理解，いわゆる「心の理論」の発達にプラスに働く（Meins et al., 2002）という結果を導いています。「内実」はどうであれ，赤ちゃんが，視線や表情をはじめ，一見，とても**コミュニケーション好き**（communicative）**な外形**をもって生まれてくることは確かであると言えます。しかし，子どもに接する大人は通常，それをただの「外形」としては受け取らず，それを「内実」として感じてしまうのでしょう。大人は，ある意味，その巧妙な外形にまんまとのせられて，さまざまに子どもの心の状態を読み取り，現に子どもに対していろいろなことをしてしまうのでしょう。そして，そうした大人の働きかけのもとで，今度は子ども自らがほかならぬ自分自身の実体としての心を徐々に作り上げていくのだと言えるのかもしれません。

読書案内

スターン，D. N. ／亀井よし子訳『もし，赤ちゃんが日記を書いたら』草思社，1992年
- ●世界的に知られる発達心理学者が，科学的知見にたしかに基づきながら，もし，赤ちゃんが日記を書いたらというユニークな設定で，赤ちゃんの心の中に何が生じているのかを考察している。乳幼児に関する関心を広げていくうえで，恰好の入門書と言える。

産経新聞「新・赤ちゃん学」取材班『赤ちゃん学を知っていますか？──ここまできた新常識』新潮文庫，2006年
- ●近年，盛んになりつつある「赤ちゃん学」のさまざまな領域の研究についてわかりやすく解説されている。赤ちゃん学の全貌を俯瞰し，赤ちゃんに対して具体的にどのような研究方法が駆使されているのかを知るのに適切な著書と言える。

第2章 赤ちゃんのこころに向き合う

錯覚から脱錯覚へ

　前章で見たように、養育者側の錯覚は、たしかに、ごく自然なかたちで赤ちゃんの発達に必要な事柄を可能にしてくれるものと考えられます。しかし、ここで忘れてならないことは、こうした錯覚に誘発された養育者の働きかけのもと、赤ちゃんが赤ちゃん自身の実体としての「心」を急速な勢いで備え始めるということです。そうなれば、私たち大人は、ずっと錯覚したままではなく、そこから徐々に覚めて（脱錯覚）、赤ちゃん自身の現実の心に向き合うことが求められます。すなわち、赤ちゃんがさまざまな感情や欲求などを向けてくるときに、それに的確に応える一方で、赤ちゃんがあえて1人で何かをやろうとしているようなときには、そこに勝手に踏み込まず、背後からそっと見まもることが大切になるのです。この養育者側の錯覚から脱錯覚へと至るプロセスの中で、赤ちゃんは、自分や養育者への基本的な信頼感や高度な自律性の感覚などを身につけていくと考えられます。この章では、赤ちゃんの成長に合わせて、養育者がどのようにその心がまえを変えていくのかについて、それによって新たに拓かれる子どもの発達の可能性も含めて、考えてみたいと思います。

1 両刃の剣としての錯覚

　第1章で考察してきたように、子どもの早期の発達に関しては、養育者側の錯覚がいろいろな意味でプラスに働く可能性があると言えるわけですが、こうした錯覚がその後もずっと一貫して機能し続けるかというと、それが必ずしもそうではないようです。というのは、先にも述べたように、養育者の錯覚のもとで現に子どもが実体としての心、そしてほかならぬ子ども自身の自己を着実に発達させるからにほかなりません。それらが明確に子どもの中に成り立ち始めると、今度は養育者は自身が思い描いた子どもの心に対して「想像上の対話」をするばかりではなく、現に子どもが感じたり思ったり欲したりすることに対して「現実の対話」をしていく必要が生じるのです。それは、養育者が錯覚から徐々に脱し、子どもの中に実際に萌芽しつつある自己や個性をしっかりと受け容れ、それらと直に向き合うことと言い換えうるものかもしれません。

　しかし、時にこうした錯覚から**脱錯覚**へと至るプロセスがなかなかうまく進行せずに、養育者の錯覚優位の状況が長く続くようなケースもあるようです。そして、こうしたケースでは、早期段階では多くプラスに働いていたはずの錯覚が今度はマイナスの作用を少なからずもち始めるのです。そうした意味で、養育者の錯覚は、子どもの発達の進行によって、正負の意味を転じるまさに両刃の剣と呼びうるものと言えるのかもしれません。

　たとえば、子どもが気質的にとてもおとなしく、あまり刺激的な環境を好まないような特徴を徐々に現し始めているにもかかわらず、養育者の側が「この子は自分に似てとても活発で目新しいものが大

好きなはずだから」という強力な思い込みのもと，子どもを始終，あちこち外に連れ回してばかりいては，子どものほうはおっかなびっくりの連続で，それを大きなストレスとして抱え込んでしまうかもしれません。そして，結果として（特にまだことばでは十分に抗議できないような）幼い子どもは，現に，発疹や喘息なども含めた小児心身症やひどい夜泣きや自傷（髪の毛の引っ張りや身体のひっかきなど）といったさまざまな問題行動を呈してしまうような場合もあるようです。もし，こうした徴候が少しでも見え始めてきたとしたら，これは子どもが発してきているまさに危機信号であるわけですので，当然のことながら，養育者は素早く，それまでの子どもに対する見方や働きかけ方を見直し，子どもの心の実体に合わせた関係の修復を図らなくてはならないと言えるでしょう。

2 「真の自己」と「偽りの自己」

　上で述べたようなケースは，比較的早い段階に子ども側から危機信号が発せられる，かなりわかりやすいかたちの脱錯覚の失敗と言えるのですが，脱錯覚の失敗の中には，乳幼児期段階では，まったくと言っていいほど，その悪しき徴候が認められない場合もあるようです。そして，それはとても見えにくいものであるがゆえに，また，乳幼児期あるいは児童期くらいに限って言えば，むしろ良好な発達を示すものと勘違いされてしまうようなことも少なくはないため，特に注意が必要だと言えるかもしれません。

　統合失調症をはじめ，さまざま心の病の発生を親子関係や家族関係の立場から理論化した著名な精神医学者にレインという人がいるのですが，彼はその著書『自己と他者』（Laing, 1961）の中でこう

したケースの危険性に対して警鐘を鳴らしています。彼は，学校が終わって校門から出てきた小さな子どもを，待っていた母親が出迎えるというシーンを例にとって，4つの母子関係のパターンを描き，そのうちのどれが，子どもの心の発達という点から見て最も危険であるかを読者に問いかけています。4つのうちの1つは母子両者が一目散に駆け寄り微笑ましく抱きつくという関係性で，後の3つは子どもが母親にあまり近づきたくない素振りを見せている関係性になっています。そして，その3つともで母親は「あなたは私のことが好きではないの」と子どもに対して聞き，子どものほうは「うん」と答えるわけですが，そのうちの1つでは母親が「そうなの，わかったわ，とにかく帰りましょう」と言って帰ることになります。もう1つでは母親がそれにとても腹を立ててしまい「生意気言うんじゃない」と言って子どもをぶってしまいます。そして，もう1つは，母親が「あなたはお母さんのことが大好きなはずよね，お母さんはわかっているわ」と言って，きつく抱きしめ，何事もなかったかのように帰るというものになっています。

　もし私たちがその場に居合わせてこうした状況を目にしているとすれば，おそらく子どもはぶたれればひどく泣いたりもするでしょうから，そうした，子どもの言動に対して直接的に怒りをぶつけてしまうような母親のケースを，最も望ましくないものと見てしまうかもしれません。しかし，レインは最後のケースこそが問題だと言うのです。なぜならば，そこでは，ほかならぬ子ども自身の自己，すなわち母親に対する（たとえ一時的な感情であるとしても）いやだという気持ち，母親に何か言いたい，わかってもらいたいという気持ちが，まるで煙に巻かれるかのように，いつの間にか何もなかったことにされてしまい，しまいには母親の「あなたはお母さんのことが一番好き」という思い込みあるいは願望をまんまと引き受けさせ

られてしまっているからだというのです。これはある意味で、養育者の錯覚が、子どもの自己や心の実体と目立って衝突することがないまま、子どもに受け入れられ、子どものふるまいを、そしてひいては子どもの発達を先導してしまうケースと言えるのではないでしょうか（なお、このレインの母子関係の記述については鷲田〔1996〕もこれを引用し、自分という存在の成り立ちとの関連で、詳しく考察しています）。

　第1章でもあげたウィニコット（Winnicott, 1965）という児童精神科医も、こうしたケースを（子ども自身の感情や欲求などからなる）**「真の自己」**の発達を犠牲にし（養育者の錯覚や願望などからなる）**「偽りの自己」**を身につけてしまった場合であると言明しています。さらにミラー（Miller, 1981）という研究者は、これを受けて、このような「偽りの自己」を素直に引き受け、それを実現できてしまうくらいの**「才能ある子」**が、思春期くらいに至ってこれを維持できなくなった際に、不登校や引きこもりをはじめ、さまざまな問題行動や心の病という悲劇が発生してしまう可能性について論じています。この「偽りの自己」を引き受けられるような子どもは、少なくとも乳幼児期や児童期においては、いわゆる「**いい子**」として多くの人の目に映っているのかもしれません。そして、また、養育者もその自分の思い通りに「いい子」に育ってくれているわが子を見て「いい親」としての自分を疑うことはあまりないのでしょう。しかし、ここに1つの落とし穴があるわけで、少なくとも、私たちは、乳幼児期のこのいまにおいていいことが、必ずしもその後の子どもの発達においてもずっといいままであるとは限らないということを頭の片隅においておくともいいのかもしれません。

3 欲求の先読みの危険性

　やや抽象的な話が続いた感がありますので，ここではもう少し具体的に，養育者の錯覚に絡むどのような関わり方が，子どもの発達に時に阻害的に働きうるのかということについて考えてみたいと思います。実のところ，自身の願望や期待，すなわち「偽りの自己」と呼びうるようなものを子どもに引き受けさせてしまうことができる養育者というのは，たとえば先にあげた気質的におとなしい子どもをその正反対に活発だと思い込んで関わってしまう養育者などとは違い，ある意味，子どもの潜在的な心の状態にはそれなりに注意を向けていると言えるのかもしれません。そして，だからこそ，子どものほうは，（養育者の対応がそう大きく的外れではない分）特にそこに葛藤や衝突を見せることなく，養育者からの働きかけを比較的，素直に受け入れてしまうのだとも言えるような気がします。

　このことを母親の赤ちゃんに対する授乳を例にとって考えてみましょう。通常，子どもは空腹でたまらなくなったときに，その不快を泣きというかたちで表出し，それを聞きつけた母親が素早く子どもに駆け寄り，おっぱいを差し出して，子どもはそれを飲んで充足するという一連の流れが考えられます。しかし，子どもの状態にそれなりに注意を向けている母親であれば，時に，子どものそろそろお腹が空きそうという状態を事前に察知して，不快な状態になる一歩手前のところで，おっぱいをあげてしまうということが可能かもしれません。子どもはちょうどお腹が空きつつあったわけですから，母親からの授乳を受け入れて，それで満足してしまうことになるでしょう。そこに泣きといった不快な感情の表出はなく，子どもを泣

かせないですむ，その母親の働きかけは，一見すると，むしろ，とても望ましいもののようにも思えてしまいます。もし，これをほぼいつも完璧にやりこなせる母親がいたとしたら，その母親は子どもにいやな思い，つらい思いをさせない，まさに「いい母親」であり，そしてそのもとで育つ，ほとんど癇癪(かんしゃく)を起こして泣くというようなことのない子どもは，まさに「いい子」ということになるのでしょう。

しかし，実のところ，レインやウィニコットをはじめ，これまで多くの研究者が危険性を指摘してきた養育の状況とは，ある意味，こうした**欲求の先読み**があまりにも優位化してしまった事態だと言い換えうるように思います。それでは，なぜ欲求の先読みが行き過ぎると問題なのでしょうか。それは，一言で言えばウィニコットの言う「真の自己」の発達の機会を奪ってしまうからにほかなりません。「真の自己」とは，子どもが，自らの欲求に従ってさまざまに行動する中で，ほかならぬ自分自身の正負，さまざまな感情を経験することを前提とします。そして，特にネガティヴな感情を経験したときには，その状況をなんとかしたい，その状況から脱したいという強い動機づけをもって，それこそ泣きや（もう少し発達が進めば）言葉を介して自ら積極的に外界に働きかけるということを必須要素とします。さらに，その自発的な働きかけを通して，養育者をはじめとする周りの他者から，その時々に自分にとって必要な行為を引き出し，結果としてネガティヴな感情状態から抜け出るという経験の積み重ねの中で生み出されてくるものなのです。子どもはそこで，不快な自分というものを強烈に意識するとともに，自分がそこから脱したいと強く望み，しっかりと声をあげたからこそ，自分の感情状態をちゃんと立て直すことができたのだという自信をもつことができると考えられます。すなわち「真の自己」とは，言って

みれば，豊かな**自律性**の感覚および**感情制御**の力にほかならないのです。そして，忘れてならないのは，この「真の自己」が，ただ自分に対する自信ということにとどまらず，徐々に，自分の声に確実に応じてくれる養育者などの他者に対する基本的な信頼感をともなうようになるということです。

　こうしたことから言えることは，いつもいつも先回りされて潜在的な欲求をいつの間にか充足されてしまっては，たしかに子どもが不快な感情を覚えることは少なくなるでしょうが，その一方で，自分の不快な状態をなんとかしたいという動機づけやそれに基づく自発的な行為もまた経験されなくなってしまう可能性が高いということです。そして，結果的に，まさに自分で自分のことを律する力，すなわち自律性や感情制御能力の発達の芽が摘み取られてしまいかねないということです。養育者が子どもの潜在的な欲求を先回りしてかなえてあげてしまう状況とは，主体性のない子どもに対して，養育者がさまざまに自らの願望や期待を押しつけやすい状況であるとも言えるかと思います。先にも述べたように，「才能ある子」はこの願望や期待を現にある程度，実現できてしまい「いい子」としてのアイデンティティを徐々に固めていくのでしょう。しかし，ひとたび，この願望や期待に応えられない，すなわち「偽りの自己」が維持できなくなり，さまざまなネガティヴな感情を経験することになったときに，こうした子どもの中には「真の自己」（自律性や感情制御の力など）がうまく育っていない分，ストレスフルな状況に自ら対処することができず，時にさまざまな問題行動や心の病を呈することになってしまうのだと言えるのかもしれません。

　ちなみに，柏木（2008）は，元来，日本には，親の「察し」によって子どもが特に何も「言わなくてもわかってくれる」ような関係性をよしとする文化風土があることを指摘したうえで，近年，ある

意味，それが行き過ぎて，それこそ，時に子ども自身の個性なども無視してしまうような「先回り育児」が横行・加速化し，それによって子どもの心の育ちにさまざまな歪みが生じているのではないかという興味深い論考を展開しています。実のところ，柏木が警鐘を鳴らしているのは，「先回り」そのものというよりは，的確な「察し」を欠いた「先回り」であり，その意味で「先回り」自体の危険性にふれた上述の内容とは若干，ニュアンスが異なるところもあるのですが，子どもにとってよかれという親の思い込みが結果的に子どもの自律性や主体性の発達を削ぎかねないということを問題にしている点では同じであり，真摯に受けとめておくべき見解であると思われます。

4 子どもにとって情緒的に利用可能であること

　第5章で詳しくふれることになるアタッチメント理論などにおいてもそうなのですが，従来の親子関係に関する考え方の中で，とりわけ重要視されてきた養育者側の要件は，**敏感性**（sensitivity），すなわち子どもの内的状態を敏感に読み取り，それに基づいて的確に応答する養育者の特質でした。そして，これが現実的に，子どものアタッチメントをはじめとする種々の発達に一定の影響を及ぼすことが，これまでの実証研究の中で明らかにされてきていると言えます。しかし，養育者がこの敏感性というものにあまりに強くとらわれて，そればかり意識しながら育児に臨むと，子どもの状態が気になるあまり，結果的に，前述した欲求の先読みということが発生しやすくなってしまうということがあるのかもしれません。こうしたことを一部反映してか，近年の特に実践的な志向性を有する発達

心理学においては，敏感性よりも，むしろ，**情緒的利用可能性**（emotional availability）という概念のほうがより多く言及されるようになってきている気がします（一般的には情緒的応答性と訳されることが多いようですが，ここでは，この概念を，子どもに応答する主体である養育者よりも，むしろ，養育者を利用する主体である子どもに力点をおいて考えたいという意味で，この訳語をあえてとりたいと思います）。

　この概念の礎を築いた1人にビリンゲン（Biringen, 2000, 2004; Biringen & Robinson, 1991）という研究者がいるのですが，彼女によれば，敏感性がもっぱら養育者の特性として想定されているのに対して，情緒的利用可能性は養育者と子どもの関係性の特質として仮定されているのだそうです。つまり，それは養育者と子どもがいかに円滑にかつ適切に相互作用しうるかを問うものであり，そこでは必然的に，養育者の側の読み取りや働きかけだけではなく，それと同時に子どもの側からの養育者に対する応答や遊びへの誘い込みなどの質も問題にされることになります。もちろん，相互作用がうまく進行するためには，養育者側の敏感性も当然，必要になるわけですが，ビリンゲンは，このほかに，子どもに対して**侵害的でないこと**（nonintrusiveness）もまた養育者にとっては非常に重要であることを強調します。言い換えれば，彼女の言う，養育者が子どもにとって情緒的に利用可能な存在であることとは，子どもが自発的にシグナルを発し何かを求めてきたときには確実に敏感に応じる一方で，子どもが特に何も求めてこないときには，あえてそこに踏み込まないでいるということをも意味しているのです。この考えに従えば，先に見た授乳の例，すなわち，子どもが（まだ自分では不快な感情を経験せず泣いたりはしていないのに）空腹になりつつあるのではないかと気遣い，養育者が先回りしておっぱいを差し出してしまうような行為は，それが子どもの日常生活の中であまりにも一般化して

しまうと，明らかに子どもにとって侵害的な意味をもち始めるのかもしれません。

　子どもに対して侵害的でないことは，見方を換えれば，（たとえ大人の目で見れば失敗が明らかに予測されるような状況であっても）子どもが求めてこない限りは子どもに自分の望むように一通りやらせてみて，その中で必然的に生じてくるであろう正負さまざまな感情を経験させてみるということにほかならないような気がします。子どもは当然，そこで，自らの欲求を自分の手でかなえることができれば達成感をともなう強い喜びを，それがうまく実現できない場合には不快な思いやつらい気持ちを味わうことになるでしょう。そして，そうなれば今度は，多くの場合，その感情をさまざまなシグナルとして養育者に向けてくることになるはずです。重要なことは，その・・ときに，養育者が子どもに対していかにふるまうかということになるのでしょう。当然のことですが，子どもが何かが1人でできて得意げな顔を見せてきた場合には，それを一緒に喜び，讃え，逆に，泣きなどの不快なシグナルを発し助けを求めてきたときには，それに敏感に応じて，子どもの感情の調整をしっかりとしてあげればよいことになります。そして，こうした養育者のごく自然なふるまいによって，子どもの自律性や主体性の感覚が健やかに育ってくると言えるのです。すでにお気づきかもしれませんが，先に述べた「真の自己」とは，まさに，こうした非侵害性と敏感性の精妙な組み合わせからなる情緒的利用可能性によってこそ，生み出されてくるのだと言って誤りはないような気がします。

5 子どもは安全の環の中で育つ

あまり強調されることはないのですが、子どもが特に何も求めてこないときにはその活動に踏み込まない、干渉しないという養育者のスタンスは、実のところ、第5章で取り上げるアタッチメント理論が暗に重視するところでもあります。アタッチメント理論では、一般的に、養育者と子どもの日常のあるべき関係性を、「**安全の環**」(circle of security) (Marvin et al., 2002) という図2–1のような円環にたとえて考えます。楕円の左側に位置するのが養育者で、そこで養育者は、子どもに情緒的な燃料補給を行って、子どもを元気よく外界に送り出す「**安全な基地**」(secure base) と、子どもが困難な事態に遭遇して弱って戻ってきたときには、それを確実に受け容れて慰撫する「**確実な避難所**」(safe haven) の役割を果たすべき存在として描かれています。

ここで注意していただきたいのは、養育者は、基本的にどっしりと1つのところに構え、少し離れたところから、子どもを見まもっているということです。逆に言えば、子どもが何か不快な思いをしたりつらい気持ちになったりしてはいけないと絶えず気にかけ、子どもの脇にずっと寄り添っていたり、子どもの後ろをいつもついて回ったりはけっしてしないということです。アタッチメントとは、文字通り、養育者と子どもがくっつくことを意味するわけですが、それは、いつ何時もくっついていることをよしとするものではまったくありません。第5章でも述べますが、あくまでも、子どもが困難に出遭い恐れや不安などのネガティヴな感情を覚えたときに、確実に養育者にくっつける状況があるということが子どもにとって

図2–1 安全の環

安全の環
子どもの要求に目を向けよう

安全の基地

・見まもっていてね
・手伝ってね
・一緒に楽しんでね
・すごいって見てて

「こういうことをして欲しいな」
「いろんなことをするから見ててね」

確実な避難所

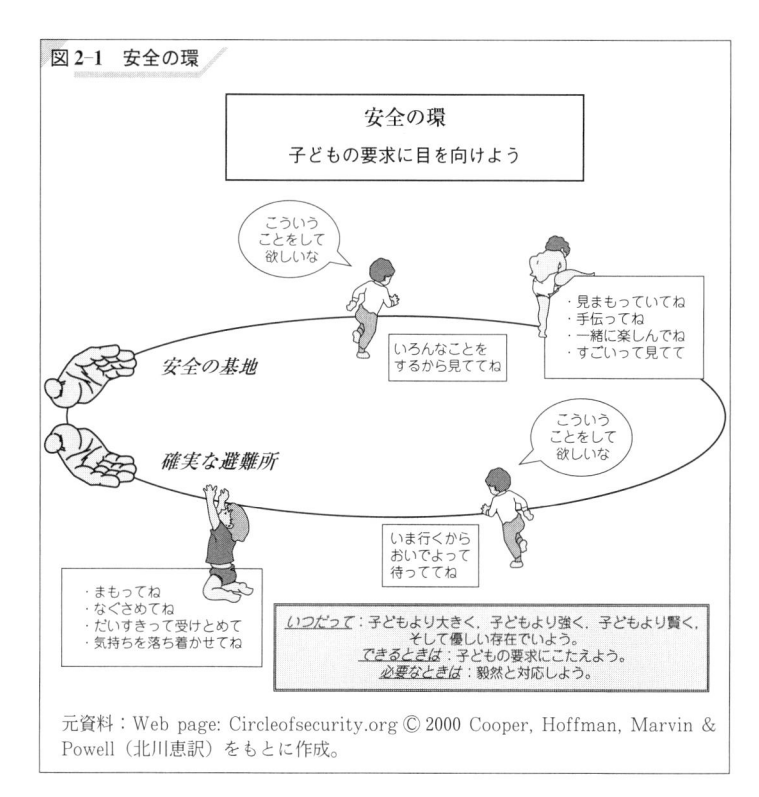

「こういうことをして欲しいな」
「いま行くからおいでよって待っててね」

・まもってね
・なぐさめてね
・だいすきって受けとめて
・気持ちを落ち着かせてね

いつだって：子どもより大きく，子どもより強く，子どもより賢く，そして優しい存在でいよう。
できるときは：子どもの要求にこたえよう。
必要なときは：毅然と対応しよう。

元資料：Web page: Circleofsecurity.org Ⓒ 2000 Cooper, Hoffman, Marvin & Powell（北川恵訳）をもとに作成。

重要なことであり，むしろ，それ以外のときには，まさに侵害的でないこと，すなわち子どもから離れて見まもり，子どもの自発的な**探索**（exploration）を積極的に促すことがあるべき養育者のふるまい方であるとされているのです。そして，それによって子どもは，多くのことを外界から学び取り，また，自分自身の感情が崩れたときの立て直し方（感情制御）を身につけていくのだと仮定されています。

アタッチメント理論が想定する望ましい子どもの発達とは，言ってみれば，この「安全の環」が徐々に拡張していく（避難所や安全

Column ② 早期教育をいかに考えるべきか？

　現在，少子化の進行とも関係して，1人の子どもに対して，より大きな養育上の投資をする傾向が強まってきているように思われます。**早期教育**はその最たるもので，多くの養育者が，子どもの知・情・意，いろいろな側面の発達に寄与するとされるさまざまな方法に多大な関心を寄せ，現実にそれを実践している養育者も少なくはないようです。できるだけよい教育をできる限り早くからと考えるのは，ある意味，養育者たるものの常であり，その気持ちそのものを悪として否定することはいかなる意味でもできないように思います。

　ただし，早期教育の実践が，ただ大人の側の子どもにとってよかれという一方的な思い込みだけに従ってなされ，当の子どものそれに対する取り組みの姿勢や反応・感情などがあまり顧みられない場合には，時に，子どもの発達に益をもたらすどころか，害をもたらすことさえあるということを，私たち大人は肝に銘じておくべきかもしれません。養育者の錯覚ということに関連して本文中で述べたことにも関わるのですが，子ども自身の中に育ちつつある子どもの自己や個性あるいは欲求などと，早期教育の実践が明らかに食い違っている場合には，それは子どもにとって相当，大きなストレスになることが考えられます。また，本文中の「才能ある子」のように，親の願望や欲求をそのまま受け入れて，早期教育で施されたことを（少なくとも子ども期に限って言えば）実に見事に身につけていく子どももちろん存在するかと思います。しかし，それが，ただ受動的に教育を受け入れたということの結果であり，そこに子どもの自発性や主体性が関与していないときには，その効果が長期的に持続し，将来，大きく花開くということはあまり期待できないのかもしれません。早期教育を実践しようとする場合には，少なくともほかならぬその子ども自身のそれに対する動機づけや好みあるいは特性などがしっかりと見極められる必要があるかと思います。

　それと，早期教育がなぜ子どものさまざまな発達に効果をもたらすとされているのか，その科学的根拠について私たちは慎重な姿勢をもってしかるべきかと思います。たしかに，テレビや雑誌等で大々的に喧伝される知見はいかにももっともらしく，一見，それに疑いを立てる余地な

どないように思えてしまうこともあります。しかし，そこで早期教育の根拠とされているものは，多くの場合，動物を対象とした**剥奪実験**（通常の生活条件で経験するであろうさまざまな環境刺激を剥奪した状況下で動物の子どもを成長させる）の結果や，数はずっと少なくなりますが，時に**自然な実験**（natural experiment）とも言われる，例外的に不遇な環境下で育ったヒトの子どもの事例であるということに注意するべきでしょう。すなわち，それらの知見は，栄養なども含め，ごくふつうに与えられるべきさまざまな要素や刺激が与えられないときに，心身のさまざまな側面の発達に大きな歪曲や遅滞などが生じるということを示唆するものなのです。そして，こうした知見そのものはそれなりに信憑性の高いものと言っていいのですが，問題なのはこの先で，早期教育の文脈では，この「環境が乏しいことの有害性」が「環境が豊かであることの有益性」に置き換えられて，その正当化に活用されているのです（「幼い頃の環境刺激が貧困化するととんでもないことになります，だから子どもに対してはできるだけ早くから豊かな環境が与えられるように心がけましょう」というロジックで，早期教育の重要性が説かれるわけです）。ここで心しておくべきことは，環境が乏しくなればなるほど発達が阻害されるということはかなり根拠のある話でも，環境が豊かになればなるほど発達が促進されるということについては，特にそれを積極的に裏づけるような知見はあまりないということです（遠藤，2001）。

　もちろん，乳幼児期がその後の発達を方向づけるきわめて重要な時期であることに変わりはありません。たとえば，脳の発達を考えても，ヒトの新生児の脳は成人の脳の1/4～1/3ほどでしかないのですが，そこから5歳くらいまでの間に一気に成人の脳の9割くらいの重さにまで成長するということが知られています。そうした意味でも，乳幼児期の脳の発達を支える環境の大切さは言うまでもないことなのですが，世界的にきわめて著名なリンデンという脳科学者は，最近，その著書の中で「環境の豊かさはビタミンのようなものだ」という実に示唆に富む記述を行っています（Linden, 2007）。まさにさまざまなビタミンと同じように，最低限与えられることは絶対に必要でも，それを超える量を与えられても，特に余計によい効果があるわけではないというのです。

> このリンデンのことばに象徴されるように,子どもの健やかな発達ということについては,とりわけ何か特別なことを早くからたくさんしてあげるということよりも,むしろ,子どもとの何気ない日常生活をどれだけ充実したものにできるかということに,私たち大人はより大きな関心を払っていいのかもしれません。子どもが求めてきたら子どもとどれだけ楽しく遊べるか,あるいは本文中の「安全の環」が強調するように,子どもが1人で好奇心に駆られていろいろな活動をしようとするときに,その探索活動をいかに背後から支えうるかといったことのほうが,種々の早期教育の実践などよりも,はるかに重要な意味をもっているのだということをここで確認しておくことにしたいと思います。

基地に戻らなくても自律的な探索を続けられる時間や範囲が増大していく)ということであり,また望ましい養育者の関わりとは,その環の拡張がごく自然に生じうるように,(子どもが確実な避難所に駆け込んできたときの)敏感性と(安全な基地から元気よく出かけていったときの)非侵害性とを適宜,使い分けるということなのかもしれません。

6 ほどよくあることの奨め

この章では,錯覚ということばを1つのキーワードにして,乳幼児に関わる際の養育者のふるまい方のあるべき変化を,錯覚から脱錯覚へと至るプロセスとして考えてきました。しかし,読者の中には,それを何やらとても難しいもののように受け取った方も少なくはないかもしれません。たとえば,どのタイミングで何をきっかけとして錯覚から脱することができるのか,あるいは,先回りせず侵害的にならないようにふるまうためには,具体的に何を心がけたらいいのか,といろいろと思い悩まれた方もあるでしょう。これにつ

いて，筆者は，この章の中でたびたび取り上げてきたウィニコットの考えにごく簡単にふれて1つの答えとしておきたいと思います。

ウィニコットは子育てにおいて必要なことはたった2つのことだけだと言っています。1つは，すでに本文中でもふれたのですが，ウィニコットが「育児に対する原初的没頭」と呼んだ状態に浸りきることだそうです（まさに第1章で述べた"mind-mindedness"に素直に従って赤ちゃんに接すればよいのだということになるでしょう）。そして，もう1つは，その没頭状態から徐々に抜け出ていくことだと言います。これはある意味，初めは錯覚に浸れ，そしてその後でそこから覚めよとただ言われているようで，何ともその真意をつかみかねることばなのですが，これが含意するところは，実のところ，錯覚に浸ることも，そしてそれから覚めることも，そう難しく考えず，さして意識しなくとも，自然の成り行きに任せれば，たいていはうまくいくということのようです。

ここでは脱錯覚のほうに焦点を当てることとして，なぜそれがそう難しくなくできるかというと，それは1つに，現に子どもの中に心や自己が明確に芽生え始めると，通常，子どもは自分が思ったり考えたり欲したりしていることが十分に実現されない限り，容易には引き下がらなくなるからです。当然，養育者はなかなか言うことを聞いてくれない子どもに手を焼くことになるでしょう。そして，いろいろと悪戦苦闘する中で，実際に子どもがどんなつもりで何を望んでいるのか，すなわち子どもの実体としての心に気持ちを向けざるをえなくなるものと考えられます。また，子どもの発達が進み，その欲求や認知が徐々に複雑・多様化してくると，そしてまた，その一方で，養育者が養育者としてではない本来の自分の関心を徐々に取り戻し（育児以外にあれもしたい，これもしたいということが再び増し）必ずしも子どものことばかりにはかまっていられなくなると，

そもそも,現実的な意味で,子どもの内的状態を先読みして関わるようなこと自体が,非常に難しくなってくるということもあるように考えられます。ある意味,どんなに努めても,子どもの潜在的な気持ちにとても応じきれないという事態が半ば必然的に増えてくるわけです。

ウィニコットの言説が多分に逆説的なのは,応じきれなくなっても,それで・いいのだというところ,もっと言えば,ある意味,それが・いいのだとまで言ってしまうところにあるように思われます。彼が,あるべき子育てのかたちに言及してよく使う術語に「**ほどよい**」(good-enough)ということばがあります(Winnicott, 1965)。そして,このことばの裏には,完璧(perfect)である必要はない,あるいは完璧であってはならないということが含意されています。彼においては,養育者が子どもの欲求に完璧には応じきれないところで,子どもに経験される**適度なフラストレーション**こそが,子どもの自己や心の健やかな発達を導くのだという認識がありました。先にも述べたように,まさに「真の自己」,すなわち自律性の感覚や感情制御の力などは,子どもが日常生活の中で現にいろいろなネガティヴな感情を経験する中で,それを自分の力で何とかしたいと強く動機づけられ,そして実際に(養育者に対しても)さまざまな行為を起こした結果,その感情状態から抜け出すという経験を蓄積することを通じて,生み出されてくるものなのです。

もっとも,このほどよくあることは,いわゆる手抜きとはまったく別ものです。それは,あくまでも,子どもが日常の中でいろいろなこと,そしてさまざまな感情を経験する中で,自分ではどうしようもなくなって自発的にシグナルを向けてきたときに,それにしっかりと応じられる程度に,養育者は子どもに関わっていればよいということを意味しており,子どもが発してきたシグナルに無関心で

Column ③ 生涯発達における遺伝と環境

　人間の発達をめぐるいわゆる「**生まれか育ちか**」（人の発達の道筋や帰結を，主に規定するのは，私たち1人ひとりがもって生まれた遺伝的要因なのか，それとも時間軸の中で経験する個々人に固有の環境要因なのか）という問題については，心理学の歴史の中で，あるいは心理学が生まれる前から，さまざまに議論されてきたと言えます。もちろん，人の発達に関わる要因は，遺伝か環境か，そのどちらかということではなく，本来は，遺伝も環境もと言うべきところなのでしょう。それぞれの人の個性の形成が，遺伝的要因と環境的要因の複雑な絡み合いの中で生じてくることを訝る余地はあまりないように思います。ただし，揺りかごから墓場までの生涯過程を考えたときに，私たちは通常，直感的に，加齢とともに遺伝的要因の影響が弱まり，逆に環境要因の影響が強まると思いがちなのではないでしょうか。なぜならば，当然のことながら，私たちは，年をとるにつれて，環境の中でより多くのことを学び，多様な経験を積み上げるようになるからです。

　そして，実のところ，こうした私たちが一般的に思い描くイメージは，これまでの発達心理学の基本的前提の1つをなしてきたと言っても過言ではないのかもしれません。たとえば，人の発達を乳幼児期や児童期などの人生早期だけではなく，その後の死に至るまで拡張して考えるべきだとして，いわゆる生涯発達心理学を立ち上げた著名な研究者の1人にバルテスという人がいるのですが，彼なども，まさに私たちの一般的な直感に適うような発達像を思い描いています（Baltes et al., 1980）。彼によれば，人の**生涯発達**に及ぼす要因は，標準年齢的要因，標準歴史的要因，非標準的要因の3種に大別して考えることができると言います。標準年齢的要因とは，人間という存在にほぼ共通して当てはまる生物学的要因（たとえば第2次性徴の存在およびその到来時期など）および社会的要因（たとえば多くの社会文化に共通する小学校，中学校，高校などの学校制度およびその入学時期など）のことです。また，標準歴史的要因とは，戦争，好景気，バブル崩壊，就職氷河期といった，それぞれの世代が固有に経験する歴史・社会・文化的要因のことです。そして，非標準的要因というのが，それぞれの個人が人生の中で特異的に経験す

るライフ・イベントに関連する個別的要因ということになります。バルテスは，標準年齢的要因の影響は人生前半ほど強く，その後，減少し，人生後半に再び微増するのに対し，標準歴史的要因の影響は青年期において最も大きく，そして，非標準的要因の影響は加齢とともにほぼ直線的に増大すると仮定しています。非標準的要因というのが，私たちが通常，考える環境要因の中核となるわけですので，まさにバルテスの仮定は，私たちが素朴に考えるところと基本的に同じであると言えるでしょう。

　しかし，近年，とみに盛んになってきている行動遺伝学という学問分野が示す遺伝と環境の影響は，私たちの直感やバルテスの仮定などとはかなり違ったもの，もっと言えばある意味，真逆のものとも言いうるような気がします。行動遺伝学とは，たとえば身長・体重から，障害や病気のかかりやすさ，あるいは IQ やパーソナリティに至るまで，ある意味，ありとあらゆる特徴の個人差が，私たち1人ひとりの遺伝的差異によって，また経験する環境的差異によって，どれだけ説明されるかを，多くは双生児や養子などを対象とするデータに基づいて，パーセンテージではじき出すということをします（詳細は安藤，2000 など）。ちなみに，ある特性の個人差を遺伝的差異が説明する割合を，**遺伝率**というのですが，ここで注目していただきたいのは，この遺伝率が，年齢が上がるほど，右肩上がりで上昇していくということが，多くの特性に関して確かめられているということです。たとえば IQ に関していえば，4〜6歳段階では 40% ほどの遺伝率が，徐々に増大し，老年期では 80% ほどに達するというようなデータもあります（Plomin & Petrill, 1997）（**図 Column ③**）。当然，遺伝率以外の部分が，環境による影響ということになりますので，これが何を示唆するかというと，私たちが年をとるほど，その個性（1人ひとりの違い）は環境による影響を受けにくくなるということになります。つまり，ある意味，逆説的にも，まだ環境の中であまり経験をしていないはずの乳幼児期においては環境による影響が大きく，逆に大人になっていろいろな経験をたくさんするようになればなるほど，その経験による影響が小さくなるというのです。

　実のところ，行動遺伝学の方法や知見および遺伝率という数値が意味

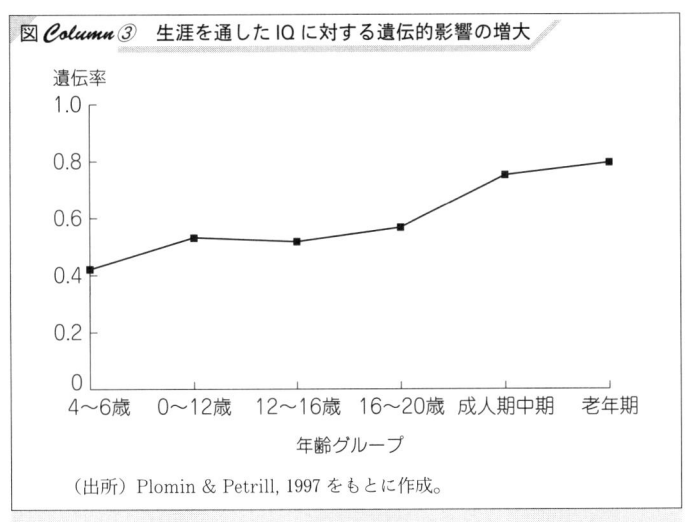

図 Column ③　生涯を通したIQに対する遺伝的影響の増大

遺伝率

（横軸：年齢グループ　4～6歳，0～12歳，12～16歳，16～20歳，成人期中期，老年期）

（出所）Plomin & Petrill, 1997をもとに作成。

するものに関しては，さまざまな批判的な見方もあり，慎重なスタンスが必要なのですが（たとえば遠藤，2005），真摯に受けとめておくべきところもあるように思います。遺伝率の加齢にともなう上昇という現象が示唆するところは，結局のところ，私たちが年をとればとるほど，ある程度，自発的に生活環境を選び，また作り上げていくことができるようになるということと密接に関連しているものと言えます。たとえば，脂肪分を好む体質に関わる，ある遺伝的基盤を強くもって生まれてきた個人を想定してみましょう。そして，その個人が，小さい頃，子どもの栄養，特に脂肪の摂取にとても厳しい養育者のもとで成育するということを考えてみましょう。当然のことながら，養育者が一切，乳脂肪分がいっぱい含まれたアイスクリームやクッキーなどを与えてくれなければ，その脂質摂取に関わる遺伝子は，現実の表現型として現れにくいということになるでしょう。しかし，大きくなるにつれて，養育者による統制からしだいに離れ，自分の小遣いで，何でも好きなものを買って食べられるようになると，多くの場合，子どもは徐々にアイスクリームやクッキーの味を覚え，脂質を好むという遺伝的傾向に従って，現実的にそれを多く摂取するようになることが考えられるのです。つまり，遺伝子型

は，個人が自発的にいろいろな経験をすることができるようになればなるほど，表現型として現れやすくなるというわけです。

この本は，乳幼児の問題を扱うものですので，これ以上，深入りすることはしませんが，このことから，乳幼児に対する接し方として学べる重要なことが少なくとも1つあるように思います。それは，第5章でもふれるように，幼い頃は子どもは環境を自ら選べないということです。どんなにいやでも，赤ちゃんに，自分の母親や父親を替えることは不可能です。つまり，子どもは，どんな環境であっても，それを受け容れて大きくなっていかざるをえないのです。行動遺伝学の研究で，乳幼児期ほど，遺伝率が低く，環境の影響が高く見積もられるのは，まさにこうした事情を反映してのことなのです。これはいい意味で考えれば，子どもは環境次第でいかようにでもなりうるということを一見，示唆しており，*Column ②*で取り上げた早期教育が，十分，意義あるものであることを指し示しているかに見えます。しかし，この後の遺伝率の上昇は，裏を返せば，幼い時に環境の違いに応じて生じていた個人差が徐々に小さくなるということを意味するわけで，実のところ，早期教育の効果はたしかに幼い時期にはそれなりに認められても，それがその後も長く持続するものでは必ずしもないこと，むしろそれがしだいに薄らいでいく可能性があるということを含意していると考えることができます。

ここで，より重きをおいて考えたいのは，乳幼児期の環境が子どもにとって良好でない場合です。たしかに，早期教育のように，ある意味，環境が豊かであることのプラスの効果が長期的効果を及ばさない可能性が高いということのまさに裏返しで，環境の劣悪さに起因して生じていたマイナスの効果も徐々に小さくなっていくと言えないわけではないのかもしれません。しかし，言語なども含め，発達の中には，ある一定の時期を過ぎるとなかなか早期段階のハンディキャップを取り戻せないようなものも少なからず存在するということを忘れてはなりません。たとえ，後になってから環境条件が大幅に改善し，また子どもが望めば好きなことができるような状況になっても，乳幼児期にその基礎の形成が大きく揺るがされてしまっている場合には，そこでのマイナスの影響が生涯，消えないものとして残るような場合もあるのです（早期段階の剥奪

がその後に非可逆的な影響をもたらしてしまうのです)。現に行動遺伝学の研究では，たとえば被虐待児のように，非常に劣悪な環境で成育した子どもたちを対象にすると，そこでの遺伝率が長期にわたって，一般の子どもたちのそれに比して，きわめて低いものであり続けることが明らかになっています。つまり，自ら備えているはずの遺伝的特性が表現型として現れ出ることがほとんど不可能なくらいに，環境に翻弄されてしまうということが実際にありうるのです。

Column ②でも述べたように，おそらく，子どもの健康な発達には，あまり特別なものは必要ではないのでしょう。ただし，平均的に期待されるようなごくごくふつうの環境が子どもに対して日常，自然に与えられるということの意味は，私たちが想像している以上に大きいのかもしれません。そうした意味においても，養育者の愛情というものは，子どもに対して特別なことをどれだけ多くしてあげられるかということよりも，むしろ日常のごく当たり前のことをどれだけ確実にしてあげられるかというところに，本来，注がれてしかるべきなのでしょう。

あったり，それに薄々気づきながらも何もしないでいたりするということは当然，論外ということになります。ほどよくあるということは，むしろ，できる限り頑張ってみるという養育者の気持ちを前提とするものだと言っても過言ではないかもしれません。しかし，現実的に，頑張ってみてもどうしても十分にはできないことが生じてくる。ここで留意しておくべきことは，そうした養育者の不十分さや失敗に対しては，たいがい，子どものほうが執拗に「これいやだ」「こうして」とさまざまにシグナルを送ってくる可能性が高いということです。そして，その送られてきたシグナルに対してしっかりと応えようとすること，それがもしかするとほどよいということの中核になるような気がします。別の言い方をすれば，(養育者が独りよがりに子どもにとってよかれと思い実践する子育てではけっしてなく)，不満や不快なども含めて子どもからいろいろな声を聞きなが

ら，あるいは子どもの力を借りながら，共同で軌道修正していけるような子育てのスタンスが，まさにほどよいということなのでしょう。少々，足りないところや失敗したことについては，子どものほうがさまざまなシグナルをもって教えてくれるはずだという，ある意味，子どもを信じるような気構えが，日々の育児においては大切なのかもしれません。

読書案内

シャファー，H. R.／佐藤恵理子・無藤隆訳『子どもの養育に心理学がいえること——発達と家族環境』 新曜社，2001 年
●発達心理学において，これまで，養育環境と子どもの発達に関してどのような知見が積み上げられてきたか，またそこから，子育てにおいて本当に必要なことはなんだと言えるのかということについて，幅広い視点から解説がなされている。

柏木惠子『子どもが育つ条件——家族心理学から考える』岩波新書，2008 年
●日本の家族を取り巻く状況の変化をふまえながら，現代における子どもに対する親のしつけや教育がどのようなものであるべきかについて，著者独自の考察がなされており，特に本来，支援されるべきものが「子育て」よりも「子育ち」であるという視点は興味深い。

第3章 生命が芽生えるとき

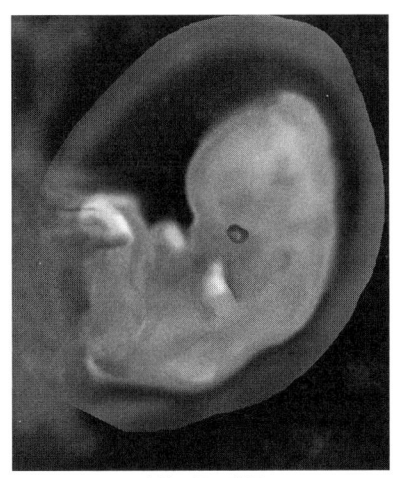

胎齢7週の胎児

　たいがいの赤ちゃんはオギャーと元気よく大きな産声をあげてこの世の中に生まれてきます。当然，その日が赤ちゃんの誕生日ということになるのですが，本当の意味での誕生は，それよりももっと前にさかのぼるのかもしれません。子どもの生命はお母さんのお腹の中で受精卵として芽生え，その後，着々と，この世に生まれてくるための準備をし，また，生まれてから必要になる身体と心の基礎を作り上げているのです。この章では，こうした，赤ちゃんが生まれてくる前に目を向け，生命が母親の胎内でいかにして芽生え，そして胎児がどのようなプロセスで成長するのかということについて考えてみたいと思います。そして，それを通して胎内環境や妊娠中の親の心理的状態が，出生後の子どもの発達にいかに重要であるかということを考えてみましょう。

1 生命の萌芽と始動

> **生命の萌芽**

　私たちの人生の始まりをどこにおいて見るべきかということについては、さまざまな考え方が成り立つかと思います。しかし、少なくともその生物としての始まりは、紛れもなく受精の瞬間ということになるでしょう。その最初の生命のかたちとも言える受精卵は、わずか 0.1 mm にすぎません。もちろん、受精が妊娠を即、意味するわけではなく、受精卵のうちで、子宮内壁への着床、すなわち受胎に成功するのは全体の 3 割強と言われています。一般的にこの着床までのおよそ 2 週間あまりの期間を卵体期と言うのですが、その後、受精卵は、約 8 週をかけて体長 2〜3 cm まで成長し、心臓や手足、また顔や主な感覚器官といった身体の基本構造を備えるに至るのだそうです。この間を**初期胎生期**あるいは**胎芽期**と呼びます。

　そして、この後から誕生までの約 40 週前後が**胎児期**ということになるのですが、そこで胎児は、主立った神経系とさまざまな人らしい特徴を整え、体長約 50 cm、体重 3 kg 前後の身体をもって、この世に産声をあげることになるのです。

> **胎児の始動**

　胎児がお母さんのお腹の中でどんな活動をしているかについて見る（たとえば Hepper, 2007）と、その最初の目立った活動は、胎齢 3 週頃における心臓の鼓動ということになるかもしれません。実のところ、この時期には、神経系が未発達なのですが、胎児はこの頃からすでに、ある意味、自律的に生命の営みを始めることになります。また、胎齢 6〜7 週になると心臓や血管の脈動と結びついた微妙な動き（蠕動)を、8

〜9週になると手足や身体の屈伸運動を始めるようです。

　胎齢10週くらいになると，自発的に子宮内での自分の位置を変えることができるようになり，そして，ほぼそれと同期して，羊水を規則的に吸入したり吐出したりする活動パターンが認められ，これが，生まれた後の呼吸の先駆けになるのではないかと考えられています。このほかにも，あくびをしたり，泣き笑いのような表情を見せたり，指しゃぶりをしたり，また時に驚いたりといった実に多様な運動を，胎児は胎齢の進行とともに示し始めることが知られています（章扉写真参照）。

　このように，赤ちゃんが出生後に見せる，ほぼすべての運動パターンの原型が，胎児の動きの中にすでにあると言っても過言ではないようです。胎児は，ただでたらめに身体各所を動かしているわけではなく，複数の部位を一定の規則性をもって相互協調的に動かしているようで，それは，私たちの生涯にわたる基本運動の，練習のようなものになっているという考え方があります。もっとも，初期における胎動は，超音波などを用いてかろうじて，それが確認されるだけで，母親がじかに胎動を感じ始めるのは，早くとも妊娠16週頃，一般的には18〜20週あたりということです（**表3-1**）。

　ちなみに，こうした胎児の動きの中で近年，特に注目度が高いのは，**ジェネラル・ムーヴメント**と呼ばれる独特の全身を使った自発運動です。それは，脳神経系の成熟や組織化と連動したものらしく，そこになんらかの異常が認められる場合には，かなりの確率でさまざまな発達上の障害が予測されるという研究知見も得られているようです（小西，2003）。

表 3-1　胎児の行動の発達

行動	時期
かろうじて認識できる動き (just discernible movement)	7週目
びっくりするような動き (startle)	8週目
全身の動き (general movement)	8週目
しゃっくり (hiccup)	9週目
腕のみの動き (isolated arm movement)	9週目
脚のみの動き (isolated leg movement)	9週目
頭を後ろにそらす動き (isolated head retroflexion)	9週目
頭をまわす動き (isolated head rotation)	9週〜10週目
頭を下方に曲げる動き (isolated head anteflexion)	10週目
呼吸による動き (fetal breathing movement)	10週目
腕を収縮させる動き (arm twitch)	10週目
脚を収縮させる動き (leg twitch)	10週目
手で顔に触れる動き (hand-face contact)	10週目
伸びをする動き (stretch)	10週目
ごろごろと回る動き (rotation of fetus)	10週目
顎の動き (jaw movement)	10〜11週目
欠伸 (yawn)	11週目
指の動き (finger movement)	12週目
吸ったり飲み込んだりする動き (sucking and swallowing)	12週目
手足が痙攣するような動き (clonic movement arm of leg)	13週目
顔に何かがふれるとその方向に口をもっていき開ける動き (rooting)	14週目
目の動き (eye movement)	16週目

(出所) Hepper, 2007をもとに作成。

2　胎児の知覚・認知能力

胎児の知覚能力の発達

次に感覚器官の発達（たとえば Hepper, 2007）について見てみましょう。触覚はすでに胎

齢8週くらいから部分的に機能している可能性が指摘されています。その頃に早産で生まれてきた胎児の口元を髪の毛で刺激すると，かすかに反応が認められたという報告が残っているからです。もっとも，全身どこを刺激しても反応が認められるようになるのは，胎齢7カ月頃からではないかと言われています。

聴覚については，胎齢5，6週頃に耳のもとになる穴ができ，胎齢24週くらいには一通りの完成を見るようです。聴覚は五感の中でも早期から働き始めるものの1つであり，胎児は，羊水があるためそれそのものの音ではないものの，母親の体内音はもとより，特に人の声といった比較的，周波数の低い音声に関しては，その腹壁を通して伝わってくる外界からの音などにも早くからある程度，明確な反応を示しうるといわれています。

味覚や**嗅覚**についてはいまだ不明瞭な点が多いのですが，出産直後にそれらにおいて，すでに弁別的な反応が見られることから，遅くとも妊娠期後期には成立していることが推察されています。特に，甘味については，羊水にサッカリンを注入すると，胎児が通常よりも多く羊水を飲むことから，それに関する味覚の成立はかなり確かなものと言われています。

視覚については，聴覚などに比して元来その発達のスピードが遅いと言われています。また，子宮の中には十分な光がないため，胎児には原理的にほとんど何も見えていないと言えるわけですが，それでも胎齢18週頃には，一部，ランダムではない，ある程度コントロールされた眼球の動きが認められるようになることから，この頃から少しずつ，視覚の仕組みが整ってくるのではないかと考えられています。また，この眼球運動に関して言えば胎齢30週頃から，一定のサイクルで，急速な眼球運動が認められる時間帯と，それが認められない時間帯が見られるようになることが明らかにされてい

ますが、これらは大人における、いわゆる REM 睡眠と non-REM 睡眠に相当するものと言え、この頃からしだいに、**睡眠と覚醒**のパターンが確立し始めるという可能性がうかがえます。

胎児の認知能力の発達

胎児がどのような**認知能力**をどれだけ有しているかということについては、そもそも、それを知る手だてがきわめて限られているため、これまでに明らかにされていることはとても少ないというのが実情です。しかし、たとえば、本来はまだ胎内にいるはずの時期に、早産で生まれてくる子どもが、すでに対面する他者や表情図などの模倣をなしうるというような報告（たとえば池上, 1998）もあることから、少なくとも妊娠後期の胎児には、視覚的に知覚したものと自らの表情とを結び合わせる基本的なメカニズムが一定程度、備わっているということが言えそうです。

また、音声刺激の識別およびその記憶といったことについても、妊娠後期にはすでにその能力が成り立っているのではないかと言われています。生後数時間しか経っていない新生児が、胎内環境でも聞いていたはずの母親の声に、それ以外の初めて聞く声とは明らかに異なる反応を示したり、また、胎齢 33 週の胎児が、実験的に母親から毎日聞かされた 1 回 30 秒ほどのお話を再び呈示されると、それに心拍数の低下をもって反応するようになったりするといったことが現に確かめられているのです（たとえば DeCasper & Spence, 1986; Lecanuet & Schaal, 1996）。

もちろん、これらのことが意味するのは、胎児が、耳にしたことそのものの内容をほかのこととは識別して記憶しているということではなく、あくまでも繰り返し頻繁にさらされた声質の特徴やイントネーションやリズムなどの語り方のパターンを微弱ながら記憶しているということにすぎません（正高, 2001）。しかし、それでも、

これによって、出生直後からすでに少なくとも聴覚的には自分の母親のほうに注意が向きやすくなっているということの意味は、第5章で見ることになるアタッチメントの成立ということからして、とても大きいものと考えられます。

ちなみに、嗅覚に関しても同様のことが言えるようです。赤ちゃんは、生まれてすぐの段階に、母親の匂いとほかの女性の匂いを区別することができ、母親の匂いがするほうに頭を向ける傾向があるのだそうです（たとえば Porter & Winberg, 1999）。これについても、子どもが、胎児期における羊水の中での経験を通して、母親独特の羊水の化学的成分の特徴を記憶の中にとどめているから、それが可能なのだと考える向きが一部にはあるようです。

3 胎内環境の重要性

胎内環境とテラトゲン

「子宮回帰願望」ということばをさまざまなメディアで目にしたり耳にしたりしたことのある読者も少なくはないと思います。このことばは、子宮が私たちの多くにとってどこか憧憬の対象としてあり、通常、その中が、きわめて心地よく穏やかで安全な世界としてイメージされていることを物語っています。しかし、胎児にとっての子宮の実態は、大人がイメージするものとは少々かけ離れたものだと言われています。そこは、母親の歩行・運動や発声および身体諸器官の活動が直に伝わる、たいそう揺れて落ち着きなく喧しい（やかま）ところであるらしいのです（たとえば Querleu et al., 1989）。

もっとも、感覚が十全に発達していない胎児にとって、こうした揺れや音といった物理的な刺激の大半は、少々大きくともさほどネ

表 3-2 いろいろなテラトゲン

テラトゲンの種類		有害な影響
処方薬	サリドマイド（鎮静剤）	足・腕の奇形
	ワルファリン（坑凝血剤）	精神遅滞，小頭症
	トリメタジオン（坑てんかん剤）	発達遅滞，V字眉，口唇・口蓋裂
	テトラサイクリン（抗生物質）	歯の奇形
乱用薬物	ヘロイン	胎児／新生児中毒，成長遅延
	コカイン	成長遅滞，行動への長期にわたる影響
	溶剤（シンナー等）	小頭症
嗜好品	アルコール	胎児性アルコール症候群，胎児性アルコール影響障害
	喫煙	流産，成長遅滞
	カフェイン	ヒトに関する研究は希少だが，他の動物においては過剰摂取が奇形を引き起こすという知見あり
病気	風疹	白内障，聾，心臓異常
	ヘルペス	小頭症，小眼症
	水痘	筋萎縮，精神遅滞
放射能		細胞死，染色体障害，精神・成長の遅滞（放射線量と被曝時期による）
母体	代謝変化（糖尿病等）	出生時体重増，先天異常のリスク増大
	ストレス，不安	出生時体重や行動発達への影響を示す証左あり

（出所）Hepper, 2007 をもとに作成。

ガティヴには作用しないのかもしれません。それよりも問題なのは、そこがさまざまな化学的物質が行き交い、時に澱むところでもあるということです。胎児は母親から、羊水や胎盤を通して、自分が成長するための栄養分をはじめ、さまざまな化学物質を摂取するわけですが、その中には、健常な胎児の発達を大きく揺るがしかねないものも多々含まれうるのです（たとえば Kalter, 2003）。

　身近な例で言えば、母親の飲酒や喫煙が過度になると、胎盤を通して胎児にもたらされるアルコールやニコチンが、胎児の発生や身体の成長にさまざまな問題を引き起こしうることはよく知られるところです。たとえば、アルコール中毒の母親から生まれてくる、いわゆる**胎児アルコール症候群**の子どもは、アルコールのために感覚が麻痺し、胎内での正常な運動パターンが妨げられることになるため、関節部位の発達に歪みが生じ、そこに深刻な障害が生じる確率が際立って高くなるという報告があります。ちなみに、このような胎内での発達を妨げる物質を専門的には**テラトゲン**（催奇性物質）と総称するのだそうですが、このテラトゲンが、最も深刻に影響するのは特に妊娠の初期3カ月間ほど、つまりまさにヒトらしいかたちができあがってくる時期と言われています（**表3-2**）。

　近年、こうしたテラトゲンあるいはホルモンや栄養の状態など、子どもの胎内環境での経験が、出生後の経験にも劣らないくらいに、生涯にわたる心身のさまざまな側面の発達に非常に重要な役割を果たしうることが確かめられてきています（Moore, 2001）。

つわりの隠れた働き

　この妊娠の初期段階は、**つわり**が生じやすい時期としても知られています。つわりは、それを現に経験する妊婦からすれば、多かれ少なかれつらいものに違いありません。それがなければいいのにと切実に思う妊婦も、けっして少なくはないでしょう。しかし、そもそもなぜ、このように

つらいつわりが生じてくるのでしょうか。

　このつわりの原因に関しては，以前から，妊娠に結びついたホルモンバランスによる影響や，妊婦の妊娠や赤ちゃんに対する拒否感情や憂うつな心理状態による影響など，いろいろな説が囁かれてきました。しかし，いまでは，それこそ，これ自体が，胎児をさまざまなテラトゲンからまもる適応的な仕組みなのではないかという考え方がより有力視されるようになってきているようです（たとえばNesse & Williams, 1995)。実は，テラトゲンは，私たちがごく日常的に口にする植物性および動物性の食物の中にも含まれている可能性があり，つわりはこうした自然界に広く存在するテラトゲンに妊婦が嫌悪を覚え，それを摂取しないようにさせるものだというのです。現に，妊婦が特につわりを覚える食物の多くにはテラトゲンが含まれている確率が高いということ，そしてまた，つわりを多く経験した妊婦のほうが，つわりのない妊婦よりも，自然流産や胎児死亡の比率が有意に低くなる（テラトゲンを摂取しなくなるために胎児が保護されやすい）ということが明らかになっています。

　余談ですが，かつて，それこそひどいつわりを和らげるためにサリドマイドという薬が広く出回った時代があるのですが，それを服用した母親の一部から手足の形成不全などを抱えた子どもが生まれ，大きな社会問題になったことがあります。本来，テラトゲンから胎児を保護するために備わっているつわりなのに，それを抑えるために，サリドマイドというテラトゲンを摂取してしまうことになったというのは，なんとも矛盾した皮肉なことと言えるのではないでしょうか。

　ここでは，母親が外部から摂取する物質や栄養を中心に話をしてきましたが，母親の身体的病気そのものや心理的ストレスなどに起因して，胎内環境の状況が大きく変化し，その影響が子どもの発達

Column ④　成人疾病胎児期起源説

　生涯発達に対する**胎内環境**の重要性に関連して，近年，注目を集めている考え方に**成人疾病胎児期起源説**というのがあります（Gluckman & Hanson, 2005）。これは，本文中で述べたようなテラトゲンを母親が妊娠中にどれだけ摂取したかによって，子どもの出生後の健康状態が大きく左右されうるということに関わる考え方とも言えるのですが，時に，それ以上の意味を含むことがあります。それは，胎内環境が，出生後の生活環境に適（かな）うように胎児の遺伝子の発現をプログラミングし，それが生涯にわたるその個人の健康の維持や病気のかかりやすさなどに長期的に影響を及ぼすというものです（Moalem, 2007）。

　たとえば，現在までに明らかにされていることに，妊娠中の母親の低栄養状態が，その子どもの出産時の低体重と，成人期になってからの糖尿病や肥満，そして心臓血管系の病気の発症をかなり予測するということがあります。胎内の栄養が乏しいわけですので，小さい低体重の子どもが生まれやすくなるというのは理解しやすいかもしれません。しかし，成人期になってからの糖尿病や肥満というのは，この出生時の低体重ということとは一見，すごく矛盾するように思われるのではないでしょうか。「成人疾病胎児期起源説」は，これに関して，低栄養という条件が，胎児に少ない食物条件でも生き延びていけるような倹約型の体質を準備させる可能性を示唆します（これはまるで，胎児に，あなたがこれから生きることになる世界はとても栄養の乏しいところですよと予測的に教え込み，それに適応するようなからだ作りを促すように見えることから「予測適応効果」と呼ばれることがあります）。そして，そうしたいわば「省エネ型」の体質で生まれながら，ふつうの食物条件で育つことになると，その個人にとってはそれでも過剰な栄養摂取ということになってしまうため，結果的にそこに糖尿病や肥満，そして心疾患などが生じやすくなるというのです。

　最近ではさらに進んで，妊婦の低栄養状態が，その娘の低体重出生とその後の健康，そしてそればかりではなく，さらにその孫の低体重出生とその後の健康をも予測するのではないかという仮説がちょっとした話題になっています（たとえば Chapman & Scott, 2001）。実は，女性の

> 卵細胞は，胎児期に形成される卵巣の中にすでに一生分，含まれています。ということは，ある妊婦（第1世代）の栄養状態は，女性の胎児（第2世代）を介して，その胎児の中にある卵（第3世代）の遺伝子活性化のプログラミングにも関与する可能性があるということになります。第3世代においては，その卵が受精し，結果的に個体の染色体の半分を担うことになるわけですので，お祖母さんからの影響がそこに現れても原理的にはおかしくないことになるのだそうです。

にも及びうるということも明らかになっています。このように，さまざまな意味で，子どもにとっての胎内環境はとてもデリケートなものと言えそうです。私たちは子どもの発達やその個人差に関わる環境の影響を議論する際に，とかく誕生後の外部環境ばかりに目を向けがちですが，こうした出生前の胎内環境もきわめて重要であることを，頭にとどめておいてしかるべきかもしれません。

4 妊娠期の母親の心理

想像上の赤ちゃん　さて，誕生前のプロセスは，**親子の関係性の構築**という観点から見てもとても重要であるようです。親はまだ見たり抱いたりはできなくとも，生誕前からわが子とのあいだに，心理的な絆を徐々に築き始めているのです。その際，最も重要な働きをするのが**胎動**ということになるでしょう。先に述べたように胎児は，心臓の鼓動といった微細なものも含めて言えば胎齢3週くらいからすでに動きを開始しているのですが，母親が実際に胎動に気づき始める時期は，早くとも妊娠16週くらいからと言われています。そして，その頃から少しずつ母親はその胎動を通して，子どもの身体を具体的にイメージし，時には，その心

の状態やパーソナリティなどについてもさまざまな想像をめぐらすことになるのです。そして，そうした「**想像上の赤ちゃん**」(imaginary baby) の構成を通して，出産直後から具体的に開始される，わが子との相互作用に対して心の準備を整えていくものと考えられます（たとえば Lebovici, 1988）。

　もっとも，初めて感じられる胎動が，実際に人の赤ちゃんのそれとして経験されることはきわめて少ないようです。それはただ腹部の痙攣と認識されたり，人間以外の動物や腹中の異物などとして感じられたりすることが相対的に多いのだそうです。母親が胎動に対して明確に"人の赤ちゃん"としての意味づけをし始めるのは，だいたい妊娠 30 週前後からであり，その後になると母親は胎動を単に自らに対する反応としてのみならず，物音や父親などの他者に対する反応としても感受するようになるという報告があります。おそらく，これは，出産を間近に控える頃になると，母親が胎児を，自らとはある程度，独立し，自律的に生きる存在であると知覚し始めるということを物語っているように思われます。

出産前後の連続性

　母親が腹中の胎児に対して想像裏に作り上げるイメージは，出産後の現実的な母子相互作用にも，かなり長期的な影響を及ぼしうることが知られています。たとえば，ある一群の研究によると，妊娠後期の段階で，子どもの母親に，自らの想像上の赤ちゃんについての気質の評定を求めたところ，それが，出産後の現実のわが子についての気質評定と有意な連関を示したと言います（たとえば Zeanah et al., 1990）。また，妊娠期に，母親に想像上で気むずかしいと知覚された子どもは，生後半年段階における食事場面での応答性が乏しかったというような報告もあります。さらに，最近では，母親に対するインタビューを通して，より精細に「想像上の赤ちゃん」の特質をとらえようとす

る研究が増えてきているようです。それによれば、この「想像上の赤ちゃん」は、出産後にかけても母親の中である程度、高い持続性を保ち、なおかつ、第5章で見ることになる子どものアタッチメント上の個人差をかなり長期的に予測するのだそうです（たとえばBenoit et al., 1997）。これらの知見は、妊娠期に母親が作り上げる想像上の赤ちゃんが単なるファンタジーということにとどまらず、出産後の子どもの行動や特徴の解釈をかなり一貫したかたちで方向づけると同時に、現実の子どもの種々の発達が、多少なりとも、その影響下において実際に進行していくという可能性を示唆しています。

　こうした、妊娠期における母親の想像上の赤ちゃんや心理的特質に現れる個人差は、親自身の被養育経験や成育過程におけるさまざまな経験、および現在の夫婦関係や経済状態なども含めたストレスやサポートといった社会文脈的要因、さらには妊娠の状態や病気といった身体的健康などによって複雑に規定されるものと考えられます。また、その妊娠がもともとどれだけ計画されたものであったのか否か、あるいはどれだけ望んだものであったのか否かといったことによっても、当然大きな影響を被ることが想定されます。

　いずれにしても、妊娠期は、元来、心身両面において不安定になりがちな時期と言えるでしょう。家族はもとより、周囲からの物心両面にわたる支えによって心身の安定が維持されるとき、親は想像上の子どもをより豊かにまた一貫したかたちで思い描き、来るべき現実の子どもとの相互作用に向けて好発進することが可能となるものと考えられます。

読書案内

杉岡幸三『生まれる──発生生物学から見る胎児の世界』 二瓶社,2008 年
　●受精から誕生に至るまでの,胎児の発生的な変化とその仕組みがわかりやすく概説されている。本章で取り上げたテラトゲンに関わる記述も盛り込まれている。

スローン,M./早川直子訳『赤ちゃんの科学──ヒトはどのように生まれてくるのか』日本放送出版協会,2010 年
　●赤ちゃんが母親のお腹の中でどんな生活をし,何を学ぶのかということに加え,出産前後における母親の心身の状態や,父親を含め,お産に立ち会う人の役割などについて,エッセイ風だが,きわめて詳細にまとめられている。

第 II 部

乳幼児のこころとからだの謎を解く
初期能力と発達の諸側面

第 4 章　赤ちゃんが世界と出会うとき
第 5 章　人との関係の中で育つ子ども
第 6 章　何から何を学んでいるの？
第 7 章　はじめのことばはママかマンマ?!
第 8 章　わたしはわたし
第 9 章　けんかしても，一緒にいたい
第 10 章　おもしろくってためになるの？

第4章 赤ちゃんが世界と出会うとき

　この世に生を受けた赤ちゃんは、自分を取り巻く環境世界をどのように感じるのでしょうか。その世界との出会いは、どんな性質のものなのでしょうか。もちろん、私たちには、正確な意味で、赤ちゃんの心の中をうかがい知ることはできません。しかし、この章では、最近の研究知見に基づきながら、生まれたばかりの赤ちゃんに、彼らが世界をとらえたり世界に働きかけたりするうえで、そもそもどんな力が備わっているのかを見ることを通して、その出会いがいかなるものであるかをできるだけリアルに想像してみることにしましょう。意外にも、とても有能で能動的で、かつ個性的な赤ちゃんの姿に、少々、驚くことになるかもしれません。

1 赤ちゃん観の変遷と赤ちゃん学革命

赤ちゃん観の移り変わり

ヒトの赤ちゃんは,前章でふれたように,胎児期にすでにいろいろなステップを踏んできているとはいえ,生物学的には際立って未熟な状態で生まれてきます。たしかに,自分の力で身体移動することはもちろん,自分の手で母親の乳房を口に持って行くことも,自分の身体を震わせて体温を維持することもままならず,生命を保持していくという点からすれば,これほど無力な存在はないと言っても過言ではないのかもしれません。こうした絶対的な無力さから,かつては,人間の乳児がその知的能力に関してもきわめて低いレベルで生まれてくると考えられていました。まだ,ものを知覚したり理解したりする力が絶対的に欠落しているため,赤ちゃんが最初に出会う世界は,赤ちゃんにとって,それこそ無秩序でごちゃごちゃとした混沌以外の何ものでもないだろうと見なされていたのです。

また,これに関連して,赤ちゃんの絶対的な受け身性も暗黙裏に当然視されてきたと言えるかもしれません。赤ちゃんは世界に対して自ら能動的に働きかけることはなく,たいがいは,周りの大人からの働きかけにただ受動的に応じるだけの存在であるととらえられてきたのです。

もっとも,この無力で受け身的な赤ちゃんというのは,大人の側からすれば,それこそ,自分の育て方いかんでいかようにでもなる多大な可能性を秘めた,それこそ手のかけがいのある存在と見なされてきたと言えるかもしれません。そして,実は,そこにもう1つの赤ちゃん観が潜んでいたと言えるのです。赤ちゃんは,まだ何も

刻まれていない石版，あるいは何も書き込まれていない白紙になぞらえられるものだったのです。これは，言い換えれば，すべての赤ちゃんが，この世に生を受けた時点ではみんな同じで，1人ひとりの個性をまだ有していない存在と考えられていたということを意味します。

しかし，ここ30年くらいのあいだに，無力で受動的で無個性な赤ちゃんという見方はしだいに影を潜め，むしろ赤ちゃんにはその対極の性質が仮定されるようになってきています。つまり，いまや，人間の赤ちゃんは，最早期段階からすでに，知的にかなり有能で，かつ物理的および社会的環境に対して自発的に働きかけ，そしてそれぞれ豊かな個性をもって，自分自身の発達を先導する存在であるととらえられるようになってきているのです。それは，以下で述べるような赤ちゃんに関する画期的な研究手法が編み出され，赤ちゃんの心の内実が少しずつ暴かれ，そのさまざまな潜在的能力と環境に対する能動性の高さとが明るみになってきているからにほかなりません。また，1970年代以降くらいから，**気質**（*Column* ⑤）という考え方が発達心理学の中に急速に浸透し，初期段階での1人ひとりの違いがその後の生涯発達に有する意味の大きさが見直されてきているということも大きな要因となっています。

赤ちゃん学革命

英語で乳児を表す"infant"が，もともとはもの言えぬ者というラテン語の"infans"に由来することはよく知られるところです。このことばを発しない存在からいかにしてその心の内実を探り出すかということが，長く，心理学の1つの大きな課題でした。逆に言えば，多くを言語に依存する過去の研究法では，赤ちゃんの潜在的な能力を過小に評価してきた可能性がきわめて高いということです。しかし，こうした状況は，近年，時に「**赤ちゃん学革命**」と言われるほど，劇的に変わっ

Column ⑤ 赤ちゃんの気質

　本文中でも少しふれましたが，心理学では長らく，基本的に，生まれたばかりの赤ちゃんを白紙と見なし，その後のいろいろな経験や学習がその白紙の上に書き込まれて1人ひとり固有の能力やパーソナリティが形成されるのだという考え方が支配的でした。生まれて間もない赤ちゃんにもすでに明確な個性があるという認識が一般的になってきたのは，せいぜいここ四半世紀くらいのあいだにすぎません。たとえば，小さい頃から，ぐずぐずしてばかりいてとても手がかかる赤ちゃんもいれば，いつも機嫌がよくあまり手がかからない赤ちゃんもいるという，私たちのある意味，至極，日常的な感覚が，ようやく心理学の中でも科学的に究明されることになったのです。

　発達心理学において，いち早く，乳幼児の個性の存在に着目し，その重要性を主張したのはトマスとチェス（Thomas & Chess, 1977）でした。彼らは，ニューヨークを舞台とした長期縦断研究の中で，客観的に観察される乳幼児の一貫した行動様式を気質と定義づけたうえで，そこに現れる個人差を，9つの気質次元（活動水準，接近／回避，周期性，順応性，反応性の閾値，反応強度，気分，気の散りやすさ，注意の範囲と持続性）からとらえ，またそれらの値の組み合わせから子どもを3タイプ（扱いやすい子，扱いづらい子，ウォームアップの遅い子）に分類する枠組みを作り上げました。彼らはまた，実際に集めたデータに基づいて，子どもの発達は，子ども自身の気質と環境との「適合の良さ」によって左右されるという考え方を提唱しました。

　もっとも，乳幼児の気質をとらえる枠組みはトマスらのものが唯一のものではありません。たとえば，気質の遺伝的規定性を重視し，それがよりはっきりとしている情動性，活動性，社会性という3つの次元から乳幼児の個性をとらえようとする立場もあります（Buss & Plomin, 1984）。また，このほかに，特に脳神経・生理学的システムという観点から，乳幼児の気質を考えようとする向きもあります。ちなみに，この立場の代表的な研究者であるケーガン（Kagan, 1984）は，大脳辺縁系―視床下部回路と子どもの行動の抑制傾向（さまざまな刺激や環境の変化などに敏感で全般的に物怖じしやすい特徴）との深い関連性を想定し，

> さまざまな生理的指標の測定なども行いながら，乳幼児期にその抑制傾向が極端に強い場合には，その後の人生においてもかなり長期的にその特徴が持続しやすいということを見出しています。
>
> このように乳幼児の気質に関する見方は必ずしも1つに定まっていないというのが現状なのですが，ある研究者（Caspi, 1998）は，それまでの気質研究全般を概観したうえで，活動性（行動の活発さ），ポジティヴな感情傾向（快や充足など），行動抑制傾向（怖がりやすさ・はにかみやすさ・回避傾向など），ネガティヴな感情傾向（怒りやすさ・いらだちやすさ・苦痛の表出傾向など），注意の持続性（注意の範囲・気の散りやすさ・興味の強さなど）という5つの次元，あるいはそれらに生理的規則性となだめやすさを加えた7つの次元から，赤ちゃんの気質を考えることが最も妥当ではないかという提案をしています。

てきています（下條, 1988）。もの言えぬ存在に間接的にその心の内実を語らせる方法上の工夫がさまざまなかたちで進展してきているのです（Bendersky & Sullivan, 2007；開, 2005）。

まず何よりも，心拍数，脳波，皮膚温など，さまざまな指標を通じて，赤ちゃんの生理的状態を比較的簡便に測定することができるようになり，また，さらに最近では，光トポグラフィー法などの赤ちゃんに害を及ぼさない脳機能画像法の応用により，赤ちゃんの脳神経系の活動状態を直接的に可視化できるようになったということがあげられるかと思います（小西, 2003；榊原, 2009）。それらの状態やその微妙な変化をとらえて，それに連動した赤ちゃんの心の揺れや動きをかなり精細に推察することが可能になったのです。

実験方法そのものにも大きな進展がありました。その1つは赤ちゃんの目は口ほどにものを言うということへの着目です。つまり，赤ちゃんはことばでその意図や関心を語らなくても，何かに視線を注ぐことで私たちにそれらをかなり明確に教えてくれる可能性があ

るということです。もし赤ちゃんの視線の動きを正確に測定することができれば，それは赤ちゃんの心の一端を知るためのとても有力な手段になります。たとえば，2つの刺激を並べて呈示した際に，赤ちゃんの視線が1つのものだけに固着しがちだということがわかれば，それは赤ちゃんが2つのものをちゃんと区別して認識し，一方のものだけに選択的な好みを示したということの証になるのです。心理学では，こうした視線の動きに着目した方法を**選好注視法**と呼ぶのですが，これによって赤ちゃんが何をどこまで弁別できて，元来どのようなものに注意を向けやすいのかといったことに関する理解が飛躍的に進んだことは間違いないと言えます。

　また，もう1つ，赤ちゃんは好奇心豊かだが飽きっぽいということへの着目も乳幼児研究に新たな地平を切り拓いたと言えます。たとえば，赤ちゃんに続けざまに，同じものを何回も繰り返し見せます。すると最初のうちは物珍しくて一生懸命，それを見ていた赤ちゃんも，徐々にそれに飽きて見なくなってしまいます。その次に，似てはいるけれども少し違うかたちのものを赤ちゃんに見せるとしましょう。もし，赤ちゃんが，その時，特に関心を回復させないようであれば，赤ちゃんは前後2つのものを識別できないということになります。しかし，再び赤ちゃんがじっくりとその新たなものを見ようとしたならば，赤ちゃんにはその2つのものを区別する能力が備わっていると解釈できるでしょう。このように，まずあるものに馴れさせて（馴化），その後，違うものを呈示したときに，その馴れの状態が消失する（脱馴化）かどうかを問う手法を**馴化・脱馴化法**と言うのですが，これによってもまた，赤ちゃんの知覚および認知の特質に関する研究が長足の進歩を遂げたと言えるのです。

　さらに，赤ちゃんに，常識ではありえない，非現実的な事態をあえて見せて，それに対してどのような反応を示すかを見る方法もあ

ります。たとえば，ある物体が動いてほかの物体にぶつかったときに，跳ね返るのではなく，そのまま物体の中を素通りしてしまうといった自然現象としてはありえない状況を見せるのです。もし，こうした事態に赤ちゃんがびっくりしたような反応を示し，それをまじまじと凝視するようなことがあれば，赤ちゃんの中には，それをおかしいと感じるための前提，すなわち，ここではきっと跳ね返るはずだという期待が成り立っていると解釈できるでしょう。こうした方法を一般的に**期待違反法**と言うのですが，これを通して，赤ちゃんが自分を取り巻く環境世界をどのように認識しているのかがかなりのところ，読み取れることになるのです。

2 赤ちゃんが世界をとらえる力

赤ちゃんの知覚能力　　第3章ですでに述べたことですが，まだ母親のお腹の中にいる胎児にさえ，かなりの知覚能力が備わっていることが明らかになっています。そのことからすると，この世に生み出された赤ちゃんが，さらに洗練された感覚を有していてもなんの不思議もありません（Slater et al., 2007）。

皮膚感覚については，先ほど述べた馴化・脱馴化の方法等により，重さ（軽いものと重いもの），温度（温かいものと冷たいもの），かたち（でこぼことしたものとなめらかなもの）などについてかなりの識別能力を，新生児段階からもっていることが確かめられています。痛みについても，表情や心拍数あるいはコルチゾール値（唾液から摂取される副腎皮質ホルモンの一種でストレスの指標となる）などの変化から，新生児もそれをほぼ確実に経験しているようです。

嗅覚や**味覚**もすでに胎児期から機能していることが示唆されてい

るわけですが,赤ちゃんにはさまざまな実験が適用できることから,より詳細に,その性質や程度が明らかになっています。たとえば,嗅覚については,第3章で述べたように母親の匂いをちゃんと嗅ぎ分けることができるほか,かなり微妙なアロマの匂いの違いなども識別し,それによって活動性や睡眠のパターンに差異を見せるというような知見が得られています。また,全般的にどんな匂いを好むかということに関しても,その傾向は大人とほとんど変わらず,たとえば甘い果実とちょっと腐った卵では,圧倒的に前者のほうに頭を向けようとするのだそうです。味覚についても新生児段階からかなり発達しており,味の違いに関してはほぼ大人と同じような反応を見せるということが知られています。ただし,発達早期段階においては,身近な大人から与えられたものであれば,よほど変な味のするものでない限り,かなり幅広くいろいろなものを受け容れる傾向があるようです。逆に言えば,乳幼児期の比較的早い時期に,個々人の食の好みのおおもとが形成されるようで,この間に口にしていないと,遅くとも3歳くらいからは,新しい味のものをあまり食べようとしなくなる傾向が強まるそうです(ブルーム,2006)。離乳が遅れ,固形物を与えられる時期が遅くなればなるほど,一般的に,好き嫌いが激しくなる傾向があるようですが,これは本来,食の好みが最も形成されやすい時期に,経験することのできる食物の種類が限られてしまうからだと言われています。

聴覚に関しても,胎児期に明確にそれが備わっている可能性が指摘されていますが,生まれた段階で赤ちゃんは少なくとも低周波数の音についてはほぼ大人と同じくらいの聴覚力を備えているようです。また,胎内にいる段階から母親の発声パターンに馴らされていることは第3章で述べた通りですが,このことは母親が話す言語,すなわち赤ちゃんにとっての母語の特徴に関する学習がその時点か

らすでに始まっているということも意味しています。そして，現に，生まれたばかりの赤ちゃんでも，母語とそれ以外の語を区別し，特に前者のほうに関心を向けるということが確認されています。

出生後に最も劇的な発達を遂げるのは**視覚能力**です。視覚はまだ胎児段階ではかろうじて明暗をとらえられるくらいで，もののかたちや人間などを識別する能力はないに等しいと言っても過言ではありません。とはいっても生まれたばかりの赤ちゃんの視力は0.02〜0.05ほどで，相当ぼんやりとしか世界が見えていない可能性が高いようです。それは，その後，徐々に高まり，3歳くらいで成人と同じレベルに達すると言われています。それでも，生後かなり早い頃から赤ちゃんは，目の前に呈示されたものであれば，単純な模様よりは適度に複雑な模様を，色なしのものよりは色つきのものを，動きのないものよりは動きのあるものを好んで見る傾向があるのだそうです。また，ものの奥行きやかたちの立体性を知覚するには，両眼をうまく調整することも必要になるのですが，その能力も，生後2,3カ月頃には認められるのではないかという見方が一般的であるようです。

赤ちゃんの知覚の特異性

上述したように赤ちゃんの感覚は，少し遅れて発達してくる視覚も含め，乳幼児期のあいだにはほぼ大人に限りなく近いレベルに達すると言ってよいかもしれません。ただし，このことは，すべての能力が一様に右肩上がりで上昇していくということを意味するものではないようです。というのは，赤ちゃんの発達には早くにはできていたのに，徐々にできなくなっていくという側面もあるからです。たとえば，赤ちゃんは，生後6カ月くらいまでは，人の顔の1人ひとりの違いだけではなくサルの顔の差異についても，それがしっかりと識別できるのですが，生後9カ月くらいになると人の顔

についてはそのままであるもののサルの顔については，その弁別能力が失われてしまうという実験結果があります（Pascalis et al., 2002）。また，日本人の赤ちゃんは生後間もない頃は，"L"と"R"の音の区別ができるのですが，大きくなるにつれ，徐々にこれが難しくなるということも明らかにされています（たとえばKuhl et al., 2006）。こうした知覚能力の狭まりを示す現象を，一般的に**知覚的狭化**と呼んでいます。これはたしかに一種の退化とも言えなくもないのですが，それよりは，むしろ赤ちゃんの知覚能力およびそれを支える脳の仕組みが，赤ちゃんが日々生活する環境世界の特質に，よりぴったりと合致するよう精妙に調整されていくということを物語っているのかもしれません。

　もう1点，赤ちゃんの知覚に関して興味深い特徴を示しておくこととすれば**無様式知覚**（超感覚知覚）があげられるでしょう。それは，赤ちゃんが異なる様式で知覚したものを矛盾なく結び合わせる能力のことを指して言います。たとえば，赤ちゃんに目隠しをして，（いずれも生まれて初めての体験として）いぼいぼのついたおしゃぶりとつるんと丸いおしゃぶりのどちらかをしゃぶらせます。そして，その後で目隠しをとって，2つのおしゃぶりを見せることにします（Meltzoff & Burton, 1979）。すると赤ちゃんは，最初に自分がしゃぶっていたおしゃぶりのほうを長く見つめるというのです。大人からするとこれは特に不思議なことではないかもしれません。なぜならば，大人は，こうした触覚のものはこうした見え方なんだということを，経験を通して容易に学べるからです。しかし，ここで重要なのは，日々の経験が際立って浅いはずの生後1〜2カ月の赤ちゃんにすでにこれが可能だという事実です。ある研究者は，乳児の知覚経験がそれぞれの様式ごとに独立したものとしてあり，経験を通して，それらのあいだの対応関係が徐々に習得されていくというよ

りもむしろ,赤ちゃんが生得的に"無様式的"あるいは"超感覚的"な知覚の仕組み(たとえば,舌でとらえるものも目でとらえるものも同じ共通の感覚として処理する枠組み)をもって生まれ,それが発達の進行につれて徐々に感覚様式ごとに分化していくのではないかと考えています(たとえば Bahrick, 2004)。

さらにもう1点,着目すべき赤ちゃんの特徴をあげておくとすれば,それは**社会的知覚**,すなわち赤ちゃんが,自分の生きる環境世界の中でも,とりわけ人が発するさまざまな刺激を好み,関心を向ける傾向を有しているということです(板倉,2007;Reid et al., 2007)。たとえば,すでに母親の声を好むということには言及しましたが,仮に母親の声でなくとも,赤ちゃんは,人の声ならば,ほかの音よりもはるかにそれに積極的に注意を向けようとします。また,さまざまなかたちがある中で,特に人の顔やそれを模した絵などを好んで見る傾向もよく知られるところです。さらにまた,暗闇の中で,ランダムに複数の光点が動く状況よりも,人の身体各所に付けられた光点が人の移動にともなって動く状況を好んで見る,すなわち身体そのものが見えなくとも人の動きを察知しそれに注意を向ける,というような研究知見も得られています。

これに関連して言っておくならば,赤ちゃんは,ただ人が発する刺激に注意を向けるだけではなく,それに同調的に反応する存在でもあるようです(**社会的同調**:たとえば Meltzoff & Prinz, 2002)。たとえば,一部に批判的な見方もあるものの(第1章参照),赤ちゃんは生後間もない段階から,舌出しなど,対面する大人の表情をそっくり模倣することがあることが知られています(**新生児模倣**)。また,顔だけではなく,近くにいる大人の動きに合わせた動きを自らもしてみたり(**共鳴動作**),また1回限りの動作ではなく,大人の会話などのパターンにリズミカルに自分の声や動きを合わせたりする(相

Column ⑥ 赤ちゃんの顔の知覚

本文中でもふれたように、生まれてすぐの赤ちゃんでも人の顔には強い関心を示すようです。しかし、一説では、実際に早い段階の赤ちゃんが関心を示すのは、どうも顔そのものというよりはある特定のかたちの特徴（上下密度の非対称性）なのではないかという説もあります（Turati et al., 2002）。たとえば、縦長の楕円形を上下に分けて、上のほうにいろいろなものを多く描き込み、下のほうにはあまり描かないと、たとえ、それが顔のようには見えなくとも、赤ちゃんはそうしたかたちを好んで見るのだそうです（図 Column ⑥-1）。逆に、上のほうには何もなく、下のほうだけにこぢんまりと2つの目と1つの口が描き込まれているようなかたちにはあまり関心を払わないということです。これが本当かどうかについては議論があるのですが、仮に本当だとしても、赤ちゃんの日常的な環境を考えると、その好みのかたちに一番近くて、しかもたくさんあるのは結局のところ、人の顔ということになりますので、赤ちゃんは自然にそれに注意を払い、それを見る経験を豊富に積んでいくことになるのでしょう。

そうした中で、最も頻繁に目にすることになるのは、通常、主たる養育者である母親の顔ということになりますので、少なくとも発達の初期には、母親の顔をより好んで見る傾向があるようです。また、母親が女性ということから、赤ちゃんにとって初めての顔を見るような場合でも、男性の顔よりも女性の顔を長くじっと見る傾向があるということも知られています。ちなみ、父親の顔をほかの男性の顔よりも好んで見る傾向があるかというと、生後4カ月くらいの赤ちゃんでは、一般的にそうした傾向はなく、父親の顔をちゃんと認識できるようになるのはもう少し

図 Column ⑥-1 トゥラーティらが用いた図

（出所）Turati et al., 2002.

後になってからのようです。これには,赤ちゃんが日常,直に顔に接する回数の違いが関係しているものと考えられています。

また,赤ちゃんは人の顔写真から,その年齢や性別を,かなりの確率で識別できるという研究知見も多く存在しています。さらに,大人では,いろいろな人の顔写真を合成的に重ねて「平均的な顔」を作ると,それをより好ましく魅力的であると感じる傾向があることが知られていますが,同じことは,赤ちゃんにもおおかた当てはまるということです。もっとも,大人と赤ちゃんの顔の好みにまったく違いがないわけでもないらしく,生後5カ月くらいの赤ちゃんは大人に比べると,割合,目の位置が高く,あごが比較的大きい顔を好むというデータがあります(図 *Column* ⑥-2)。実は,こうした顔の特徴はより大人っぽい顔つきを示すものと言うことができ,その意味からすれば,赤ちゃんは自然と自分を保護してくれそうな大人に興味をもつようになっていると解釈できるのかもしれません(乳幼児の顔知覚に関する概観としてはRamsey-Rennels & Langlois, 2007;山口,2003)。

図 *Column* ⑥-2　モーフィングによって目の位置を操作した女性の顔

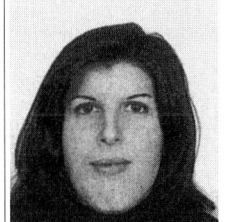

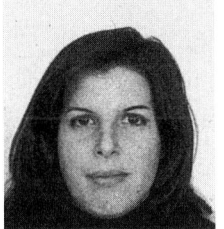

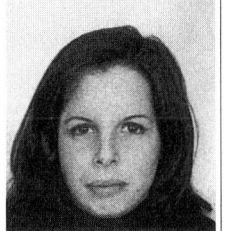

目の位置が高い顔　　目の位置が中程の顔　　目の位置が低い顔

(出所) Geldart et al., 1999.

互同期性)ことも確認されています。第5章でも述べますが,こうした赤ちゃんの人に対する特別な知覚や反応の傾向が,周りの他者,特に養育者との関係の確立や維持に果たしている役割はきわめて大

きいものと考えられます。

赤ちゃんのものの認識

上で述べたような研究方法の改善によって新たに明らかになってきたものの1つに、赤ちゃんのものの物理的性質に関する理解があります。かつては、少なくとも生後8カ月くらいまでの赤ちゃんは、たとえば、目の前のおもちゃが布で隠されても、それを探すことをしない、あるいはうまく探し出せないことから、たとえ自分の眼前から消えて見えなくなってもものがちゃんと存在し続けるという**ものの永続性**に関する理解を欠いているという考えが支配的でした。しかし、第6章でもふれますが、先に見たような65頁での期待違反法を用いた近年の研究は、すでに生後3,4カ月の時点から、それがある程度成り立っている可能性を示唆しています。

また、もののさまざまな特質に関する赤ちゃんの認識が、やはり生後3,4カ月時点ですでに大人とほぼ共通の枠組みを有することを示した研究もいくつか存在します。これまでの研究から、生後半年にも満たない乳児がすでに、大人にとってはある意味、当たり前と言える、1つのものは常に固まりをなして動くこと、1つのものはほかのものと境界を保ちながら動くこと（境界が溶け出して混じり合ったりしない）、ものはほかのものを通り抜けて動いたり途中でその軌道を消したりはしないこと、またものはほかのものと直接接触してはじめてそれを動かしうること、といったいくつかのものの動きの原則を理解していることが示されています（たとえば Spelke et al., 1992）。ちなみに、これに関連して言えば、乳児は早くから、生き物と無生物、あるいは液体や砂などの非固体と固体の区別などもできるようです。

さらに生後5カ月くらいの乳児がすでに、簡単な数および足し算や引き算の概念をもち合わせているらしいという研究報告がありま

図 4-1 ウィンの実験

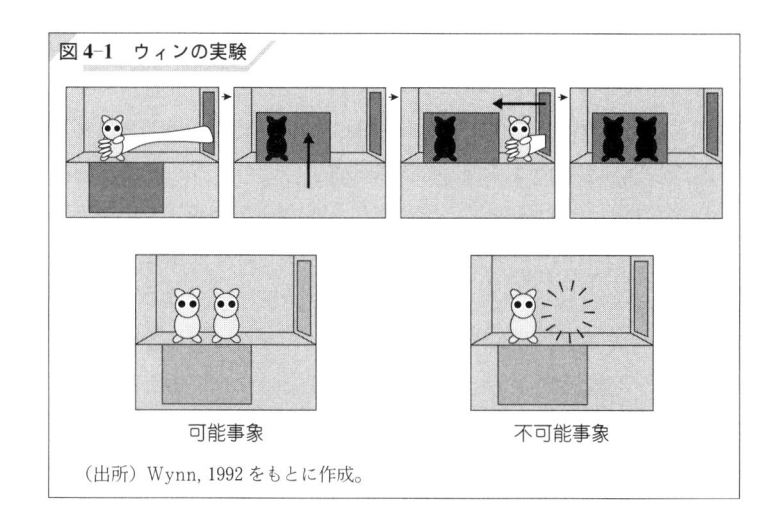

可能事象　　　　　　　　　不可能事象

（出所）Wynn, 1992 をもとに作成。

す（Wynn, 1992）。たとえば、赤ちゃんにちょっとしたショーを見せることにします。そこでは、まずは舞台中央に1つの人形が登場します。そして、ほどなく幕が閉じられ人形が見えなくなります。その後で、舞台横からその幕の後ろにもう1つ別の人形が入っていくところを赤ちゃんに見せます。当然、通常であれば幕の後ろには2つの人形があるはずです。しかし、再び幕が上がると、そこには1つの人形しか置かれていないのです。これも期待違反法による実験ということになるわけですが、こんなとき、赤ちゃんは、ふつうに人形が2つある場合よりも、長くじっとその状況を見続けるというのです。実験には逆のバージョンもあって、そこでは、2体あった人形から1体減らされたはずなのに幕を上げると2体のままという状況に、やはり赤ちゃんが驚くような反応を見せるということが明らかにされています（図4-1参照）。これらのことは、ある意味、赤ちゃんが1+1=2とか2-1=1といった加算・減算のルールを常識的なものとして受け容れており、その見込みが裏切られると、そ

第4章　赤ちゃんが世界と出会うとき　73

の意外性に強く反応するということを示唆しています。

もっとも、こうした一連の実験結果の解釈については、第1章でもふれたように、一部、赤ちゃんの力を買いかぶり過ぎではないかという批判もあります（Blumberg, 2005）。このような結果から、赤ちゃんが、本当にものの性質や数の概念などを理解していると言えるのか、ほかの解釈可能性はないのかということが、より慎重に吟味されるようになってきているのです。もちろん、私たちは、そうした動向に真摯に目を向けるべきでしょう。ただ、その解釈はどうであれ、赤ちゃんが少なくとも上述したような状況で、現に驚くような反応を見せることは事実のようです。かつて赤ちゃんの能力が植物と同等程度と思われていたことからすれば、私たちはまず、そうした事実性そのものに、目をみはってよいのかもしれません。

3 赤ちゃんが世界に動き出す力

赤ちゃんの運動機能と精神機能

赤ちゃんの身体的運動の発達を考えるうえで、まず心しておくべきことは、いくつかの無意識的な反射行動（表4-1参照）を除き、それが単に筋肉や骨格あるいはそれら全体に関わる生体力学的な仕組みのみの問題ではないということです。身体を動かすことにはほぼ確実に知覚や認知などの心の活動がともない、それゆえに、さまざまな運動の可能性が新たに拓けてくるということは、赤ちゃんの心の発達にもそれこそ革命的とも言える大きな変化が生じることを意味するのです（Adolph & Joh, 2007）。

たとえばまだ首の据わらない状態から、頭部を自分で支え、それと目をうまく連動させることができるようになれば、赤ちゃんは1

表 4-1 新生児に見られる典型的な反射行動

反射行動	発達段階
ルーティング反射（探索反射） 新生児のほおに触れると，口を向け頭を刺激の方に向ける	誕生から4～5カ月
吸綴（きゅうてつ）反射 新生児の唇に触れると，乳を吸う動きをする	誕生から4～6カ月
把握反射（ダーウィン反射） 指を握らせると握り返す	誕生から4カ月
モロー反射 大きな音など，びっくりしたときに上肢を伸ばして手を広げ，ゆっくりと抱え込むようにする	誕生から4～6カ月
バンビスキー反射 足の裏をこすると，足の指が扇のように開く	誕生から9～12カ月
遊泳反射 水の中に入れると息を止めて，腕と足で泳ぐような動きをする	誕生から4～6カ月
自動歩行反射 新生児のわきの下を押さえて立たせ，足を床につけて前傾させると歩くような動作をする	誕生から3～4カ月
迷路性立ち直り反射 目隠しした乳児の体を左右前後に傾けると頭を垂直方向に保つ	誕生から4カ月

（出所）Adolph & Joh, 2007 をもとに作成。

つのものに注意を集中して，その位置や動きなどの情報を効率的にとらえることができるようになります。また，頭部と目とで能動的に見るだけではなく，重力に逆らって上半身を支え，手を伸ばしてさわったり，たたいたり，つかんだり，あるいは口に持っていって吸ったりすることができるようになれば，単なる世界の見えに加え

て，その感触，重み，温かさ，音，匂いなど，多様な情報の収集が可能になると同時に，自分で積極的に世界に働きかけることで，自分にはどれくらいの重さのものが持てるのか，自分が何にどんなことをすればいかなることが生じるのかなど，自分と世界との関係について実にさまざまなことを学習することができるようになるでしょう。さらに，はいはいや歩行が可能になれば，体験できる世界が飛躍的に広がり，探索活動はますます盛んになるでしょうし，自分のほうから親元を離れたり，親にくっついたりと，親子関係の様相やそこでの情緒的自律性にも大きな変化が生じることになるでしょう。

　ある研究者（Gibson, 1997）は，こうした発達早期における運動面での発達が，特に，赤ちゃんの**自己主体性，予測的行為，行動の柔軟的調整，手段目的的問題解決**といった，重要な心理的発達に道を拓くと考えています。自己主体性とは，自分を世界に変化をもたらしうる主体性ある存在と理解することであり，赤ちゃんは自分が起こした行為に随伴して生じる事柄から，自分にはこんなことができるのだという一種の自信（自己効力感）を形成するようになるのだと言います。予測的行為とは，次に何が生じるかを予測的に理解して計画的に行為するということであり，たとえば頭部と眼球をうまく連動させて素早く動きをとらえることが可能になると，この予測的行為は格段の成長を見せることになるそうです。行動の柔軟的調整とは，日々新たな状況との遭遇の中で，自分の行為をそれにうまく調整し適用していくということであり，姿勢や手の操作スキルが高まり，さまざまな試行錯誤が可能になることで，この調整力は大きく伸長するということです。そして，手段目的的問題解決とは，目的と手段との関連性を理解し，その時々の目的の達成に適った手段的行為を確実に起こす力を指して言い，これも赤ちゃんが自分の

身体運動の能動的コントロールをうまくすることができるようになるにともなって、徐々に発達していくと仮定されています。第6章でピアジェという研究者の知的発達の考えを学ぶことになりますが、実のところ、ここでの記述は、それを、運動面の発達という角度から見たものだと言えるのかもしれません。

手腕の動きの発達

目と頭部の回転なども含め、赤ちゃんの運動面の発達は多岐にわたるわけですが、そのうち最も顕著なのは手のばしや把握といった手腕の動きとはいはいや歩行といった身体移動ということになるでしょう。

前章で胎児の動きについてふれましたが、そこでも見たように、赤ちゃんは母親の胎内にいる頃からすでに手腕をいろいろと動かしているようです。手をばたつかせたり、指をぴくぴく動かしたりすることはもちろん、時には、子宮壁や自分の身体部位などに向けて手腕を動かすことなどもあるそうです。胎児期の段階からこうですから、赤ちゃんは生まれた直後には、かなり活発に手腕を動かすことができます。ただし、仰向けに寝た状態が中心の発達早期の段階は、特に対象や目的をもたない自生的運動が中心で、何かをしようと明確な意図をもった目標志向的な手の動きはまだまだ少ないようです。しかし、生後2カ月くらいの早い時点でも、潜在的な力は十分に備わっているようで、赤ちゃんからすれば最初はただ偶発的に手を動かしただけなのですが、手にくくりつけられたひもを通して、同期的にディスプレイに何か映像が呈示されるということがわかると、手を積極的に動かしてそれを見ようとするということが確認されています。

こうした潜在能力が日常生活の中で確かなかたちとなって現れるためには、**姿勢の制御**がきわめて重要な意味をもつようです。というのは胴体が固定されないと視界が広がらず、また、手は、もっぱ

Column ⑦ 赤ちゃんの排泄とトイレット・トレーニング

　赤ちゃんの排泄も当然，身体の発達に関わる事柄であり，特に養育者からすれば，いつ頃どんなかたちで，おむつから卒業できるのかということは，大きな関心事であるに違いありません。もちろん，おむつがとれるためには，赤ちゃんが尿意および便意を感じ取る能力や，排泄を我慢することも含め，それをしっかりとコントロールするための神経や筋肉の発達が前提となるのでしょう。しかし，何ができればおむつがとれるようになるという確かな規則性はいまのところ，ほとんど見出されていないというのが実情のようです。1歳半くらいにそれができてしまう子どももいれば，4歳を超えてもそれがなかなかできない子どももいます。

　考えてみれば，トイレで排泄をするというのはきわめて文化的な事象と言えるでしょう。そうした意味では，なぜしたい時にしたい場所ですることができないのか，トイレというところがどういうところなのかといった文化的な暗黙のルールを赤ちゃんが知る必要があるのかもしれません。周りの大人にできることは，赤ちゃんの様子やしぐさから，尿や便を催しているタイミングを察知し，トイレに連れていって用をさせたり，また「おしっこ」とか「うんち」と確認のメッセージを送ったりすることで，徐々に子どもが自発的に尿意や便意のサインを他者に伝えられるよう導いていくことなのでしょう。大人の働きかけによってということではなくとも，保育所などで生活する子どもでは，すでにそれができているほかの仲間の様子から，それを見て学ぶということもあるようです。

　おそらくトイレット・トレーニングにおいて重要なのは，あまり，性急に，また強制的にそれを進めないということかもしれません。というのは，トイレ自体を赤ちゃんが，いやがったりこわがったりしては逆効果になってしまうからです。赤ちゃんの排泄には，無理なく自然に時にユーモアなどを交えながら接するというのがどうも一番，得策のようです。

ら，それを支えるために用いられることになり，何かにさわろうとしたり，つかもうとしたりすることには，ほとんど使われえないからです。生後半年を超える頃になって，1人でお座りができるようになると，ようやく安定して，目と頭部でしっかりとものを視覚的にとらえたうえで，それに合わせて積極的に手伸ばしをする行動が見られるようになります。もちろん，最初のうちは，ぎこちない動きで，手を目標に向けて伸ばしても，それにうまくさわれなかったり，つかめなかったりするようなのですが，だいたい生後1年になる頃までには，いろいろな速度で動くものでも，それこそ先述した予測的行為（軌道を予測したうえでの手腕の調整）によって，それをうまくつかむことができるようになるようです。

また，生後1年目の後半になって，しっかり姿勢を保持し，能動的な探索のために手が使えるようになると，ものの表面がどのような状態であるかによって，手の動きを変えることが可能になるようです。たとえば固い表面の場合はこするような，スポンジ状のものであればつつくような，網状のものだと押すような，液状の場合はぴしゃりと打つような手の動きをするようになるということです。

はいはいと歩行の発達

生後半年を超えて1人でお座りができ，身体をねじって，周囲のものに手を伸ばすことができるようになると，その延長で子どもはより遠くのものにも近づきたいという欲求を強くもつようになるようです。そして，それがはいはいにつながっていくわけですが，このはいはいの発達には，特に一貫した規則性のようなものはないようです。最初のうち，ごろごろと身体を回転させて移動しようとする子どももいれば，前にではなく後ずさるように移動する子どももおり，また座ったままでお尻をもぞもぞと動かして進むような子どももいるのです。また，腹ばいになった状態でのいわば本来のはいはいでも，両腕を同時に

Column ⑧ 移動能力の発達から見る感情経験の変化

　移動能力の発達は赤ちゃんの感情経験にも大きな変化をもたらします。本文中でもふれたように，自ら移動できない段階では，赤ちゃんは，多くの場合，いわば受動的に環境を受け容れるだけだと言えるかもしれません。しかし，はいはいをしたり，歩行したりすることができるようになると，自発的・能動的に環境と関わるようになります。行動半径は飛躍的に拡大し，多くのものを探索できるようになり，それにともない興味や喜びといった肯定的感情は自ずと増すことになるでしょう。しかし，それと同時に，思い通りにならないさまざまなフラストレーションや，またつまずいたり転んだりする経験も多くもつことになり，結果的に怒りや恐れといった否定的感情もより多く覚えやすくなることが想定されます。

　こうした移動能力と感情の関係を，いわゆる視覚的断崖の実験に見出

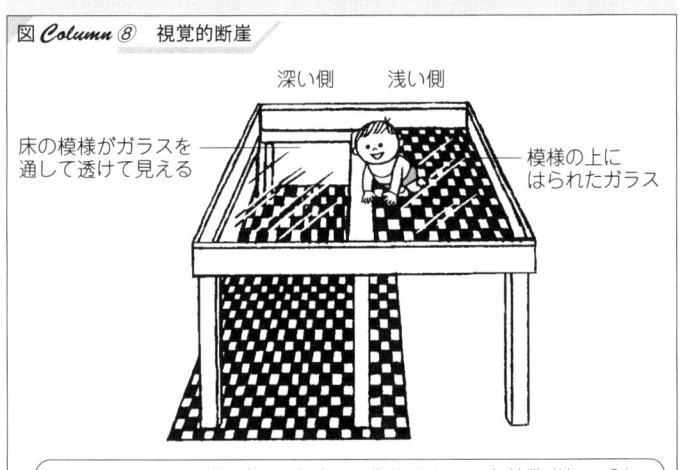

図 Column ⑧　視覚的断崖

深い側　　浅い側

床の模様がガラスを通して透けて見える

模様の上にはられたガラス

生後2カ月：心拍数低下→興味　　生後9カ月：心拍数増加→恐れ

移動能力の高まり→経験事象の多様化／養育者との物理的距離の増大／養育者の感情反応の変化

（出所）Gibson & Walk, 1960 をもとに作成。

すことができるかも知れません。もともと，一定の深さのある溝の上に透明なガラス板を渡した視覚的断崖の装置（図 *Column⑧*）は，乳児における奥行き知覚の存在を確かめるものとして開発されたものです。実のところ，生後2カ月くらいの子どもでも，すでに奥行きが知覚できることが実験的に確かめられています。子どもをその視覚的断崖のすぐ近くに置くと，その深いほうをのぞき込んで，明らかに心拍数を低下させるというのです。しかし，より興味深いのは，同じくその断崖に対して特別な反応を見せるものの，生後9カ月くらいの子どもになると，生後半年くらいまでの子どもとは逆に，心拍数の増加を示すということです（Campos et al., 1978）。一般的に心拍数の低下は，興味と密接な関連をもつことが，また心拍数の増加は，否定的な感情反応，特に恐れと密接な関連をもつことが知られていますが，こうした心拍数の違いの背景には，はいはいによる移動の経験が関与しているのかもしれません。すなわち，自発的な移動がままならない段階では，断崖は奥行きをもったものとして知覚されはするものの，それと転ぶといった経験はいまだ結びついておらず，恐れを誘発するものではありません。しかし，移動の経験は，深さがしばしば身体のバランスを崩す経験に結びつくこと，そして，それが時に自分にとってマイナスの意味をもったものになりうることを赤ちゃんに学習させることにつながり，結果的に恐れの感情を誘発するものに転化すると言えるのです。

　また，移動能力の高まりは，その当然の帰結として，赤ちゃんと養育者の間に物理的距離をもたらすことになります。そこでは，より明確な感情の表出をしないと，赤ちゃんは養育者から適切な関わりをしてもらいにくくなることが想定されます。離れたところで単に漠然と不快や苦痛の表出をしても，その現場を見ていない親には，子どもの身に何が降りかかったのかわかりにくいでしょう。赤ちゃんは，自らの置かれた状況や自らの内的状態をより明確に伝達すべくシグナルとして感情を使う必要に迫られ，結果的に，各種感情の発達に拍車がかかると考えられます。さらに，子どもが移動できない段階では，親は怒りや恐れといったネガティヴな感情を子どもに対してあまり表出しないのですが，子どもの移動が始まると状況が一変することが知られています。親は時に，あ

> ちこち動き回る子どもの危険を察知し，また子どもの移動を制止しようとして，頻繁にこうしたネガティヴな感情を表出するようになるのだそうです。こうした感情を介した親の制止や禁止は，子どもの意図としばしば衝突し，そこに新たなフラストレーションがもたらされることも想定されます。いずれにしても，子どもの移動能力の発達は，親の側に喜びや誇りといった肯定的な感情を多くもたらすようになると同時に，多様な否定的感情をも頻繁に誘発し，子どもは，親が提供するそうした濃密な感情的雰囲気のもとで，大人に近い感情の経験や表出の仕方を急速に学んでいくものと考えられます。

動かして進もうとする子どももいれば，泳ぐように四肢を動かして進もうとする子どももいます。中にはまったくはいはいらしきものを見せることなく，いきなり立ち上がり，歩行し始めるような子どももいるようです。こうした千差万別の状況からして，子どもの移動能力の発達は，赤ちゃんの月齢や身体の大きさなどにはあまり関係せず，むしろそれまでの身体運動の経験の質に応じて，まさに1人ひとり異なる道筋を見せると言っても過言ではないのでしょう。

歩行もまた，はいはいと同じで，かなり個人差が大きいようです。1歳前に1人歩きができるようになる子もいれば，それが生後2年目の後半にずれ込んでしまうような子もいます。もっとも，歩行はまず立つことができなければ，当然，成り立ちません。一般的には，お座りができるようになった頃から，周りの大人に支えられて，また，壁や柱につかまるなどして，とにかく自分の足で立つという経験をすることが，まずその第一歩ということになるようです。こうしたつかまり立ちがしっかりできるようになった赤ちゃんは，今度は壁や家具などで身体を支えながらつたい歩きするようになります。そして，それからたいがいはほどなく1人立ちできるようになり，たびたびしりもちをつきながらも，この1人立ちを頻繁に行うよう

になって、やがてある時、1人歩きができるようになるのです。

　はいはいや歩行は赤ちゃんの生活をがらりと変えるようです。こうした身体移動能力を獲得した赤ちゃんは、自分が起きて生活している約半分近くの時間を、移動に関わるなんらかの活動に当てていると言われています。ある試算によると、多いときには1日に、はいはいをする子どもはサッカー場約2面分の距離を、よちよち歩きの子どもはサッカー場約39面分の距離を移動することもあるのだそうです（Adolph & Joh, 2007）。マーラー（Mahler et al., 1975）という研究者のことばによれば、ひとたび移動能力を獲得した子どもは、それこそ、ひたすらに世界との「情事」にふけるようになるのだと言います。それまでの子どもの身体的自由の乏しい状態からすれば、それこそ世界は果てがないように経験され、そこをあちこちと動き回り、さまざまな探索活動をすることは、ある意味、至上の喜びなのでしょう。そして、その状態は、まさに赤ちゃんが旺盛な好奇心に駆られて、世界についていろいろなことを自発的に学習している状態であると言えるのです（乳幼児の運動能力の発達に関する概観としては Adolph & Joh, 2007）。

読書案内

ロシャ，P.／板倉昭二・開一夫監訳『乳児の世界』ミネルヴァ書房，2004年
- 乳幼児がいかに自分を取り巻く世界を知覚し理解しているのか、またそれに関わる能力がどのように発達してくるのかについて、比較的新しい実証的な知見に基づきながら丁寧に解説が施されている。

ブルーム，P.／春日井晶子訳『赤ちゃんはどこまで人間なのか──心の理解の起源』ランダムハウス講談社，2006年
- 進化論的立場に立脚しながら、乳幼児の認知および社会性などの起源と

発達を説明する中から，人間の心とは何か，人間性とは何かということについて深い考察がなされている。他者への共感，道徳性，芸術を解する心，排泄物への嫌悪など，幅広いトピックについて，一般的な発達心理学のテキストにはない斬新な視座とおもしろさに満ちている。

第**5**章 人との関係の中で育つ子ども

　当たり前のことですが，ヒトの赤ちゃんは自分1人の力だけで大きくなることはできません。赤ちゃんは，（たいがいは実親や家族ということになりますが）ある特定の人との関係の中に生まれ，そしてそこで手厚く保護されることを通して初めて，心身とも健やかに成長することができるのです。別の言い方をすれば，赤ちゃんは，発達早期の，こうしたほかの人との緊密な関係において，身体の栄養素となるものばかりではなく，心の栄養素となるものをも豊かに取り込み，その後の人生に必要となる心身の基盤を築き上げるのだと言えるでしょう。この章では，赤ちゃんがどのような仕組みで，養育者などと情緒的な絆を結び，また，それを発展させていくのか，そしてまた，そこに現れる個々の子どもの違いが，その後の社会性や人格の発達にどのような意味をもつのかといったことについて，考えてみることにしましょう。

1 アタッチメントの基本的性質

> **基本的欲求としての**
> **アタッチメント**

　テレビなどで，カルガモのひなが何羽も隊列をなしてヨチヨチと親鳥の後をついて回ろうとする光景を見たことがあるかもしれません（**写真 5-1**）。あれは，ちょうど人間の子どもがその親に対して強い思慕をもって後追いをする様子を彷彿とさせるものがあり，見ていてとても心温まるものですが，実際には，ひな鳥は，自分の追いかけているその相手が最初から自らの親だということがわかっていて，愛しさのあまり，その後追いをしているというわけでは必ずしもないようです。また，エサを自分にくれそうなのが親鳥だから，栄養摂取の欲求にかられて何とかエサにありつこうと，必死にその親鳥にくっつこうとしているわけでもないようです。

　こうしたことは，鳥のひなが，卵からかえって初めて目にするものが親鳥ではなく，たまたま，人間や動くおもちゃなどである場合にも，それらに対して同じように後追い行動が生じるということから，確かめられています。生物学的に言うと，このような後追いは，孵化後の一定時間内に，最初に目にした動く対象が迅速に記憶の中に刷り込まれ，いったんそれが生じると今度は，その刷り込まれた対象にひたすら近接を求めようとする習性を，鳥のひなが生得的にもって生まれてくるということを物語っています。

　そして，いまでは，こうした他の個体にとにかくくっつこう，あるいは何とかくっつき続けようとする傾向が，鳥類に限らず，（いろいろとその現れ方は違っても）広くさまざまな生物種の子どもにも認められるということが明らかになっています。ヒトの赤ちゃんも

写真 5-1　鳥類の後追い行動

その例外ではなく，（鳥類における刷り込みのような仕組みが介在するのかどうかは別にして）特定の他者との関係を求める欲求や行動が，ほかの生物種にもまして強力なかたちで存在し，なおかつそれが人間の生涯にわたる発達において際立って重要な意味をもっているという指摘がなされています（Bowlby, 1969, 1973, 1980, 1988）。ちなみに，心理学では，こうした欲求や行動の仕組みを，一般的に，**アタッチメント**（attachment）ということばで呼んでいます。

　このアタッチメントは，自分が1人取り残されたり，苦痛や不快に見舞われたりと不安や恐れの感情が強く経験された時に特に活性化される傾向があり，ほかの個体との関係が再び確保されるまで強く持続する性質を有していると考えられています。たとえば，遊園地に行って夢中で遊んでいた子どもでも，自分が迷子になったと知れば急に怖くなって，ただただ泣きわめき，ひたすらママやパパなどの姿を探そうとするものです。そして，その後は，どんなに魅力的な乗り物を見つけても，どんなに人気のキャラクターが話しかけてくれても，それらには目もくれようとしないはずです。その状態

は，再び養育者などの特定の他者との関係が回復されない限りはけっして元に戻らないきわめて強力なものとしてあると言えるのです。しかし，逆にひとたび，他者との関係が確保され安心感が得られると，子どもは，それまでの大泣きは嘘のように，再度，そこから1人離れて，積極的に自分の周りに広がる世界を探索しようとすることでしょう（第2章でふれた「安全の環」とは，まさにこうした子どもの一連の動きをさして言います）。

こうしたことからすると，アタッチメントとは，何らかの危機的状態に接して自分のうちにネガティヴな感情が生じたときに，それを他者との関係を通して制御・調整し自分は安全であるという感覚を取り戻したうえで，再び自律的に活動することができるように背後から支える心のメカニズムであると言ってもいいのかもしれません。ここで注意しておくべきことは，アタッチメントという概念が，本来，誰かほかの人にべったりと寄りかかり，ただ受動的に何かをしてもらおうとする**依存性**（dependency）とは明らかに異なるものだということです。むしろ，それは個人が，他者と心理的に深くつながりながらも，能動的に自らの感情や行動を調節し，自身の生活世界を豊かに広げていこうとする**自律性**（autonomy）に通じるものだと言えるのです。

ヒトの赤ちゃんの特異性

アタッチメントが本来，依存性ではなく自律性との関連がより深いものであるとはいえ，ヒトの赤ちゃんが出生直後からすでにそうした自律的な状態にあるというわけではさらさらありません。むしろ，他者への絶対的な依存を前提として，人生を出発させると言っても過言ではないでしょう。それは，ヒトの赤ちゃんが，きわめて未成熟な状態でこの世に生を受けるからにほかなりません。たしかに，前章で見たように，近年では次から次へと「有能な赤ちゃ

ん」を裏づける画期的な研究知見が提示されてきています。しかし，それはあくまでも，かつてに比べて，ヒトの赤ちゃんの本来の力が正当に評価されるようになったということを意味するものであり，ヒトの赤ちゃんが，多くの他生物種の子どもに比べて生物学的に際だって未成熟な状態で生まれてくるということを否定するものではありません。

　生物の系統発生の歴史をさかのぼってみると，哺乳動物は，進化が進めば進むほど，基本的に，母親が，子どもをより大きく成熟した状態になるまでその母胎の中に長くとどめておく性質を徐々に強めてきたと言われています。そして，ほかの生物種のデータに基づいたある生物学的試算によると，（ヒトが系統発生の最も進んだ種であるかどうかは別にして）ヒトの子どもの本来の在胎期間は，実際の在胎期間の倍以上（約21ヵ月）であってもおかしくはないという説もあります。しかし，ヒトの場合は，直立歩行によって，女性の骨盤の構造が大きく変わり，産道が著しく狭くなったため，子どもが母親のお腹の中であまりに大きく育ってしまうと自然分娩が不可能になるという事態が起きてしまったようです。そして，そこで一種のトレードオフが生じ，生物個体としてはきわめて未成熟ではあっても，ぎりぎり母親の産道を通れるくらいの大きさの段階で生まれてくるという，いわゆる**生理的早産**という特殊な進化上の選択肢がとられることになったようなのです。

　アタッチメントの成り立ちを考えるうえで，最もその障壁となるのは，身体移動能力の乏しさでしょう。前章ですでに見たようにヒトの赤ちゃんは，多くの場合，少なくとも生後半年くらいを超えないとはいはいさえもままなりません。歩行に至っては1歳を超えてようやくその萌芽が見られるというのが一般的だと言えます。先に見たように，アタッチメントとは，特定の他者にくっつこうとする

傾向にほかなりません。しかし，自ら移動できないヒトの赤ちゃんは，生まれてからかなり長い期間，自分自身の力では，アタッチメントの欲求を満たせないということになります。つまり，誰かから近づいてもらわない限り，アタッチメントは成り立たないのです。そのうえに，ヒトの赤ちゃんは栄養摂取能力も，体温維持能力もきわめて低いわけですから，赤ちゃんに専心的に注意を払い，保護してあげる大人が存在しなければ，いかなる意味でもその生き残りや成長・発達は難しいと言わざるをえないでしょう。世話をする大人の側から言えば，ある意味，ヒトの赤ちゃんほど手のかかる生き物はいないのです（濱田，2007 など）。

2 アタッチメントの起源と発達

アタッチメントの成り立ちを支えるもの

このように発達早期のヒトの赤ちゃんの他者依存性は相対的にとても高いと言えるわけですが，赤ちゃんがアタッチメントの形成に関して，ただひたすら受け身的で，無力かというと，必ずしもそうとばかりは言えないようです。赤ちゃんには出生直後から，たしかに自分からは近づけなくとも，他者を自分のもとに引き寄せ，自らとの相互作用に引き込むためのいくつかの基本的なメカニズムが備わっているようです。

まず何よりも（人間に限らない多くの生き物の）赤ちゃんの身体的特徴そのものが，大人にとって無条件的に魅力あるものとして受けとめられ，大人の側の養護欲求を強く揺さぶるということをあげることができるでしょう（写真5-2）。広いおでこ，小さなあご，相対的に顔の下のほうに位置する大きな目（特に目の縦幅が広く黒目がち

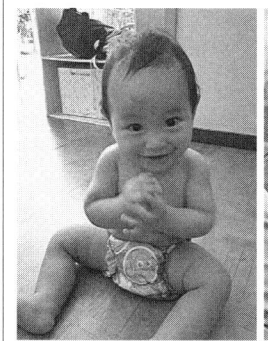

写真5-2　養護感情を引き起こす「赤ちゃんらしさ」

（出所）右写真：梅根泰子撮影。

な），あるいはずんぐりむっくりとした短い手足，柔らかそうな体表，全体的にぎこちない動きなど，そうした赤ちゃんの特徴に接すると，多くの場合，私たち大人の口元はついゆるみがちになり，思わず抱きしめたくなるような衝動にかられることがさまざまな研究によって確かめられています。こうした赤ちゃん特有の身体的特徴を心理学では一般的に**幼児図式**（baby schema）と言ったり**赤ちゃんらしさ**（babyishness）と言ったりするのですが，これがいかに強力であるかは，ミッキーマウスなどの人気キャラクターがほぼ一様に，赤ちゃん的な特徴をきわめて誇張したかたちで備えていることからもうかがえるかと思います。実は，こうしたキャラクターは，登場以来，私たちの好意をより強く引くように，どんどんと赤ちゃんぽくなるよう変化させられてきたということが知られています。

　また，第4章でも見たように，ヒトの赤ちゃんには，非常に早くから，視覚的な刺激にしても聴覚的な刺激にしても，特に人らしいものに対して選択的に注意を向ける**社会的知覚**のメカニズムがあ

ることが知られています。そして，このことは，赤ちゃんの周囲に位置する大人からすると，まさにその大人自身が赤ちゃんにとって魅力的な刺激を発していることになりますので，結果的に，赤ちゃんから頻繁に視線を注がれ，時にそこに相互の見つめ合いの状況が生じやすいということを意味します。もし，赤ちゃんが自分のほうに顔を向け，じっと見つめてきたとしたら，たいがい，大人は，特に養育者ならばなおさらに，それをほかならぬ自分に対する何らかのシグナルの現れだと思い込み，つい赤ちゃんのほうに近づこうとするのではないでしょうか。

また，これも第4章で見た通りですが，赤ちゃんには，周囲の人のさまざまな動作にタイミングよく応じ，また調子を合わせるという**社会的同調**のメカニズムがあることも知られています。これも乳児が自ら意図して起こした行動とは言いがたい，ほぼ自動化された身体同調システムとでも言うべきものなのですが，重要なのは，赤ちゃんがこれを通して他者との間に，現実に一定の相互作用をもってしまうということです。赤ちゃんの近くにいる大人からすれば，自分の働きかけに随伴的に反応する赤ちゃんは，やはり特別な存在と感じられるのではないでしょうか。そして，そこに，さらに赤ちゃんに積極的に関わり，より豊かな相互作用を展開したいという動機づけが生まれたとしても何ら不思議ではないように思います。ちなみに，出生直後から現れ，その後，約2カ月で消失する**新生児模倣**は，新しい行動の獲得と結びついた一般的な模倣行動とは異なり，他者の気を引き，その他者との相互作用を促すこと，それ自体を目的として進化してきたのではないかと論じている研究者もいます。

さらに，赤ちゃんが顔や声を通して発するさまざまな**感情表出**も，周りの大人を引き寄せ操作するのにきわめて有効であると言えるかもしれません。実のところ，はっきりと人に対して示される**社会的**

微笑などについてはあまり異論がないのですが，その他の発達早期の感情表出についてはいくつかの議論があり，研究者によっては，乳児期の感情表出を，まだ出来事との明確な対応性をもたないかなりあいまいででたらめなものと見なす者もあります。ただし，ここで重要なことは，たとえ少々でたらめであっても，それは十分に機能する可能性があるということです。赤ちゃんが真に喜び，怒り，悲しみ，恐れ"そのもの"を感じていなくとも，それ"らしき"表情や発声をするだけで，かなりの確率で周りの大人は，それを赤ちゃんからのなんらかのメッセージだと思い込み，結果的に近くに引き寄せられることになるからです。子どもの側に明確なコミュニケーション意図がなくとも機能的な観点から見れば，それは結果として**社会的発信**として十分に働いていると考えられます。

赤ちゃんと親の共進化

上述したような赤ちゃんの特質は，言ってみれば，第**1**章でふれた"mind-mindedness"（子どもの心をなぜかつい気遣ってしまう傾向）を特に誘発しやすい特徴であると言い換えることができるかもしれません。赤ちゃん自身の実態がどうであるかは別にして，大人は，赤ちゃんの視線や表情や身体の動きなどから，さまざまにその心の状態を想定し気遣い，いつの間にか，赤ちゃんに近づいたり，抱き上げたり，あやしたりして，結果的に赤ちゃんのアタッチメント欲求を適切に充足してあげることになるのでしょう。

ここで1点，注意しておきたいのは，赤ちゃんの側のさまざまな特徴が有効に機能するのも，おそらくは，大人の側にも，それらに，たまらなく魅力を感じ，適切に応じるためのある種，生得的なメカニズムが備わっているからだということです。ある研究者は，これを**直感的育児**（intuitive parenting）ということばで呼び，アタッチメントや広く子どもの発達全般を支えるメカニズムとして，親子双

方の行動レパートリーがうまくかみ合うよう**共進化**してきた可能性を論じています（Papousek,1993）。たとえば，先に見た幼児図式に惹かれてしまう大人の傾向には文化による違いがほとんどなく，また一説には，通常，思春期（第2次性徴）以降になると多くの人が自然にこうした傾向を強くもつようになると言われていますが，これも現に直感的育児という生物学的メカニズムが存在することの1つの傍証と言えるのかもしれません。

> 乳幼児期におけるアタッチメントの発達

上述したように，最早期のアタッチメントは基本的に，養育者などの他者によって巧みに支えられてはじめて成り立つものと考えられます。しかし，当然のことですが，子どものアタッチメントはその後もずっとそうした受け身的な状態にとどまるわけではありません。それは，子どもの種々の心身発達に連動して徐々に能動的なものに変質していくものと言えます。ここでは，アタッチメントの重要性をいち早く認識し，それについての体系的な理論を打ち立てたボウルビー（Bowlby, 1969）に従って，乳幼児期のアタッチメントの発達的変化について見ていくことにしましょう。彼は，子ども期のアタッチメントの発達に以下の4つの段階を仮定しています。

第1段階：**人物の識別をともなわない定位と発信**（出生～少なくとも生後8週頃，たいていは約12週頃まで）：この時期の乳児にはまだ人を識別する能力が（第3章で述べたように聴覚や嗅覚などを除き）十分に備わっていません。必ずしも特定の人物ということではなく，近くにいる人一般に対して視線を向け続けたり（**定位**），微笑んだり泣いたりします（**発信**）。この時期には，その人が誰であれ，人の声を聞いたり人の顔を見たりすると泣きやむことがよくあります。

第2段階：**1人または数人の特定対象に対する定位と発信**（生後12週頃～6カ月頃）：前段階と同様に，この段階の乳児は比較的，誰に

対しても友好的にふるまう傾向がありますが，人物に応じて幾分異なった行動を見せるように変化してきます。とりわけ，日常よく関わってくれる養育者などに対しては，微笑や発声などのアタッチメント行動をより頻繁に向けるようになると言われています。

　第3段階：発信および移動による特定対象への近接の維持（生後6カ月頃〜2,3歳頃）：この段階では人物の識別がさらに明確になり，相手が誰であるかによって反応が明らかに異なってきます。家族などの見慣れた人は2次的なアタッチメント対象になりえますが，見知らぬ人に対しては，警戒心をもったり，関わりを避けたりするようになります。また，この時期には，はいはいや歩行による移動が可能になるため，養育者が自分から離れようとするとそれに抗議するかのように声を上げたり，後追いをしたりするなど，以前には見られなかった能動的なアタッチメント行動が多数見られるようになるとされます。

　第4段階：目標修正的な協調性の形成（3歳前後〜）：この時期に至ると子どもは，養育者の行動や周りの状況などを観察することを通して，また，この頃から徐々に第9章でふれる「**心の理論**」が急速に発達するようになることもあって，養育者の感情や動機あるいは目標やそれを達成するための計画などについて，ある程度，推察することが可能になるとされています。そして，それに基づいて養育者が次にどんな行動をとるかを予測し，適宜，自分自身の行動や目標を修正したうえで，養育者とのあいだに協調的な関係を築きうるようになります。もう少し平たく言えば，相手のその時々の意図や状態に合わせて，自分のアタッチメント欲求の充足をがまんしたり，先延ばしにしたり，その相手以外のほかの人との関係でそれをかなえようとしたりするといったことができるようになるということです。こうしたことも関係して，この時期，子どものアタッチメント

行動は大幅にその頻度と強度を減らしていくとも言われています。アタッチメント対象は自分を保護し助けてくれる存在であるという主観的な確信を固め，それを安心感の拠り所とするようになるため，特に際立ったアタッチメント行動を起こさなくとも，また，短時間ならば，たとえアタッチメント対象が不在であっても，子どもは情緒的に安定していることが可能になるようです。

　上述した発達プロセスを概括するならば，アタッチメントは，他者によって受動的にもたらされるものから，子ども自らが能動的に築き上げるものへと，また，安全の感覚をもっぱら実際にくっつくこと（**物理的近接**）によってのみ得られる状態から，それを頭の中でこうしたらくっつけるはずという見通しを立てること（**表象的近接**）によっても部分的に得られる状態へと徐々に移行していくものと言えるかもしれません。ちなみに，ボウルビーは，こうした養育者との関係に対する見通しや主観的確信がおおもとになって作り上げられる，他者や対人関係一般に関するシミュレーションのための認知的なモデルを，アタッチメントに関する**内的作業モデル**（internal working model）と呼び，その生涯発達における特別な機能を強調しています（遠藤，1992，2010）。彼によれば，私たちが幼い頃からその後，長期にわたって，かなり一貫した対人関係のパターンやパーソナリティを維持しうるのは，この内的作業モデルが一種の対人関係のテンプレートとして個人の中であまり変わらずに安定した働きをし続けるからなのだそうです。

3 アタッチメントの個人差とそれを生み出すもの

> 養育者を選べない赤ちゃん

ここまでは、ヒトの赤ちゃんが、標準的な意味において、どのような仕組みで他者との間にアタッチメントを形成し、なおかつそれをいかに発達させていくかということを中心に見てきました。しかし、このことは、すべての子どもがその養育者等とのあいだにつねに同じようなアタッチメントを形成するということを意味するものではありません。そこには、当然、それぞれの関係ごとの個別性が想定されます。先にも述べたように、ヒトの赤ちゃんの発達早期における他者依存性はきわめて高いものがあります。そして、このことは、保護し世話してくれる他者が、どのようにふるまうかということによって、アタッチメントの質が大きく変動しやすいということを意味しています。つまり、たとえ赤ちゃんのほうがほぼ一様にほかの対象との近接関係を確立・維持したいと欲していたとしても、養育者側の関わりいかんでそれが容易に満たされない場合があるということです。

もし大人同士の関係であれば、相手が自分の欲求を満たしてくれなければ、その相手の関係を諦め、別の対象を探し、新たな関係を作り直すこともできるでしょう。しかし、乳幼児の場合はそれはほぼ不可能です。赤ちゃんは、養育者を自分のほうから選択したり、変更したりすることはできないのです。つまり、赤ちゃんは、どのような養育者であれ、その対象とのあいだで、持続的なアタッチメント関係を取り結ばなければならないということになります。赤ちゃんは、ある意味において"最初から割り当てられた"とも言える、

その養育者の関わりの質に応じて，自分の"くっつき方"をいろいろと調整し，最低限，自分は安全であるという感覚を何とか保持しようとします。そして，そこにアタッチメントの個人差が生じることになるのです。

> **ストレンジ・シチュエーション法**

エインズワース（Ainsworth et al., 1978）という研究者によれば，子どものアタッチメント上の違いは，特に養育者との分離および再会の場面に集約して現れるのだそうです。そして，こうした認識のもとで，エインズワースは，生後12カ月から18カ月くらいの子どもを対象に，そのアタッチメントの個人差を調べるために，**ストレンジ・シチュエーション法**という巧みな実験手法を考案しました（図5-1参照）。先ほど記したように，アタッチメントは特に，不安や恐れなどのネガティヴな感情が経験された時に活性化される傾向があります。そのことからすると，アタッチメントにどういう違いが現れるかを見るためには，その前提としてまず，子どもに少しネガティヴな感情を経験させ，アタッチメント欲求を高めておく必要があるということになります。エインズワースが考えたのは，まさに子どもを新奇（ストレンジ）な状況（シチュエーション）にさらすこと，具体的には子どもの日常生活とはかけ離れた大学の実験室に子どもを連れてきて，そこで研究者や大学院生など，初めての人に遭遇させるとともに，その場から養育者が一時いなくなるという（子どもにとってはそれなりにストレスフルであろう）場面を子どもに経験させるというやり方でした。

こうした実験場面において，ある一群の子どもは，養育者が実験室から出て行こうとする際（**分離**）に，さほど混乱や困惑の様子を示しません。そして，再び養育者が部屋に戻ってきた時（**再会**）に，養育者をあまり喜んで迎えるということがなく，むしろ，どちらか

図 5-1　乳幼児期のアタッチメントの個人差の測定：ストレンジ・シチュエーション法

① 実験者が母子を室内に案内，母親は子どもを抱いて入室。実験者は母親に子どもを降ろす位置を指示して退出。（30秒）

② 母親は椅子にすわり，子どもはおもちゃで遊んでいる。（3分）

③ ストレンジャーが入室。母親とストレンジャーはそれぞれの椅子にすわる。（3分）

④ 1回目の母子分離。母親は退室。ストレンジャーは遊んでいる子どもにやや近づき，働きかける。（3分）

⑤ 1回目の母子再会。母親が入室。ストレンジャーは退室。（3分）

⑥ 2回目の母子分離。母親も退室。子どもはひとり残される。（3分）

⑦ ストレンジャーが入室。子どもを慰める。（3分）

⑧ 2回目の母子再会。母親が入室し，ストレンジャーは退室。（3分）

（注）乳幼児期のアタッチメントの個人差は，一般的にこの8つの場面からなるストレンジ・シチュエーション法（strange situation procedure）によって測定される。特に養育者との分離および再会の時に現れる行動パターンの違いに従って，Aタイプ（回避型），Bタイプ（安定型），Cタイプ（アンビヴァレント型）の3タイプあるいはDタイプ（無秩序・無方向型）も含めた4タイプに分類される。

（出所）繁多，1987をもとに作成。

図 5-2 3つのタイプの違い

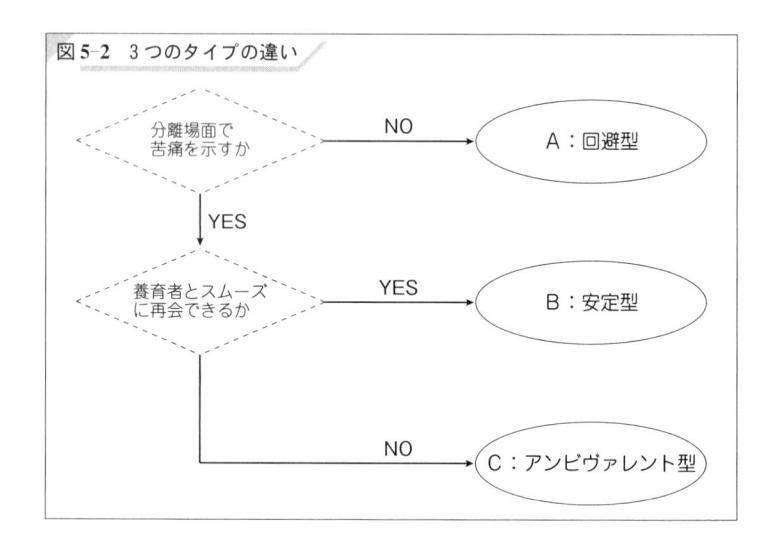

- 分離場面で苦痛を示すか
  - NO → A:回避型
  - YES ↓
- 養育者とスムーズに再会できるか
  - YES → B:安定型
  - NO → C:アンビヴァレント型

と言えば，何かよそよそしい態度を見せるようなことがあります。エインズワースはこうした子どものアタッチメント・スタイルを「**Aタイプ（回避型）**」と名づけています。

　一方，当然，養育者との分離に際して強い混乱を示す子どももいます。こうした子どもは，養育者との再会時の行動パターンによって2つのタイプに分けられることになります。1つのタイプは，再会時にそれまでのぐずった状態から容易に落ち着きを取り戻し，喜びと安堵の表情を見せながら養育者に積極的に身体接触を求めていくタイプです。もう1つのタイプは，再会しても容易に落ち着かず，時折，養育者に激しい怒りを向けるなどの両価的な態度が顕著に見られるタイプです。エインズワースは前者を「**Bタイプ（安定型）**」，後者を「**Cタイプ（アンビヴァレント型）**」と呼んでいます（**図 5-2** 参照）。

> **アタッチメントの個人差と養育環境**

エインズワースによれば、Aタイプの子どもの養育者は日常場面において、相対的に子どもに対して拒絶的にふるまうことが多いのだと言います。子どもの視点からすると、いくら泣きなどのアタッチメントのシグナルを送ってもそれを適切に受けとめてもらえることが少なく、それどころか、そうしたシグナルを表出したり近接を求めて行ったりすればするほど、なおさら養育者はそれを嫌って離れていく傾向があるのだそうです。第2章でふれた「**安全の環**」との関連で言えば、子どもが、避難所たる養育者のもとに逃げこもうとすると、その避難所はもっと遠くに移動してしまうということになります。子どもにしてみれば、ただでさえ近接関係が危うい状況で、養育者にさらに離れられては大変なことになるため、逆説的にも、あえてアタッチメント行動を最小限に抑え込むことによって、つまり回避的な態度をとることで、養育者との距離をある一定範囲内にとどめておこうとするのだと解釈できるでしょう。ちなみに、このAタイプの子どもは、一見するところ、養育者がいなくても平気に1人で遊んでいられるくらいに発達が進んでいるように見えるのですが、心拍数や（ストレスに関連した）コルチゾール値などの生理的指標から見ると、養育者との分離時には、強く恐れや不安が喚起されている（アタッチメント欲求が活性化されている）ことがうかがえ、それでいながら、行動的には、養育者に対して泣いたりしがみついたり後追いをしたりということをしないのだそうです。

一方、Cタイプの子どもの養育者は、相対的に子どもに対して一貫しない気まぐれな接し方をしがちだと言います。「安全の環」との関わりで言えば、確実な避難所あるいは安全な基地の位置がふらふらとして定まらないということになるのでしょう。これは、子どもの側からすれば、どこに行けば大丈夫なのか、どのようなかたち

でアタッチメントの欲求を受け入れてもらえるのか，その見通しや予測がつきにくいということを意味します。結果として，子どもは養育者の所在やその動きにいつも過剰なまでに用心深くなることになります。子どもはできる限り自分のほうから最大限にアタッチメントのシグナルを送出し続けることで，養育者の関心を引きつけておこうとするようになるのです。現に，これを反映してか，このタイプの子どもは，日常的状況において，養育者に対するしがみつきや後追いの傾向が強いということが知られています。これらの子どもが，ストレンジ・シチュエーションで，分離に際し激しく苦痛を表出し，なおかつ再会時に養育者に怒りをもって接するのは，またいつふらりといなくなるかもわからない養育者に安心しきれず，怒りの抗議を示すことで何とか，また自分が1人おいて行かれることを未然に防ごうとする対処行動の現れと理解することができるかもしれません。

　それに対して，Bタイプの子どもの養育者は，相対的に情緒的な応答性が高く，しかもそれが一貫しており予測しやすいと言います。「安全の環」という点から見れば，確実な避難所や安全な基地が，基本的にどっしりと同じ位置にあり続けると言えるでしょう。子どもの側からすれば，当然，こうした養育者の応答や働きかけには強い信頼感を寄せることができるということになります。つまり，自分が困惑していると養育者は必ず側にきて自分を助けてくれるという見通しや確信をもっている分，あるいはどうすれば養育者が自分の求めに応じてくれるかを明確に理解している分，子どものアタッチメント行動は全般的に安定し，たとえ一時的に分離があっても再会時には容易に立ち直り安堵感に浸ることができるということになるのだと考えられます（**表 5–1** 参照）。

表 5-1 各アタッチメント・タイプの特徴と養育環境

	ストレンジ・シチュエーションでの子どもの行動特徴	養育者の日常の関わり方
Aタイプ（回避型）	養育者との分離に際し，泣いたり混乱を示すということがほとんどない。再会時には，養育者から目をそらしたり，明らかに養育者を避けようとしたりする行動が見られる。養育者が抱っこしようとしても子どものほうから抱きつくことはなく，養育者が抱っこするのをやめてもそれに対して抵抗を示したりはしない。養育者を安全基地として（養育者とおもちゃなどのあいだを行きつ戻りつしながら）実験室内の探索を行うことがあまり見られない（養育者とは関わりなく行動することが相対的に多い）。	全般的に子どもの働きかけに拒否的にふるまうことが多く，他のタイプの養育者と比較して，子どもと対面しても微笑むことや身体接触することが少ない。子どもが苦痛を示していたりするとかえってそれをいやがり，子どもを遠ざけてしまうような場合もある。また，子どもの行動を強く統制しようとする働きかけが多く見られる。
Bタイプ（安定型）	分離時に多少の泣きや混乱を示すが，養育者との再会時には積極的に身体接触を求め，容易に静穏化する。実験全般にわたって養育者や実験者に肯定的感情や態度を見せることが多く，養育者との分離時にも実験者からの慰めを受け入れることができる。また，養育者を安全基地として，積極的に探索活動を行うことができる。	子どもの欲求や状態の変化などに相対的に敏感であり，子どもに対して過剰なあるいは無理な働きかけをすることが少ない。また，子どもとの相互交渉は，全般的に調和的かつ円滑であり，遊びや身体接触を楽しんでいる様子が随所にうかがえる。
Cタイプ（アンビヴァレント型）	分離時に非常に強い不安や混乱を示す。再会時には養育者に身体接触を求めていくが，その一方で怒りながら養育者を激しくたたいたりする（近接と怒りに満ちた抵抗という両価的な側面が認められ	子どもが送出してくる各種愛着のシグナルに対する敏感さが相対的に低く，子どもの行動や感情状態を適切に調整することがやや不得手である。子どもとの周

第 5 章 人との関係の中で育つ子ども

	る)。全般的に行動が不安定で随所に用心深い態度が見られ、養育者を安全基地として、安心して探索活動を行うことがあまりできない（養育者に執拗にくっついていようとすることが相対的に多い）。	で肯定的な相互交渉をもつこともすくなくはないが、それは子どもの欲求に応じたものというよりも養育者の気分や都合に合わせたものであることが相対的に多い。結果的に、子どもが同じことをしても、それに対する反応が一貫性を欠くとか、応答のタイミングが微妙にずれるといったことが多くなる。
Dタイプ（無秩序・無方向型）	近接と回避という本来ならば両立しない行動が同時に（たとえば顔をそむけながら養育者に近づこうとする）あるいは継時的に（たとえば養育者にしがみついたかと思うとすぐに床に倒れ込んだりする）見られる。また、不自然でぎこちない動きを示したり、タイミングのずれた場違いな行動や表情を見せたりする。さらに、突然すくんでしまったりうつろな表情を浮かべつつじっと固まって動かなくなってしまったりするようなことがある。総じてどこへ行きたいのか、何をしたいのかが読み取りづらい。時折、養育者の存在におびえているような素振りを見せることがあり、むしろ初めて出会う実験者等により自然で親しげな態度をとるようなことも少なくない。	Dタイプの子どもの養育者の特質に関する直接的な証左は少ないが、Dタイプが被虐待児や抑うつなど感情障害の親をもつ子どもに非常に多く認められることから以下のような養育者像が推察されている。（多くは外傷体験など心理的に未解決の問題を抱え）精神的に不安定なところがあり、突発的に表情や声あるいは言動一般に変調を来し、パニックに陥るようなことがある。言い換えれば子どもをひどくおびえさせるような行動を示すことが相対的に多く、時に、通常一般では考えられないような（虐待行為を含めた）不適切な養育を施すこともある。

無秩序・無方向型アタッチメントとその背景

近年,上で見た3つに収まらない,第4のタイプの存在が注目を集めています。メイン(Main, 1991)という研究者によれば,BタイプはもちろんAタイプは養育者に対するアタッチメントのシグナルを一貫して抑え込もうとする点で,またCタイプはそうしたシグナルを最大限に表出し,アタッチメント対象を可能な限り,自分のもとにおいておこうとする点でいずれも,潜在的に何をしようとしているのかが読み取りやすい,全般的に行動にまとまりのある(organized)アタッチメントであるということができるのだそうです。

しかし,中には,こうした行動の一貫性をほとんど示さない子どもが一定割合存在するらしいのです。より具体的には,顔をそむけた状態で親に近づこうとしたり,再会の際に親を迎えるためにしがみついたかと思うとすぐに床に倒れ込んだり,親の存在そのものに対して突然すくみ,固まってしまうといった実に不可解な行動,言い換えるならば,近接したいのか回避したいのかよくわからない,どっちつかずの状態にあり続ける子どもがいるというのです(Main & Solomon, 1990)。こうしたタイプの子どもは,個々の行動がばらばらで全体的に秩序立っていない(disorganized)あるいは何を求め何をしようとするのかその行動の方向性が定まっていない(disoriented)という意味で,「**無秩序・無方向型(Dタイプ)**」と呼ばれています。

これまでのところ,Dタイプの子どもの養育者については,抑うつ傾向が強かったり精神的に極度に不安定だったり,また日頃から子どもを虐待したりするなどの危険な兆候が多く認められることが明らかにされています。特に被虐待児を対象にしたある研究では,そのうちの約8割がこのDタイプによって占められていたという

報告があります (Carlson et al., 1989)。ある研究者ら (Main & Hesse, 1990) は，Dタイプの子どもの養育者が日常の子どもとの相互作用において典型的に示す行動パターンを，"**おびえ／おびえさせる**"ふるまいの中に見ています。これによると，こうした養育者は，日常生活場面において突発的に自分自身の不安や心配事にとりつかれ，自らおびえるまたは混乱することがあるのだそうです。そして，そのおびえ混乱した様子，具体的には，うつろに立ちつくしたり，急に声の調子を変えたり，顔をゆがめたり，子どものシグナルに突然無反応になったりするなどのふるまいが，結果的に子どもを強くおびえさせ，それが乳児の不可解なDタイプの行動パターンを生み出すというのです。何かあったときに本来逃げ込むべきところであるはずの養育者自身が，子どもに恐怖を与える張本人でもあるという，とても逆説的な状況において，子どもは，養育者に近づくこともまた養育者から遠退くこともできず，結果的に，呆然とうつろにその場をやり過ごすしかないということになってしまうのかもしれません。

　もっとも，このDタイプの行動は，あくまでも発達早期に限定した特徴であるようです。Dタイプの子どもは乳児期に独力ではどうしようもない解決不可能なパラドクス（避難すべき唯一の場所が恐怖の源でもある）にさらされるわけですが，3歳前後くらいからは，その認知能力の高まりとともに，そうした予測不可能で混沌とした状況に自ら対処しようとし始めるらしいのです（**統制型**への発達的移行）。いつ養育者の精神状態が崩れ，その結果として自ら犠牲にならざるをえないのかわからないのであれば，養育者との役割の逆転を図り，できるだけ養育者が混乱しないように，養育者にいろいろと，ある意味，大人びた働きかけをし始めるようです。たとえば，養育者のことを過度に気遣いさまざまな世話をしようとしたり，あ

Column ⑨ アタッチメント障害

　1989年のクリスマスに長くルーマニアを独裁的に支配してきたチャウシェスク政権が崩壊しました。この政権は，多くの民衆が貧困に喘いでいながら，それでも人口増加政策を続けたため，結果的に数多くの遺棄児を生み出すことになったと言われています。そして，政権崩壊後に，こうした親から捨てられた幼い孤児の多くが，かろうじて最低限の栄養を与えられるだけのような，きわめて劣悪な施設環境から発見されることになったのです。こうした子どもたちは，その後，イギリスやカナダなどの心ある人たちに引き取られ，手厚く育てられることになるのですが，こうした子どもたちを長期的に追跡調査したいくつかの研究が，その施設に比較的年長になるまでいた子どもほど，なかなかその里親や養親にしっかりとしたアタッチメントを形成せず，誰彼かまわず，その場限りの無差別的な社交性を示し続けるということを明らかにしています（Chisholm, 1998；O'Connor, 2005）。社交性というと聞こえはいいのですが，実のところ，それは次から次へと対象を変えて，とにかくこのいまに，自分によくしてくれそうな人とばかり一時的に浅い関係をもち続けるということであり，特定の人とのあいだにはいっこうに緊密な関係が築かれないということを意味しています。

　このルーマニアの孤児のように，乳幼児期に親との関係を剥奪され，しかもその後に収容された施設環境も恵まれない場合には，誰に対してもアタッチメント欲求を向けずに情緒的に引きこもってしまったり，上で見たような無差別的な社交性を示したりするケースが比較的多く認められることが知られており，こうした特徴を，通常の家庭環境では生じえない，**アタッチメント障害**の一種と見なすことが一般的になっています（Prior & Glaser, 2006）。もっとも，アタッチメント障害という考え方は近年，拡張され，こうした施設児ばかりではなく，家庭環境にありながらきわめて特異な状況にさらされているような子どもたちにも部分的に適用されるに至っているようです（Zeanah et al., 2002）。たとえば，自分から危険に身をさらすような粗暴な行動をあえてとったり，過剰に養育者等を警戒し彼らの意向に何でも応じようとしたり，養育者等にべったりとくっつきそこからほとんど離れられなかったりするとい

表 Column ⑨　ジーナーらによるアタッチメント障害の診断基準

障害	行動の特徴	DSM-IVにおける該当
選択的なアタッチメントを示さない障害		
感情的に引きこもった	養育者へのアタッチメントの兆候が認められず，慰めを求めるパターンが存在しない。情緒が制限されている。社交的な喜びや探求がほとんどない。	反応性アタッチメント障害の抑制型
無差別な社交性をもった	ほとんど知らない人に対して近づくこと，抱かれること，関わることについての年齢に適した注意深さの欠如。見知らぬ人に慰めを求める。浅く，おそらく不安定な情緒。	反応性アタッチメント障害の脱抑制型
安全基地の歪み		
抑制された	養育者をアタッチメント対象とするが，養育者がいるときに（不在の時はそういった特徴をあまり示さない），見知らぬ人がいると情緒が制限され養育者に不安気にしがみつき，探索行動が極端に抑制される。	
自己を危険にさらす	養育者をアタッチメント対象とするが，この対象を危険をモニターするためには用いない。すなわち，無鉄砲で，事故を起こしやすく，関係性の文脈では攻撃的な行動を示す。	
強迫的に従う	養育者をアタッチメント対象とするが，その養育者に対して強度の用心深さ（警戒）と不安に満ちた過剰な服従行動を示し，自発的な探索活動が認められない，養育者を恐れているかのような素振りを示す。	
役割逆転	養育者をアタッチメント対象とするが，養育者の幸せ・安寧に強く大人びた関心を示す。養育者に対して，よく世話をすることが顕著な場合と，命令的で懲罰的行動を示す場合がある。	
中断された混乱したアタッチメント		
	一連の行動の前に養育者との分離経験がある。他者からの慰めを受け入れない。情緒的引きこもり，睡眠や摂食の障害，発達の退行。	

（出所）Zeanah & Boris, 2000 をもとに作成。

った，通常の子どもではほとんど考えられないような行動パターンが，アタッチメント障害の下位カテゴリーとして認識され始めています（表 *Column* ⑨）。

るいは養育者に対してひどく懲罰的・高圧的あるいは侮辱的にふるまおうとしたりするかたちで，子どもは，養育の主導権を極力，自らが掌握しようと試みるようになるのだと言います（Howe, 2005）。

気質の関与と遺伝的基礎

ここまでは子どものアタッチメントの個人差に養育者の関わり方が関与する可能性について見てきましたが，第4章でふれた子ども自身の個性，すなわち**気質**という観点からこの問題を考えようとする見方も一部にあります（たとえば Kagan, 1984, 1994）。この立場によれば，Aタイプは一般的に恐がりやすさという気質傾向が相対的に低いタイプであり，一方，Cタイプは，これとは逆に恐がりやすさが相対的に高いタイプ，あるいはいらだちやすさ・ぐずりやすさという気質傾向が高いタイプと解釈されるそうです。また，Aタイプの子どもは相対的に対物指向性（相対的に人よりも物に関心を向けやすい傾向）が高く，逆にCタイプの子どもは対人指向性が高いというような考え方もあるようです。そして，これらの見方からすると，Bタイプは，AタイプとCタイプの中間的な気質特徴を備えたタイプであると特徴づけられることになるのだそうです。

もっとも，こうしたさまざまな考え方はあるものの，子ども自身のもって生まれた気質が真にアタッチメントの形成にどれくらい強い影響を及ぼすかについては，いまだ定まった見方ができていないというのが現状です（遠藤, 2007）。ちなみに，近年では，行動上に現れる気質ということではなく，より直接的に子どもの遺伝的な違いが，上述したようなアタッチメントの各種タイプの差異をどれだ

け説明するかを具体的な数値で明らかにしようとする行動遺伝学的な研究も行われるようになってきているのですが，これらの研究では総じて，遺伝的要因よりも環境的要因のほうの説明力が圧倒的に高いという結果が得られているようです（Bokhorst et al., 2003）。もちろん，アタッチメントに限らず，子どもの発達はすべて，養育者と子どもどちらか一方の要因によるものではなく，両者が参加して進行する相互作用の歴史の産物と見なしてしかるべきでしょう。しかし，それらが具体的にどのようなプロセスで，また，それぞれがどれだけの強い影響力をもって，子どもの発達を方向づけるのかという問題の解明は，今後に残された大きな課題の1つなのかもしれません。

4 生涯発達におけるアタッチメントの意味

内的作業モデルとアタッチメントの連続性

先にもふれたように，ボウルビーという研究者は，乳幼児期におけるアタッチメントが徐々に内的作業モデルというかたちで個人の中に取り込まれ，その後，生涯にわたって，その個人特有の対人関係スタイルやパーソナリティを支える重要な働きをすると仮定していました。より具体的には，子どもが日々の養育者との相互作用を通して，たとえば「自分は他者から愛される存在である」あるいは「他者は自分が必要な時に助けてくれる」といった内容のモデルを作り上げると，子どもはその後のさまざまな対人関係において，それを一種のテンプレートとして用い，他者はきっとこうしてくれるだろうという予測や自分はここでこうしたほうがよさそうだといった行動のプランニングを行うようになると言います。そして，そ

の結果として,その場その時限りではない安定し一貫した行動傾向,見方によってはその人独自のパーソナリティとも言えるものを備えるようになるというのです。さらに最近のアタッチメント理論では,幼い頃にどれだけアタッチメント欲求を適切に満たしてもらったかによって心理行動的側面ばかりではなく神経生理学的側面にも一定の影響が及び,それが生涯発達の方向性に少なからず関わるという指摘もなされ始めています(Schuder & Lyons-Ruth, 2004)。

さて,こうしたアタッチメント理論の仮定は果たしてどれだけ妥当なものと言えるのでしょうか。これまでの研究は総じて,乳幼児期におけるアタッチメントの個人差が,その後の各発達ステージにおける社会的行動や人格特性などをかなりのところ,予測するという結果を得ているようです(遠藤,2007)。たとえば,**仲間関係**については,乳幼児期にBタイプ(安定型)だった子どもは,その後の就学前期から児童期において,一般的に仲間に対して積極的にしかも肯定的な感情をもって働きかけることが多く,また共感的行動を多く示すため,仲間からの人気がより高くなる傾向があるようです。それに対して,Aタイプ(回避型)の子どもは,仲間に対して否定的な感情をもって攻撃的にふるまうことが多いため,仲間から拒否され孤立する傾向が強く,またCタイプ(アンビヴァレント型)の子どもは,他児の注意を過度に引こうとしたり衝動的かつフラストレーションに陥りやすかったりする一方で,時に従属的な態度をとることも少なくはなく,仲間から無視されたり攻撃されたりする確率が相対的に高いというような知見が得られています。

また,乳幼児期のアタッチメントのタイプと,その後の各発達ステージにおけるそれとの関連性を見ることで,より直接的にアタッチメントの時間的連続性を検討している研究もあります。たとえば,ある研究(Wartner et al., 1994)は,乳幼児期におけるアタッチメン

トのタイプ (ABCD の 4 分類) と 6 歳時のそれとの一致が 82% にのぼることを報告しています。さらに，別の研究 (Waters et al., 2000) は，乳幼児期と 20 歳時の (*Column* ⑩のような特殊な面接手法で測定した) アタッチメント・タイプ (ABC 3 分類) に，64% の一致があることを見出しています。これらの知見は，少なくとも統計学的には偶発的に生じにくい有意なアタッチメントの連続性が存在することを物語っており，その意味では，ボウルビーのアタッチメント理論の仮定はおおむね，支持されていると考えていいのかもしれません。

アタッチメントの世代間伝達

以上に加えて，アタッチメント理論では，乳幼児期に基礎をもつアタッチメントの質が，個人が成長し親になった際の，その子どもとの関係にも及ぶという仮定がなされています。虐待研究の領域では，よく，虐待された子どもが虐待する親になる傾向が指摘され，現に，それが生じる割合が，虐待された経験をもたない親が虐待を起こす比率よりもかなり高いということが明らかにされていますが，同様のことがアタッチメントの個人差に関しても当てはまるのではないかということです。

これを専門的にはアタッチメントの**世代間伝達**と言ったりするのですが，残念ながら，世界を見渡しても，まだ，実際に子どもの頃，アタッチメントがどうだった場合に，どんな親になるのかということについての長期縦断的な知見は，あまり得られていないというのが実情のようです。しかし，すでに親になった人たちの成人時点でのアタッチメントの質 (*Column* ⑩参照) を測定し，それと，その子どものアタッチメントの質との関連性を問うという研究は，日本も含め，世界各地で多数行われており，そこでは，親から子どもへのアタッチメントの世代間伝達が，現にかなりの高確率で生じるこ

Column ⑩　成人のアタッチメント

　本文中に**成人のアタッチメント**に関する記述が出てきましたが，読者の中には，それをどのように測定するのだろうと疑問に思われた方もあるかもしれません。その測定法は，質問紙も含め，いくつかのやり方があるのですが，最も代表的な方法は，アダルト・アタッチメント・インタヴューという面接手法ということになるでしょう（Hesse, 2008）（表Column ⑩）。それは，成人に自分がまだ幼い頃の養育者との関係がどのようなものだったのかをいろいろと語ってもらう中から，その個人特有のアタッチメントの特徴を見出そうとするものです。本文中でストレンジ・シチュエーション法について記しましたが，それが，現にそこにいる養育者に対して物理的にどのように近接するかを問うものだとすれば，この手法は，記憶の中に想起されつつある養育者に表象的にいかに近接するかを問うものだということになります。

　この面接を受けた人は，具体的にその語り方の特徴に従ってタイプ分けをされることになります。たとえば，養育者のことを表面的にはいろいろとよく言うのですが，その根拠となるような具体的なエピソードをほとんど語らないアタッチメント軽視型と呼ばれる人がいます。これは，ある意味，頭の中の養育者との距離をおいていることを物語っていると考えられ，その意味で，乳幼児期の回避型に理論的に相当するものだと言われています。その一方で，質問に対してあまり内容が首尾一貫しておらず，話が冗長でまとまりがなく，過去の経験を語りながらしばしばいまのことのように感情的に混乱してしまうようなとらわれ型と呼ばれる人もいます。これは，養育者との関係に関する想起に強い不安がともなうことから，乳幼児期のアンビヴァレント型に相当すると言われています。もちろん，質問に対して適切で，良い思い出も悪い思い出も含めて首尾一貫して語ることができる人も数多く存在します。こうした人たちは安定自律型と呼ばれ，乳幼児期の安定型と関連していると考えられています。さらに，乳幼児期の無秩序・無方向型に対応するものとして，近親者の死や虐待といった，いわゆる外傷的な事柄について選択的に話の内容がつじつまの合わない奇妙なものになる未解決型と呼ばれるタイプの存在も想定されています。

表 Column ⑩　アダルト・アタッチメント・インタヴューの手順

1. 初めに，私にあなたの家族のことを少し説明していただけますか。たとえば，家族構成や住んでいた場所など。
2. さて，思い出せる限り昔にさかのぼって，子どもの頃のご両親との関係を話してください。
3. 子ども時代のお母様との関係を表すような形容詞や語句を5つあげてください。私がそれらを書き留めて，5つ揃ったら，それらの言葉を選ぶに至った思い出や経験をおたずねします。
4. （父親について同様の質問）
5. どちらのご両親とより親密に感じましたか。理由は。
6. 子ども時代に動揺したとき，あなたはどのようにしましたか。どうなりましたか。情緒的に動揺したときの具体的な出来事を話していただけますか。けがをしたときは。病気の時は。
7. ご両親との最初の分離についてお話しください。
8. 子ども時代，拒絶されたと感じたことはありますか。あなたはどのように反応しましたか。ご両親は拒絶したことに気づいていたでしょうか。
9. ご両親があなたを脅かしたことはありましたか。しつけや冗談で。
10. あなたの幼い頃の経験全体は，どのように大人としてのあなたに影響しているでしょうか。成長の妨げになったと思われるようなことはありますか。
11. ご両親が，あなたの幼い頃そのようにふるまったのはなぜでしょうか。
12. 子ども時代，親のように親密であった大人はほかにいましたか。
13. ご両親，あるいはほかの親密な人を，子ども時代に亡くされた経験はありますか。大人になってからは。
14. 子ども時代と大人になってからでは，ご両親との関係に多くの変化がありましたか。
15. 現在，あなたにとって，ご両親との関係はどのようなものですか（もしすでにお子さんをおもちであれば，あなたの育てられ方が，あなたご自身の子育てにどう影響していると思いますか）。

(注）アダルト・アタッチメント・インタヴューは，このように手短に修正されたプロトコルの要約に基づいて実施できるものではない。この表の内容には，いくつかの質問項目や重要な追加の確認質問（probes）が省略されている。
(出所) Hesse, 2008 をもとに作成。

とが確かめられているようです（Behrens et al., 2007；数井ほか, 2000；van IJzendoorn, 1995；van IJzendoorn & Bakermans-Kranenburg, 1997）。

　幼い頃の被養育経験がどうかということについてはまだ推論の域を出ませんが，少なくとも，親自身の現時点におけるアタッチメントの質については，それが子どもの欲求やシグナルに対する敏感性や応答性の高さに一定程度，影響を与えるなどのメカニズムを介して，子どものアタッチメントを自身とほぼ同質のものに導いていくということがあるのかもしれません。

5　乳幼児期の可塑性と対人世界の広がり

可塑性の高い乳幼児期

　上で見た研究知見などからすると，発達早期に形成されたアタッチメントの質は，たしかにその後の生涯発達にかなりの影響をもたらすように考えられるかもしれません。しかし，先の成人期のアタッチメントとの関連を見た研究でも，3人に1人はそのアタッチメントの質を変化させていることに注意すべきでしょう。これまでの研究では，たとえ成人期になってからでも，たとえば，結婚のようなかたちで，それまでの自身の対人関係とは，異質な人間関係を一貫して持続的に経験できるようになると，そのアタッチメントをたいていはより安定した方向に修正することが可能であることが明らかにされています。

　しかし，やはり，こうした**可塑性**（変化の可能性）は，発達の早期であればあるほど高いことも確かなようです。ボウルビーは，アタッチメントの内的作業モデルが，乳幼児期，児童期といった相対的に未成熟な時期に徐々に形成され，加齢とともにその固定性を増し

ていくと考えていました。しかし，これは裏を返せば，早期段階の内的作業モデルにはまだまだ改変可能な部分が十分にあり，環境の変化に応じてそのアタッチメントを柔軟に変質させる可能性があるということを意味しています。

しかし，加齢が進行し，内的作業モデルが固まり始めると，個人はそれに沿って，自分が予測する方向に他者との相互作用を導いたり，また自分にとってなじみやすい人ばかりを多く仲間や友達にしたりするようになるのかもしれません。つまり，個人は，内的作業モデルに沿った対人環境を現実に選択し作り始めるということです。別の言い方をすれば，個人は，内的作業モデルにとって異質なものを自ら極力排除し始めるということになるでしょう。変われるきっかけをあえて遠ざけるわけですから，こうなると必然的に，内的作業モデルはなかなか変質しにくいことになり，結果的に私たちの対人関係のパターンやパーソナリティも相対的に可塑性を減じていくことになるのだと考えられます（遠藤，2007）。

それに対して，先にも赤ちゃんは養育者を選べないという旨を述べましたが，実のところは，子どもは養育者ばかりではなく，それ以外の人との関係も，基本的にはまだ自分からはあまり選択できないと言うべきなのでしょう。家族内の養育者以外の成員は言うまでもなく，家族のほかにも早くから，たとえば，保育所の保育士さんのように，（少なくとも入所時は自分の意思とは関わりなく）関わらざるをえない人が存在します。このことは，子どもに対人関係の選択性が乏しいというところばかりに着目すると，一見，ネガティブな意味をもっているように考えられがちですが，実のところは，子どもが養育者以外との対人関係にも広く開かれており，そこで養育者とは異質な関係を豊かに経験できる可能性を秘めているとも言えるのです。さらに言えば，たとえ養育者とのあいだで形成されつつあっ

た内的作業モデルでも、まだ、それが十分には固まっていない分、養育者以外との異質な対人関係を安定して享受できるような機会に恵まれれば、それによって、自身の内的作業モデルを部分的に補ったり改めたりすることも原理的には可能なわけです（Bretherton & Munholland, 2008）。

こうしたことと通底することだと思いますが、現に、あるアタッチメント研究では、養育者とのアタッチメント関係よりも、最初に経験した保育者とのアタッチメント関係のほうが、その後の特に保育所や学校等における教師や仲間との関係およびそこでの社会的適応性全般を、より予測するというような知見も得られているようです（Howes & Spieker, 2008）。

社会的世界の広がり

上述したように、乳幼児期は生涯発達の中でもとりわけ高い可塑性を有する時期と言えるわけですが、それは言い換えれば、多様な人との関係を通して、それぞれから実に多くのことを学びうる機会に恵まれているということにもなります。

子どもはかなり早い時期から、その濃淡に差はあるにせよ、自分の周りに位置するさまざまな対象との関係を同時並行的に作り上げていくと考えられます。もっとも、早期段階における子どもの対人関係の中心は、ここまで述べてきたように養育者をはじめとする大人との関係ということになるでしょう。それは、もっぱら子どもの側が保護してもらう、遊んでもらうといった、ある意味、力の差が歴然とした関係であるという点で「**タテの関係**」と言えるのかもしれません。しかし、発達が進むにつれて子どもは、それとは異なる性質の関係も徐々に築き始めることになります。

たとえば、同じ家族の中にすでに自分よりも少し上の年齢のきょうだいが存在している場合、子どもはそのきょうだいとのあいだで、

ものの取り合いやいざこざ，あるいはまた，一緒に共同しながら遊ぶといった，大人との関係とは異なる事柄を多く経験することになるでしょう（Dunn, 1994, 2004）。それは，完全に対等でヨコ並びのものではないにしても，大人との関係ほど，力の差がないという意味で「**ナナメの関係**」と呼びうるものかもしれません。また，少し大きくなって自分の下にきょうだいが生まれれば，今度はお兄ちゃん，お姉ちゃんとして，子どもはこのナナメの関係に参加することになるのでしょう。

さらに，保育所に通所するなどの場合はもちろんのこと，大人が機会を与えてくれれば，家庭外の，自分と同じ年頃の子どもとのあいだに，いわゆる「**ヨコの関係**」も構築することになるものと考えられます。子ども同士のやりとりは，ただ大人に導かれてさえいれば，結果的に事がうまく運んでしまうような大人主導のタテの関係とは異なり，相互に積極的に関わり，時に相手の立場や意図を汲み，また自らの欲求や行動を調整しなければ，なかなか持続しえないものと考えられます（Bukowski et al., 1998; Dunn, 2004）。その意味で，この後，特に第9章でふれることとなる感情の経験・表出や感情の制御，さらには共感性や心の理解といったものが際立って重要になるものと言えるでしょう。

このように子どもは，この章で主に見てきたアタッチメント以外の側面においても，この後の生涯発達過程において必要となる実に多くの社会的要素を，タテからナナメ，そしてヨコへという対人関係の広がりの中で，徐々に身につけていくのだと考えられるのです。

読書案内

数井みゆき・遠藤利彦編『アタッチメント――生涯にわたる絆』ミネルヴァ書房，2005年
   ●アタッチメントの理論の全貌についてバランスよく概説されている。子ども期のアタッチメントがその後の生涯発達にどのような影響をもちうるかに関して，実証的知見に基づきながら，的確に知ることができる。

数井みゆき・遠藤利彦編『アタッチメントと臨床領域』ミネルヴァ書房，2007年
   ●近年，アタッチメントと種々の発達障害や臨床的問題等との深い関連性が指摘され，アタッチメント理論の臨床領域への実践的応用が進みつつあるが，この書は，そうした動向を的確に解説している。

第6章 何から何を学んでいるの？

知的能力と学び

　この本では、赤ちゃんはかなり有能で、いろいろなことを理解していることを述べてきました。この章では、特に知的な能力に焦点を当てて、その発達を見ていきます。普段の生活の中に、知的な営みはところどころに含まれています。おもちゃの動きを予想したり、お菓子の大小を判断したり、積み木の数をかぞえたりというような活動が、遊びや生活の中にあるのです。さらに幼児期の後半にもなると、動物の暮らしに興味をもったり、地球や宇宙のことについて考えるようになったりします。ただそれらの知識は必ずしも正しいとはいえず、子どもなりの考え方だったりします。私たちが生きている世界をどうとらえるかは、大人と子どもで共通している部分もあるし、異なっている部分もあります。この章ではその違いについても考えていきましょう。

1 知的能力の発達

ピアジェ（Piaget, J.）は，知的（思考）能力の発達を，認知の構造や枠組みの違いから，感覚運動期（誕生〜2歳），前操作期（2〜7歳），具体的操作期（7〜12歳），形式的操作期（12歳以降）という4つの段階に分けました（**表6-1**参照）。以下では乳幼児期にあたる**感覚運動期**と**前操作期**の特徴について簡単に説明していきましょう。

> 乳児期の知的能力：
> 感覚運動期

誕生から2歳ぐらいまでの子どもは，自分や周りの世界にあるものを，見る，触るといった自分の感覚を通して受けとめ，そして吸う，つかむといった運動的な働きかけをすることで認識することから，ピアジェはこの時期を感覚運動期と呼びました。感覚運動期は，主要な行動や特徴に応じて6つの下位段階に分けられています（**表6-1**参照）。

第1段階（誕生〜1ヵ月）では，生まれながらにもっている反射的な行動を通して外界と関わりをもちます。たとえば，口に触れたものを自然と吸おうとするという反射的な行動を繰り返し行ううちに，吸い方について行為の枠組み（**シェマ**）を形成し，さらに新しい刺激に応用し（ピアジェは「**同化**」と呼ぶ），行為の範囲行動様式を広げていきます。また対象物に合わせて，すでにもっているシェマを**調節**していきます。ピアジェは，この「同化」と「調節」によって認知と行為がより複雑で多様なものに発達していくと考えました。

第2段階（1〜4ヵ月）になると，手を開いたり閉じたりするなど自分の体を使った繰り返し反応（**第1次循環反応**）をします。さらに第3段階（4〜8ヵ月）になると，シーツを引っ張るなどのものを取

表6-1 ピアジェが仮説化する各発達段階での子どもの思考特徴

発達段階	年齢の範囲	達成可能な典型と限界
感覚運動的段階（誕生〜2歳）	誕生〜1カ月	反射的な活動（シェマ）を行使し外界を取り入れる。
	1〜4カ月	第1次循環反応（自己の身体に限った感覚運動の繰り返し），行為の協応（感覚および複数の行為を相互協調的に発動すること）。
	4〜8カ月	第2次循環反応（第1次循環反応の中にものを取り入れての繰り返し），視界から消えるとその対象を探索しようとしない。
	8〜12カ月	第2次循環反応の協応，隠された対象を探す，しかし最後に隠された場所でなく，最初にあった場所を探す。
	12〜18カ月	第3次循環反応（循環反応を介し，外界の事物に働きかけ，外界に変化をもたらす自分の動作に興味をもつ），目と手の協応動作が成立。
	18〜24カ月	真の心的表象の始まり，延滞模倣。
前操作的段階（2〜7歳）	2〜4歳	記号的機能の発現，ことばや心的イメージの発達。自己中心的コミュニケーション。
	4〜7歳	ことばや心的イメージのスキルの改善，ものや事象の変換の表象は不可能。保存問題や系列化やクラス化の問題に対し1つの知覚的次元で反応（判断）。
具体的操作段階（7〜12歳）		具体物を扱う限りにおいては論理的操作が可能になる。ものや事象の静的な状態だけでなく変換の状態をも表象可能，外見的な見えに左右されず保存問題や系列化やクラス化の問題解決が可能だが，科学的な問題や論理的変換のようにあらゆる可能な組み合せを考えねばならぬ問題には困難を示す。
形式的操作段階（12歳〜）		経験的事実に基づくだけでなく，仮説による論理的操作や，命題間の論理的関係の理解が可能である。より抽象的で複雑な世界についての理解が進み，たとえば，エネルギーの保存や科学的合成に関するような抽象的概念や知識が獲得される。

（出所）丸野，1990，86頁をもとに作成。

図 6-1 ものの永続性

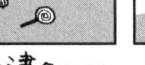

〈5カ月児〉 興味津々…… / 布で隠すと / きょとんとする

り入れた繰り返し反応（**第2次循環反応**）をするようになります。そして第4段階では2つのシェマを組み合わせて，新しいシェマを作り出すことができ，第5段階（1歳～1歳半）では，外界に対していろいろ働きかけて新しい手段を試してみる（例：ものを手に持って落とす行動でも，手を離す位置をいろいろ変えて，そのときのものの落ちる位置に興味をもって繰り返す）ようになります（**第3次循環反応**）。

また感覚運動期においては，**ものの永続性**に関する理解が進むことが特徴としてあげられます。ものの永続性とは，たとえものが見えなくなったとしても，ものはその場にずっとあり続けるという概念です。たとえば，子どもの目の前に魅力的なおもちゃを置くと，子どもは熱心にそのおもちゃを見つめますが，いったんおもちゃに布をかけて見えなくすると，5カ月児ではあたかもおもちゃがこの世界から消えてなくなってしまったかのように，目を背けます（**図6-1**参照）。一方10カ月児では，おもちゃが布で隠されても，その布を取り外しておもちゃを手に入れることができます。第4段階（8～12カ月）になると，目の前におもちゃが見えなくても，おもちゃはそこにあり続けること（ものの永続性）の理解が可能になるのです。

さらに第6段階（1歳半～2歳）になると，父親が目の前にいなくても，ひげをそるまねをするというような，以前見たことを思い出

してまねすること（**延滞模倣**）が見られるようになります。この時期にイメージや表象の萌芽が生じてくることが仮定されています。

> 見かけにとらわれやすい：前操作期

前操作期になると、イメージや表象を用いて考えたり行動したりできるようになります。しかしまだ論理的に頭の中で思考できず、心的操作（実際に行為をしてみることをしないで、頭の中でことばやイメージなどを使って考えること）が完全ではありません。そのために、この時期には、見かけへのとらわれやすさ、**自己中心性**（自分の視点から離れて他者の視点をとることができない）、**アニミズム的思考**（たとえば、水や風のような無生物にも知るとか感じるといった生物の属性を帰する）という特徴が見られます。以下では、見かけへのとらわれやすさについて、代表的な**保存課題**を例にあげ、説明しましょう。

液量保存課題（**図6-2**参照）では、まず2つの同じ形状（やや太め）のコップ（A，B）に同じ量だけ水を入れ、子どもに「AとBではどちらが多い？ それとも同じ？」とたずね、同じ量であることを確認します。その後、片方のコップ（B）の水を、細長いコップ（C）に移し、AとCを並べて置きます。このとき水位は、細長いコップに移したためCのほうが高くなります。そして子どもに「AとCではどちらのほうが多い？ それとも同じ？」とたずねます。幼児（前操作期の子ども）は、水位の高さにまどわされてしまい、細長いコップのほうが多いと答えてしまうことが報告されています。一方7歳児（具体的操作期の子ども）は、量は変化していないのだから、同じと答えることができるようになります。

図 6-2　液量保存課題

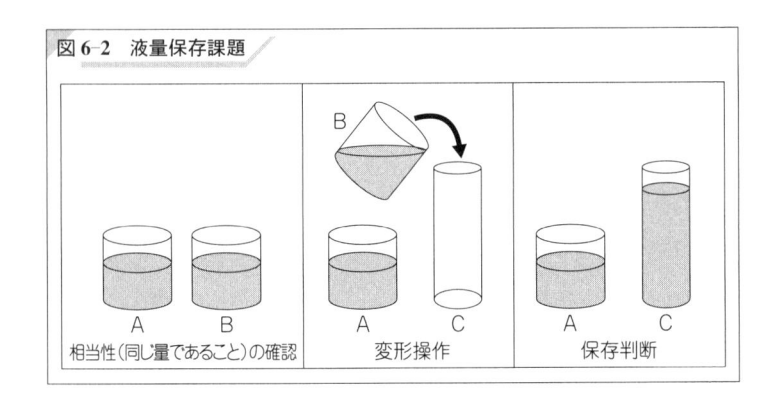

| 相当性（同じ量であること）の確認 | 変形操作 | 保存判断 |

2　物理学や生物学に関する子どもの素朴理論

　子どもの知的能力に関するピアジェの理論は独創的かつ包括的であり，子どもの認知発達研究に多大な影響を及ぼしてきました。しかし乳児に対する研究法の発展にともなって，乳児が物理的概念や生物学的概念に関して驚くべき理解力をもっていることが明らかになっています。

物理的概念について

　幼児でも，体格を考慮してシーソーでバランスをとったり，大小の積み木を上手に積んだりなど，物理的概念について教育を受けていなくても，生活の中で経験的に理解していることがあります。さらに，乳児であっても物理的世界についての正しい知識をもち始めていることが，実験によって明らかになっています。たとえば，物体が落下しないためには支えが必要であることに関して，**図 6-3**のような2つの状況を乳児に見せてその反応を調べることで，物理的概念の理解について

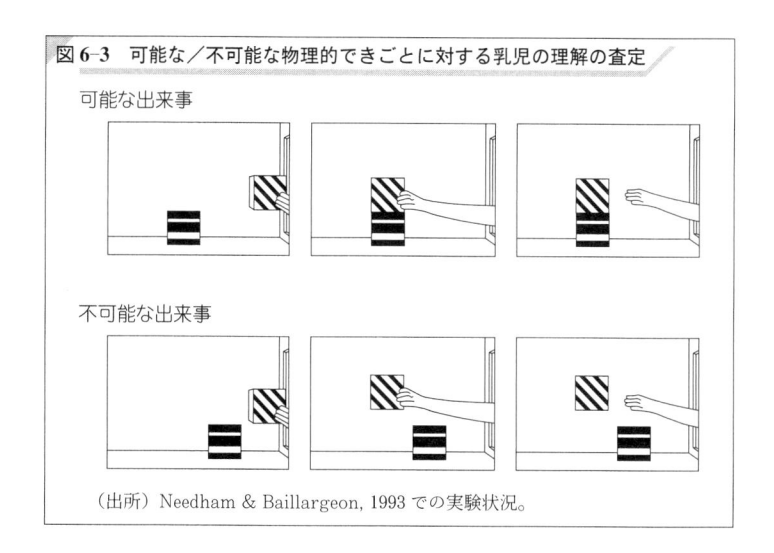

> **図 6–3　可能な／不可能な物理的できごとに対する乳児の理解の査定**
>
> 可能な出来事
>
> 不可能な出来事
>
> （出所）Needham & Baillargeon, 1993 での実験状況。

検討されています（Needham & Baillargeon, 1993）。1つめの条件は，実験者の手が右側の窓から伸びてきて箱を台の上に置き，手を離します（可能条件）。2つめの条件では，実験者は台の上を通り越したところで箱から手を離すので，箱は中に浮いているように見えます（不可能条件）。この2つの条件のもとで，乳児の反応を調べると，3カ月児は不可能条件を長く見ることが明らかになりました。この結果は，3カ月という早い時期から，物体が落下しないためには支えが必要であるという物理的概念を理解していることを示唆しています。

また，ものの動き方に関する赤ちゃんの認識が，やはり生後3, 4カ月時点ですでに大人とほぼ共通の枠組みを有することを示した研究も存在します。**図 6-4** のa刺激では，長方形の上下の棒が水平方向に同期連動して動きます。まずこれを赤ちゃんに呈示します。すると赤ちゃんは徐々に慣れてこれを見なくなります（馴化）。次に，

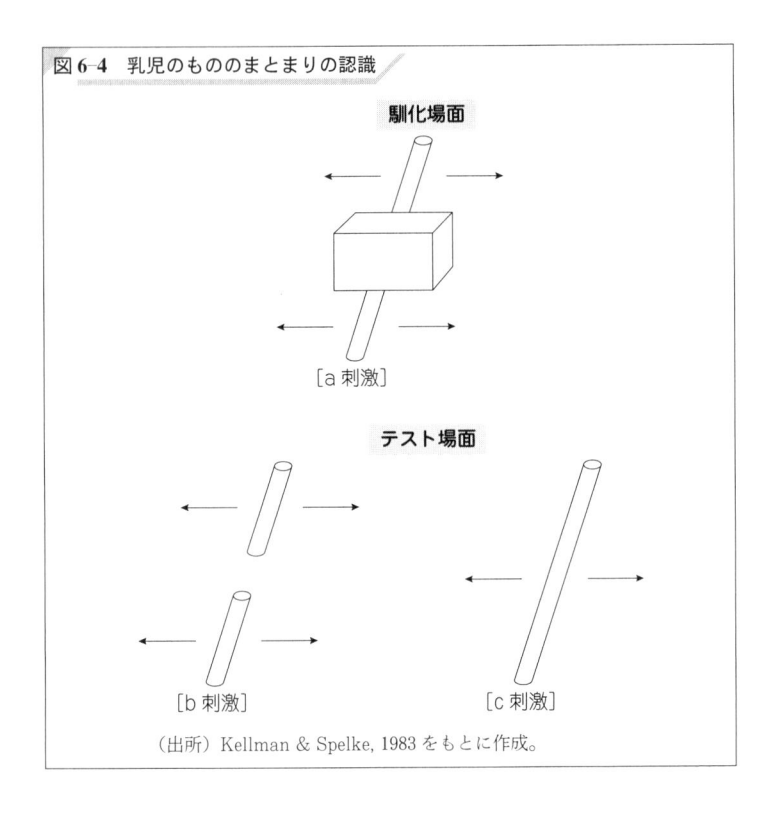

図 6-4　乳児のもののまとまりの認識

馴化場面

[a 刺激]

テスト場面

[b 刺激]　　　　　　　　　[c 刺激]

（出所）Kellman & Spelke, 1983 をもとに作成。

中央の長方形の部分を取り除いた b 刺激（2本の棒が動く）か c 刺激（1本の棒が動く）かのいずれかを赤ちゃんに呈示することにします（図 6-4 参照）。関心の回復（脱馴化）が生じて注視時間が再び増大するのがどちらであるかを見るのです。結果は，b 刺激に脱馴化が生じ，赤ちゃんがそれをじっと見る傾向があることを示すものでした。つまり，赤ちゃんは，a 刺激と c 刺激を基本的に変わりがないものと見なし，b 刺激を新たなものと認識したということです。これはたとえ分割されたり，一部が隠されたりしていても，動きを同一に

するものを1つのまとまりをもったものと見なす認識の枠組みが，すでに赤ちゃんの中に成立していることを示唆するものと言えます。

　さらに，先にもふれたものの永続性に関しては，ピアジェの理論では生後8カ月を過ぎないと理解できないと言われてきましたが，その後の乳児に対する実験によって，3カ月児でも隠されたものが存在し続けることを理解している可能性が示唆されています。実験では，まず子どもに箱を見せたうえで，その後それを遮るようにパネルを床に垂直に置き，そして今度はそのパネルが（すでに子どもからは見えなくなっている）箱に向かって倒れていくという場面を呈示します。本来ならばパネルは箱に寄りかかって止まるはずです。しかし，そこで子どもにパネルが床にパタンと水平に倒れてしまうというふつうでは起こりえない状況を見せると3カ月児でも驚きの反応を示すことが明らかになっています（Baillargeon, 1987）。このことは，3カ月児がパネルが箱と接触して，斜めの状態で止まるという期待をもっていることを意味しており，それが裏切られたからこそ，驚きの反応を示したと解釈できるのです。つまり3カ月児でも，前にあったものがたとえ見えなくなっても存在し続けること，すなわちものの永続性を理解していると考えられるのです。

　ただし実際に5カ月児の目の前でおもちゃを隠すと，おもちゃがなくなってしまったかのように，手を伸ばそうとしなくなることは事実です。3カ月でものの永続性はすでに理解できるという実験結果と矛盾した現象が生じてしまう理由としては，ピアジェの実験には，ものの永続性を理解すること以外の要因（手を伸ばして布を取り除くという探索行動など）が入り込んでしまっている可能性があり，探索行動が未熟な乳児にとって難しい課題となっているために，永続性の理解が過小評価されているのではないかと考えられているようです。

> 生物と無生物の違い：
> 生物学的因果関係

次に，生物と無生物との違いについて考えていきましょう。まず，生物は自力で動くことができますが，無生物は自力では動けないという違いがあります。幼児が，動物は自分で動くことを認識しているかどうかについて調べるために，見慣れない動物（メガネザルやトカゲなど）と動物でないもの（動物の彫像，ゴルフのキャディカートなど）の写真を見せて，それが自分で丘を上がったり下がったりできるかどうかたずねるという研究が行われています（Massey & Gelman, 1988）。動物だけが自分で丘を上がることができることが正解ですが，4歳児のほとんどが正しく回答することができました。また別の研究（Gelman, Coley & Gottfried, 1994）でも，4歳児は，動物は自力で動けるけれども，おもちゃや道具は外的な力の助けがある場合にだけ動くと理解していることが明らかになっています。さらに5歳児は，生物は成長して大きくなるが，人工物は時間とともに大きくならないという，成長に関する概念も理解していることが明らかになっています（Rosengren, et al., 1991）。

> 子どもなりの理論：
> 素朴理論

これまで述べたように，子どもは物理的概念や生物学的概念について，子どもなりの一貫性のある考え方をしています。このような考え方を，**素朴理論**と呼びます。子どもは，学校教育を受ける以前から，日常生活での経験を通して，素朴理論を作り上げているのです。

そしてこの素朴理論は，就学後の学習に大きな影響を及ぼします。素朴理論が科学的に正しい場合は，その後の学習を促進させますが，誤った概念である場合，学習の妨害となる可能性があるのです。たとえば，低学年の子どもは「地面は平らである」や「支えのないものは落ちる」という素朴理論をもっています。その子どもに，「地

図 6-5 小学生の考えた地球の形

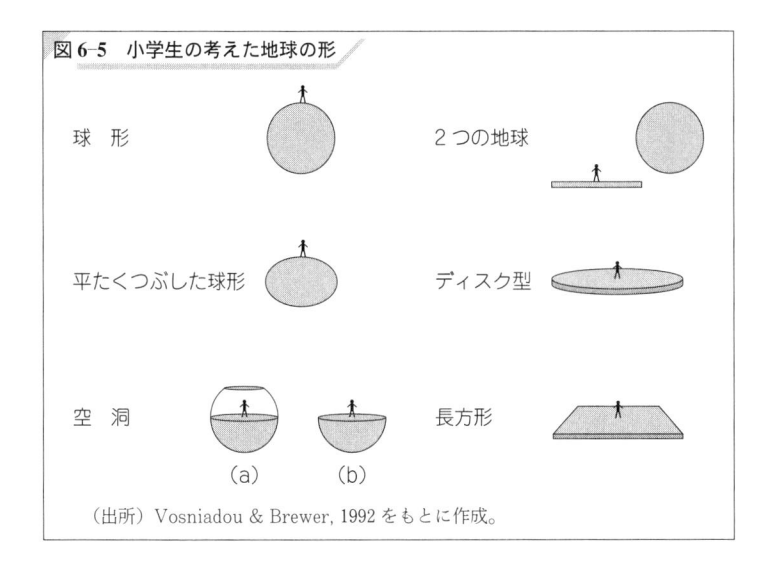

- 球 形
- 2つの地球
- 平たくつぶした球形
- ディスク型
- 空洞 (a) (b)
- 長方形

（出所）Vosniadou & Brewer, 1992 をもとに作成。

球は丸い」という素朴理論と矛盾したことが教えられると，「球のような地球」ではなく，「パンケーキのような地球」や「空洞のような地球」をイメージして，素朴理論を保持しようとします (Vosniadou & Brewer, 1992；図 6-5 参照)。これ以外にも，子どもは，乳幼児期からインフォーマルな知識をたくさん獲得しています。その意味からすれば，小学校以降の教育では，子どもが教室に持ち込んでくる素朴理論を考慮に入れ，整合的に活かす学習環境が必要になると言えます。

3 他者との関わりと認知発達

子どもの認知発達に関して，特に他者との相互交渉や社会との関わりを重視する考え方があります。ロシアの心理学者のヴィゴツキ

ー（Vygotsky, L. S.）は，知的な営みが社会的につくられるという**社会的構成主義**（social constructivism）の立場をとり，子どもの能力も社会関係の中に位置づけられると述べています。

発達の最近接領域　ヴィゴツキーによると，子どもの認知発達には2つのレベルが存在します。1つは現在の発達のレベルで，他者の援助なしに自力で遂行可能な能力のレベルです。もう1つは，大人の援助のもとで解決可能な能力のレベルです。ヴィゴツキーは，この2つの水準のあいだの領域を，**発達の最近接領域**と呼びました。これはその子どもが現在は1人では解決できなくても，すぐにでも1人でできるようになる領域を意味し，子どものもつ潜在的能力を表していると言えます。このような能力は，子ども1人に対してテストを行うことで測られるのではなく，大人が援助する協同的問題解決場面でこそよく現れます。

　認知発達を促進するためには，子どもの発達の最近接領域を見極め，そこに働きかけることが大切であり，したがって大人がどのように子どもを援助するかが大切なのです。難しいことのように聞こえますが，養育者が子どもと関わるうえで，子どもの行動を調整したり，課題の困難さを調節したり，一緒に行動に取り組みながら成功する方法をやってみせたりすることはよく見られることです。このような行動は，**足場かけ**（scaffolding）と呼ばれます。足場かけは，まさに子どもの発達の最近接領域に働きかける援助であり，さらには子どもが独力でできるようになったことを見極め，タイミングよく足場を外すことも重要です。

4　遊びの発達

　乳幼児期の知的な発達を理解するうえで，子どもの遊びを知ることは，とても大切です。遊びは，歴史的に見て，余ったエネルギーの消費活動であるとか，気晴らしやエネルギーの再生活動であると考えられていたことがありました（詳細は高橋, 1996）。しかし，現在では，遊びは無駄な活動ではなく，発達的に見て意味のある活動としてより積極的に意味づけられています。たとえば幼稚園教育要領（文部科学省, 2008）の第1章総則には，「幼児の自発的活動としての遊びは，心身の調和のとれた発達の基礎を培う重要な学習である」と書かれています。以下では中野（1996）や勅使（1999）を参考に，遊びとは何かを考えていきましょう。

遊びとは　遊びとは，まず「年齢に応じて楽しみ，おもしろさを追究する活動」です。子どもはおもしろい，楽しいからこそ遊んでいます。ただそのおもしろさや楽しさには，いろいろな心の動きが含まれます。遊びには，何かを発見した喜び，友達と笑いあううれしさ，そして真剣さや我慢をともなう場合もあります。次に「自主的，自発的に取り組む活動」という特徴があげられます。強制された活動は，遊びとは言えません。自ら取り組む活動が遊びなのです。また遊びでは「活動それ自体が目的である」とも言えます。何かを達成したり，覚えようとしたり，うまくなろうとしたりという別の目的ではなく，遊ぶこと自体が目的になっている，遊びたいから遊んでいるというのが遊びと考えられています。

　次に遊びには，「身体的能力」や「知的能力」を発達させるとい

う特徴もあります。たとえば鬼ごっこには，起伏に富んだ地面の上を走り回ったり，捕まらないために全速力で逃げたり，鬼をよけてさっと方向を変えたりといった，運動能力が発達しうる要素がたくさん含まれています。また折り紙などの細かい手作業は，手先の巧緻性の発達を促すと考えられます。知的能力を使う遊び（たとえばカルタ，すごろく，迷路）も子どもたちに人気があります。そして遊びは，身体能力や知的能力を促すと同時に，これらの能力が発達することで，ますますそこに広がりが生まれることになります。

さらに，「人と人とを結び，交友性や社会性を形成する」という特徴もあります。子どもは，遊びを通して友達と協力したり，けんかしたり，仲直りしたりしながら，人間関係の距離の取り方や，ルールや規範意識を学んでいくのです。

乳児期の遊びの特徴

乳幼児期は，先に述べたピアジェの認知発達理論によれば，感覚運動期から前操作期という時期にあたります。子どもは感覚や運動を通して，ものと関わり，世界を理解し始め，象徴機能を獲得すると，みたてやごっこの世界を楽しむことができるようになります。このような乳幼児期の子どもが，どのような遊びをしているのかを，まずは乳児期の遊びから説明します（汐見・小西・榊原，2007）。

乳児期の遊びは，認知発達に加えて，子どもの姿勢や身体的能力の発達と密接に関わっています。0〜3カ月では，まだ体を起こすことができないので，見ること，聞くこと，なめることが遊びとつながっています。大人をじっと見つめたり，大人からのあやしかけに応えたりするようになります。4〜6カ月になると，うつぶせの姿勢で，ものを引っぱったり，振ったりして遊びます。さらに7〜9カ月になるとお座りやつかまり立ちができるようになり，手が自由に使えるようになります。動きのバリエーションも増え，手や積

Column ⑰ かくれんぼのルーツは「いないいないばあ」

　かくれんぼは，昔も今もとても人気のある遊びの1つです。勅使（1999）は，保育場面での遊びの分析から，このかくれんぼのルーツは赤ちゃんが好んで遊ぶ「いないいないばあ」にあると述べています。

　「いないいないばあ」は，手や布で顔を覆い，そしてその手や布をはずし「ばあ」と顔を見せ合う遊びです。顔が出てくることへの期待感，顔を見せ合ったときの楽しさがあり，子どもと保育者の感情的交流を中心とした遊びです。そのうちに保育者のまねをして，子どもも小さな手で顔や目を覆い，「ばあ」と言って顔を見合わせることを楽しむようになります。そして歩けるようになると，顔を隠すだけでなく，物陰に隠れるようになります。たとえば保育者が「〇〇ちゃんがいない，どこに行ったかな」と大きな声で言うと，子どもは喜んで棚の後ろへ行ったり，机の下に入ったりします。そして，保育者が子どもを探しているふりを少しして，「あっ，見つけた」と言って抱き上げます。子どもは，この瞬間を期待して待っています。このとき，足やおしりが出ていようとも，机の下にいて外から丸見えであっても，自分の視界から相手が消えていれば，子どもたちは隠れたことになっています。またこの時期，保育者が子どもを追いかけたり，子どもが保育者を追いかけたりする遊びも好んでするようになります。

　さらに，1歳児クラス後半から2歳児クラスでは，子どもたちが追いかけ，保育者が逃げ，適当なところに隠れます。そして，保育者は隠れた場所から「ばあ」と出てきて，子どもたちは見つけたことになるというような，追いかけかくれ遊びをするようになります。見つかる期待感だけでなく，保育者をつかまえることで，成就感や喜びを感じます。そして2歳児クラス後半では，オオカミがヤギを追いかけるというような「つもり」のある追いかけかくれ遊びもできるようになり，徐々に役割を理解していきます。

　そして3歳児クラスになると，隠れる側と隠す側の役割が理解できるようになって，完全に身を隠す「かくれんぼ」ができるようになります。ただ隠れてもすぐ出てきてしまったり，見つかって泣いてしまったりすることもあります。鬼と隠れる側の知恵比べのような，かくれんぼの本

> 当のおもしろさを知るのは5歳児くらいになってからなのです。
> 　かくれんぼをしていて感じる,どきどき感や達成感は,「いないいないばあ」で感じる気持ちに共通しているように思います。赤ちゃんの時の遊びが,他者との関わりの中で発展していく過程を丁寧に見ていくことで,かくれんぼのルーツが見えてくるような気がします。

み木を打ち合わせる,容器に物を入れる,チェーンを引っぱり出すなどの遊びをします。いないいないばあを喜ぶようになるのもこの頃です(***Column*** ⑰参照)。そして10～12カ月になると,はいはいやつたい歩きができ,移動範囲が広がります。物に対する探求心も旺盛になり,おもちゃを入れたり出したり,つけたりはがしたりというように試行錯誤しながら1人遊びをしたりします(ピアジェの第3次循環反応)。さらに13～18カ月になって,上手に歩けるようになると,目的をもって移動し,狭いところへ潜り込んだり,のぞいたり,移動しながら遊ぶようになります。また,おたまでものを移し替えるなどの物と物とを組み合わせて使ったり,容器に入る物を選んで入れるなど物の性質の違いを確かめて遊んだりします。19～24カ月では,走る速さの調節ができ,しゃがんだまま遊んだり,ボールを投げたりするようになります。

ごっこ遊びの発達　1歳代で,以前見たことを思い出してまねをしたり,目の前にあるものを別のものにたとえたりすることができるようになると,日常行動の再現をするような**ふり**をして遊ぶようになります。そして,お料理やお風呂など,日常生活を再現した見立て遊びも始まります。さらには家族ごっこやヒーローごっこなど,役割やストーリーのある**ごっこ遊び**をするようになります。

　ごっこ遊びをしているとき,子どもたちはごっこの世界(虚構

と現実の世界を同時に体験しています。では子どもたちは，ごっこの世界と現実を区別して理解しているのでしょうか。この区別に関しては，ごっこ遊び中の子どもに対して，現実に引き戻すような質問をして，子どもがホント（現実）とウソッコ（虚構）の世界を区別しているかを調べたおもしろい研究があります（加用，1998）。砂でハンバーグを作っている子どもに対して，観察者が「何を作っているの」とたずねると，子どもは「ハンバーグ」と答えてくれます。そこで観察者が「でも，これ砂だよ」と言うと，4歳未満児は困惑して返答に困ったり，「ハンバーグだもん」とごっこ名を繰り返すだけです。4歳を過ぎると「いいんだよ，ウソッコなんだから」と，ホントとウソッコを対立させて応答することが可能になることが示されています。大人の矛盾する行為を，対立的な意識のもとで位置づけることができるようになるのです。ほかにも，ごっこ遊びの中で「わぁーこのジュースおいしそう，飲んでもいい？」というように，大人があまりにもホントのごとくふるまうと，4歳児はとても真剣な目で，「うーん，でも本当に飲んだらあかんねんで，本当に飲んだら」と，これはウソッコだと注意してくれるという事例も報告されています（岩田，2001）。このような事例から，4歳児は虚構と現実を区別して意識していることがうかがわれます。しかし意識し過ぎるあまりに，たとえば粘土で作ったクッキーを食べようとする大人にわざわざ「粘土だけど」と話してしまうというように，時に遊びをしらけさせてしまうことがあるようです。5,6歳になると，現実と虚構の区別をつけながらも，虚構の世界の中で，ホントのごとく演じ，「ウソッコで～して」や「知らないふりをして」など，ごっこの世界を相手と共犯的に楽しむことができるようになるのです（岩田，2001）。

　4歳という年齢は，一般的に「心の理論」を獲得する年齢と言わ

れています（第9章186頁参照）。自分が知っている目の前の現実とは切り離して，それとは違う他者の心を推論する力（誤信念理解）や，現実世界とは異なるごっこの仮想的世界を楽しむことのできる力がこの時期あたりから飛躍的に発展し，子どもの生活世界はますます豊かになると言えるでしょう。

読書案内

勅使千鶴『子どもの発達とあそびの指導』ひとなる書房，1999年
　●*Column* ⑰で紹介したような，さまざまな種類の遊びの発達過程を知ることができる。保育場面における遊びの指導についても示唆に富む本である。

第7章 はじめのことばはママかマンマ?!

ことば

　赤ちゃんの声を聞いたことがありますか。やさしいやわらかな声です。赤ちゃんは，まだことばはしゃべれなくても，この声と体を使って，周りの人とコミュニケーションをしています。そして生後1年を過ぎ，意味のあることばを話し始め，驚くほどの速さで大人とふつうに会話できるようになります。またことばは，子どもを，時間的に広がりのある世界へ，そして想像の世界へ連れていってくれます。

　本章ではことばが生まれてくる過程について，ことばを話し始める前から順に説明していきます。また子どもがなぜ驚くべき速さで複雑な文法を使いこなせるようになるのか，そのメカニズムを紹介します。最後に児童期以降のリテラシー（読み書き能力）の基礎となる，幼児期のプレリテラシーについても解説していきます。私たちの生活の中にはことばや文字があふれています。その中で子どもたちがどのようにことばを獲得していくのか，その成り立ちを考えてみましょう。

1 ことばが生まれる過程

> 初めての声

生まれたばかりの赤ちゃんは，泣くことはできても，声を出すことはできません。生後2カ月を過ぎた頃に，赤ちゃんは，機嫌のいいときに，初めて声のような音を出すようになります。これは**クーイング**（鳩が鳴くような声）と言われていて，「アー，クィー」のような，鼻にかかったやわらかな音です。

3カ月過ぎたころから，あごや咽頭の成長にともない，より言語的な音声（喉を使った声）を出すようになります。これは**喃語**と呼ばれ，赤ちゃんが発音しやすい音でp, b, m, nなどの子音に母音をくっつけた音です。はじめは「バ」「ムー」などですが，7カ月になるころには「パパパ」「マンマンマン」など同じ音を繰り返して出すようになります。これを**反復喃語**と言います。

赤ちゃんの喃語は，次節で述べるように，他者とコミュニケーションをするためのことばとして重要な意味をもちますが，赤ちゃんは1人でいるときにもさかんに声を出します。赤ちゃんは，唇，舌，喉などの構音器官を使って声を出す練習をし，また声を出すこと自体やその音を聞くことを楽しんでいるようです。この練習を通して，さまざまな音が出せるようになるのです。

> コミュニケーションの始まり

生後2カ月過ぎで声が出るようになっても，赤ちゃんは意味のあることばをすぐには話せません。それでも赤ちゃんと関わる養育者は，赤ちゃんの声のトーンや様子から，その気持ちや思いを読み取り，積極的に応答します。また大人が赤ちゃんに向かって話しか

けるときは,通常大人に向かって話をするときと違って,声の調子が高くなり,抑揚が強調される話し方をします。この話し方は**育児語（マザリーズ）**と言われています。赤ちゃんは少し高い音に対して敏感であるため,大人はそれと適合する話し方をごく自然にしていると考えられています。

赤ちゃんも養育者の働きかけに対して,積極的に反応します。生後2〜3カ月では,対面で相手をしてくれる養育者に対して,目を見つめ,手足をばたばたと動かし,微笑みかけたり,声を出したりします。3〜4カ月頃になると,周囲の人たちを見つめたり,自ら発声したりするようになります。見つめる,見つめ返す,微笑む,微笑み返す,発声に対して発声するというように,赤ちゃんと養育者とのあいだで1対のコミュニケーションがとれるようになっていきます。このような関係は**二項関係**や,**第1次相互主観性**（主観的状態が2者間で共有されること）の現れと言われます。

二項関係から三項関係へ

9カ月を過ぎるころに,コミュニケーションに大きな転換点が生じます。赤ちゃんは,養育者が見ている物を（偶然にではなく,養育者が見ていることを意識しながら）一緒に見たり（**共同注意**）,養育者に自分が持っているおもちゃを見せたり,興味のあるものを**指さし**たりすることができるようになります（*Column* ⑬参照）。また,初めてのものに接したときに,近くにいる養育者が自分と同じものを見ていることを確認した（すなわち他者と注意を共有した）うえでその養育者などが笑っていればそのものに近づき,険しい顔をしていればそのものから遠ざかるといった,他者の視線と表情からものの意味を知ろうとする,いわゆる**社会的参照**も徐々に現れてきます（**図7-1**参照）。赤ちゃんと養育者の2者だけでなく,いろいろなかたちで第3の対象にも興味を向けることができるようになるのです。

図7-1 三項関係における社会的参照

あれ おもしろそう、○○ちゃん、きっと喜ぶわ

???

子どもは，養育者の微笑みを見て，それを手がかりにおもちゃが安全であることを知り，それに近づこうとする。

このような赤ちゃん，養育者，ものの関係を**三項関係**（**第2次相互主観性**）といいます。

　共同注意や指さしは，言語発達にとって，そして子どものコミュニケーション能力や心の理解の発達，自己の発達において，非常に重要です。対象を一緒に見つめるということは，養育者と子どもが共通の対象に注意を向け，養育者と子どもで共通の体験を分かち合うこと，すなわち「世界を分かち合う力」（麻生, 2002）が生じてきたことを意味します。また，お互いの意図や話題を共有することができるようになります。この関係の中で，子どもはことばの記号的な意味を理解していきます。たとえば，母子で車を一緒に見ながら，そこで母親が「ブーブね」と声をかけたとき，母と子，そして車という共同空間の中で，目の前にある車と，母親の「ブーブ」という発話が結びつけられるようになります。「意味されるもの（車）」と

Column ⑫　指さしの起源

指さしの種類

指さしには，指先が対象に触れている「接触型」の指さしと，指さしが対象から離れている「分離型」の指さしがあります。生後9～10カ月の赤ちゃんは，人さし指を伸ばして，ものをつついたりなぞったりします。このような指先で触れて対象を認識することが，指さしの先駆形態となる現象だという考え方があります（Werner & Kaplan, 1963）。また山田・中西（1983）は，最初の指さしを「驚き・定位・再認の指さし」と名付けています。この最初の指さしは，他者への伝達意図があいまいで，対象を，他者に対してではなく，あたかも自分自身に示すかのように指さします。つまり初期の指さしは，「自己の注意を対象に向けさせる」という機能をもつといえるでしょう。

手さしと指さし

では「分離型」の指さしはどのように生じるのでしょうか。指さしと似た動きとして，手さしがありますが，指さしと手さしの機能は異なります。手さしは，自分のほうに来て欲しい人に手を伸ばすときや，抱かれているときに連れていって欲しい方向を指し示すときに使われます。また手さしの場合，対象をつかもうとするかのように，身を乗り出すような姿勢をとるのに対して，指さしでは，そのような姿勢はほとんど見られません。また養育者の反応も，手さしでは，その対象をとってやることが多いのに対し，指さしでは，対象の名前を言ったり，赤ちゃんに「あれは何かな？」と問いかけたりすることが多くなります。

手さしから指さしが生じるのか，指さしの起源はまだ明らかになっていません。手さしも指さしも，自分の手を他者とのコミュニケーションの手段として用いるという共通点があります。おそらく（偶然であっても）人さし指が伸びた指さしのかたちでものをさし，他者とともに対象を分かち合うことを繰り返し経験することで，指さしというコミュニケーションができあがってくると考えられます。

「意味するもの（ブーブ）」との結びつきが成立してくるのです。さらに子どもは，自分には自分の，他者には他者の興味や関心があることに気づき，他者の意図を理解し，自分の意図を伝達することができるようになります。たとえば積み木がうまく積めたときに，養育者のほうを振り向いて，承認・賞賛を求める視線を送ることがあります。

鯨岡（2001）は，ことばが本格的に現れてくる直前の時期において，子どもは①養育者に呼びかけふり向かせる発声，②「いやだ」「ちがう」を意味する否定的なトーンを帯びた発声，③養育者とまなざしを合わせようとするアイ・コンタクト，④コミュニケーション的文脈のもとでの指さしの4つの力を身につけ，自分の欲求を伝えたり，自分の意図を実現させようとしたり，養育者とかなり複雑なコミュニケーションを展開することができると述べています。まさにことばは，「子どもと養育者のあいだのコミュニケーションの土台の上に乗るようにして立ち現れてくる」のです。

> 初めてのことば

生後10カ月から15カ月ぐらいのあいだに，子どもは初めて意味のあることばを発するようになります。これを**初語**といいます。初語は喃語から生じることが多く，たとえばごはんを意味する「マンマ」ということばは，発声自体は初語が出る以前から繰り返しなされている場合が多いのです。その「マンマ」という語を，子どもが具体的なもの（ごはん）と関連づけて使用し，さらに子どもを取り巻く周りの人が，子どもがごはんを見て「マンマ」といった（つまりは意味のあることばを発した）と認めたときに，初語が生まれてくると言えるでしょう。

初期に使用されることばは，動物（ワンワン）や食べ物（マンマ）など普通名詞が最も多く，約半分を占めます（**表7-1**参照；小椋，1999）。また子どもの生活に密着したあいさつ（バイバイ）や簡単な

表7-1 早期産出語彙の意味カテゴリー

意味分野	幼児語を含めず分類した項目数	幼児語も含めて分類した項目数
幼児語	20 (40%)*	
普通名詞	16 (32%)	25 (50%)
体の部分	7	9
動物の名前	2	7
食べ物	5	5
おもちゃ	1	2
衣　類	1	1
乗り物	0	1
会話語・あいさつ・日課	8 (16%)**	8 (16%)
人　々	3 (6%)	5 (10%)
動作語	0 (10%)	4 (8%)
性　質	3 (6%)	3 (6%)
幼児語を分類したときに分類不能の語		5 (10%)
合　計	50	50

(注) * ( ) は50語に占める比率。
　　** 「バー」は幼児語であるが，アメリカ版の質問紙における「peekaboo」の分類にならい，ここへ分類した。
(出所) 小椋, 1999をもとに作成。

動作(ネンネ)なども多く，早期に理解されることばと重なっています。これはどの言語でも共通して見られる傾向です。また使用されることばの約3分の1は，擬音語や擬態語なども含む**幼児語**(ワンワン，ニャンニャン，ブーブーなど)が占めています。

初期のことばの特徴として，「**過剰拡張的な使用**」と「**過剰縮小的(限定的)な使用**」があげられます。過剰拡張的な使用とは，大人が使用するよりも広い範囲に適用させることで，たとえば「ニャンニャン」という語が，9カ月の時には桃太郎の絵本の白犬と白毛のお

もちゃのスピッツに対して，10カ月では白犬から犬一般，そして四足動物一般に使用されたという例が報告されています（岡本, 1982）。一方で，ブーブーということばを，一般的な車ではなく，自分の家の車だけに限定して使用するという，過剰縮小的な使用も見られることがあります。

　さらに，この時期はことばをつなげて話すことができず，子どもの発話は一語です。これを「**一語文（一語発話）**」といいます。ただし子どもは一語でいろいろな意味を伝えようとします。たとえば，テーブルの上にあるごはんを指して「マンマ」と言った場合は，「ごはんがあるね」ということを，おかわりを求めて親に「マンマ！」という場合は，「ごはんをもっと食べたい」と要求しているのでしょう。また，きょうだいに好きなおかずをとられて泣きながら「マンマ……」と言うときは，「ごはんをとられちゃった……」と話しているようです。このように，たった一語でも状況によってさまざまな意味を伝えようとしているのです。

| 語彙の爆発！ |

　子どもがことばを話し始めてからしばらくは，ことばの獲得の速度は比較的ゆっくりであることがわかっています。初語から50語ぐらいまではだいたい半年ぐらいかかり，あまり増えません。しかし**図7-2**のように，1歳半過ぎに50語を超えると，語彙は急激に増加していきます。この時期は語彙の**爆発的増加期**と呼ばれています。子どもは物に名前があることに気がつき始め，「コレナーニ？」としきりに大人にたずねるようになります。「ナニシテルノ？」と行為をたずねる子どももいます。また，1人で絵本を見ながら「コレナニコレ？」と指さし，自分で「バナナ」と答えるなど，自分でも命名をすることが増加します。そしてことばを獲得するにつれて，過剰拡張的な使用がなされなくなり，使用範囲が狭まってきます。たとえば，1歳

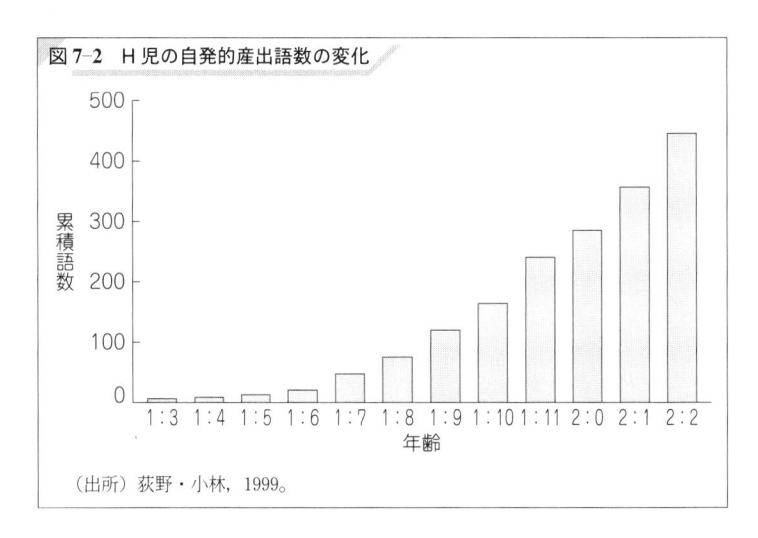

図7-2 H児の自発的産出語数の変化

(出所) 荻野・小林, 1999。

4カ月頃までは「マンマ」は, ごはん, 牛乳, うどんなど幅広く使用されていたのに対し, 1歳6カ月以降は, 「ゴアン」,「ギュ」(牛乳),「ウドン」が獲得され, 1歳11カ月ではマンマはほとんど使われなくなったことが報告されています (前田・前田, 1983)。

さらに一語文から, 単語を2つつなげた**二語文**を話すようになります。ただし, この二語文は「マンマ, アッタ」「コレ, ワンワン」のように, ガやハといった助詞が抜けた状態です。その後3歳までには, 終助詞 (ヨ, ネ, カ, テ), 格助詞 (ガ, ノ, ニ, ヲ), 副助詞 (ハ, モ) などが使用されるようになっていき, 徐々に複雑な文法規則が獲得されていきます。ただし誤用 (シンカンセンガ ノリタイ (ニ→ガ)) も多く見られ, 助詞を正確に使うには, 長い時間を要することが指摘されています (横山, 1991)。

また構音 (言語音声を作り出すこと) に関しては, 4歳までにかなり高い水準に達しますが, サ行やラ行は構音しにくく, 獲得が遅い傾向があります。さらにサ行がタ行に入れ替わってしまうこと (ウ

サギサン→ウタギタン）や，順番が入れ替わる（ユカタ→ユタカ）というような，幼児特有の発音（**幼児音**）が見られることもあるようです。

2 ことばの発達のメカニズム

　子どもは生まれてから1年で意味のあることばを話し始め，その後急速に発達し，数年間で大人と普通に会話ができるレベルに達します。大人が新たに言語を習得しようとする場合と比べると，子どもが驚くべき速さで，語彙を獲得し，複雑な文法を使用できるようになることがよくわかります。では，なぜこのような驚異的な速さでことばを獲得することができるのでしょうか。

言語発達の生得的基盤

（1）普 遍 文 法
　ことばを獲得していく過程は，経験を重視する行動主義的アプローチでは，子どもは耳にした大人のことばをまね（模倣）することで話せるようになるというように，後天的な学習過程と仮定されていました。しかし，大人は一般に不完全な話し方をすることも多く，実際に大人が話す文章と，最終的に子どもが獲得する文法構造とのあいだには大きな差があると言われています。こうしたこともふまえてチョムスキー（Chomsky, A. N.）は，環境からの入力（大人のことば）だけから最終的に大人と同じような文法が獲得されるのは不可能であり，人にはあらゆる言語に共通の**普遍文法**というものが生まれつき備わっていると主張しました。子どもは生得的に頭の中に言語のルールをもっていて，外界からの情報（実際にことばにふれること）によって，そのルールを能動的に変更・完成させていくのであり，だからこそ，子どもは短期間で実

に効率的にことばを獲得することができるのだと説明しています。

(2) 制　約

　ものとことばの結びつきには，いろいろなレベルが存在します。たとえば目の前にあるリンゴを指さして，「リンゴ」ということはもちろんのこと，「くだもの」でも，「ふじ」（リンゴの品種）や，「赤」といっても，すべて正しい表現です。つまり，1つの事物に複数のことばが結びつくことが可能なのです。ではなぜ，このような複雑な関係がある中で，子どもは適切な結びつきを素早く理解できるのでしょうか。

　その理由として，子どもは，言語を獲得する過程で，膨大な可能性（仮説）をすべて検討するのではなく，いくつかの簡単な仮説しか検討していないということが考えられます。こうした特定の限られたものにしか注意を向けない傾向を**制約**と言い，それには事物全体制約，相互排他性制約，カテゴリ制約という3種のものがあると言われています。事物全体制約とは，子どもの知らないものの一部分をさして，全体の名前を言っても，子どもはもの全体の名前であると解釈する（たとえば，まだリンゴを知らない子どもにリンゴのヘタをさして「リンゴ」といっても，子どもは，ヘタではなくその全体の名前が「リンゴ」と解釈する）という傾向です。相互排他性制約とは，1つの事物には，1つだけラベルがついて重なることがないとごく単純に考えてしまう傾向を指して言います（たとえば，子どもがすでに「リンゴ」という名称を知っている場合に，リンゴのヘタの部分を指して「ヘタ」と言うと，今度は子どもはすでに名称を知っているリンゴ全体にではなく，まさにヘタに対して「ヘタ」ということばを結びつけて考える傾向があるようです）。カテゴリ制約とは，「リンゴ」ということばは，いま目の前にある特定の事物1個のみに適用されるとは考えず，その事物が属するカテゴリ全体の名称であり，類似した事物すべてに

図7-3 マークマンとワチテルの実験

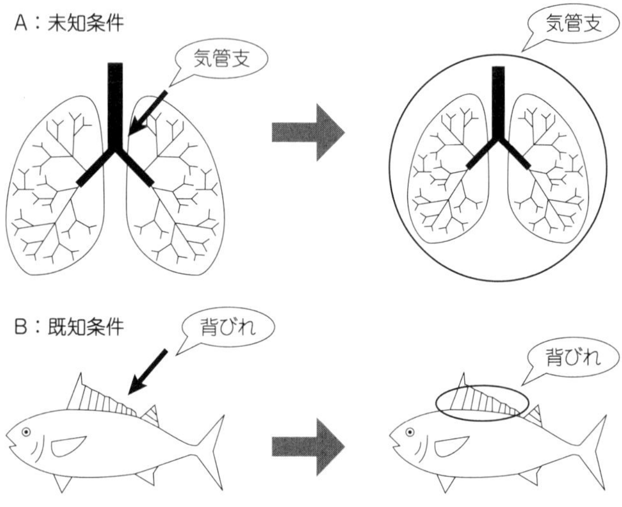

A：未知条件

（「肺」の絵、「気管支」と命名）

B：既知条件

（「魚」の絵、「背びれ」と命名）

A：未知条件
　「肺」の絵を見せ、その一部である「気管支」のあたりをさして、「気管支」と命名。すると子どもは「気管支」ということばを、よく知らない物の一部ではなく、よく知らない物全体（肺）をさすことばだと解釈（事物全体制約）。

B：既知条件
　「魚」の絵を見せ、その一部である「背びれ」のあたりを指して「背びれ」と命名。すると子どもは「背びれ」を、よく知っている物全体のラベルだと解釈せず、正しく背びれの部分のラベルだと解釈できた（相互排他性制約）。

(出所) Markman & Wachel, 1988.

適用されると解釈する傾向です（たとえば、子どもにとって「リンゴ」ということばは、いま目にしている1個のリンゴの名前ではなく、いろいろな種類のリンゴに広く当てはまることばとしてあるのです）。マークマンとワチテル（Markman & Wachtel, 1988）は、実験によって、子ど

もが新しいことばを獲得する際にこれらの制約が実際に生じていることを示しています（図7-3参照）。このような制約は一見，ことばの習得を狭め，妨げるように思えますが，日々膨大なことばにさらされる子どもにとっては，混乱なく効率よくことばを習得していける手だてなのだと考えることができるのです。

言語発達を支える養育者の働きかけ

子どもがことばを急速に覚えていく際には，子どもと関わる養育者も，言語発達を促すような働きかけをしています。たとえば，養育者はおもちゃや日用品を子どもに提示する際，事物に対する適切な動作を同時に提示し，**オノマトペ**（擬音語・擬態語表現）を多用すること（ポットから注ぐふりをしながら「ジャー」と言う，ボールを投げながら「ポーン」と言うなど）が示されています（荻野・小林，1999）。つまりただ単にことばかけをするだけでなく，事物のどの特性に注目すべきか，どういう出来事（お茶をいれること，ボール遊び）の中でその事物はどのような役割を果たすのかという情報も示しているのです。このような日常的なやりとりの中で，子どもはより適切に事物とことばの結びつきを理解していきます。

また，日米の親子の遊び場面を観察した研究（Fernald & Morikawa, 1993）によると，日本の母親は社会的やりとり語（どうぞ，ちょうだいなど）や擬音語・擬態語を多用することが示されています。アメリカの母親が子どもにことばを教えることを目標として明確なことばかけをするのに対し，日本の母親は，子どもが模倣しやすい音を用いて，やさしく話しかける傾向があり，未熟な子どもの発話にあわせようと調節を行っているようなのです。日本の母親は，子どもとのやりとりの際に情緒的コミュニケーションの確立に重点をおく傾向があり，そのため日本の母親は幼児語使用が多く（小椋，1999），そして日本の子どもの初期の発話にも，幼児語やあいさつ

が多く使用されると考えられます。

3 ことばの獲得から広がる世界

過去を語る

二語文を話すようになり、いくつものことばをつなげて文を話せるようになると、子どもたちは、自分が体験したエピソードを語るようになります。

早い子どもで、1歳半過ぎから「きのう」ということばを使用します。ただしこの頃の「きのう」は前の日のことではなく、過去全般をさすことが多いようです。また未来より過去のほうがやさしく、「きのう」が「あした」よりも先に出ます（筆者の娘の場合、「きのう」は1歳10カ月、「あした」は2歳半過ぎに使用）。

過去を語るためには、過去のことを記憶している必要があります。大人になると1,2歳にあった出来事をほとんどおぼえていませんが（**乳幼児健忘**）、2歳でも過去にあった出来事を語ることができます（上原, 1998）。ただし、しばしば言い間違えや空想が混じることも多く、正確なものとは言いがたいようです。4歳以降では、**自伝的記憶（エピソード記憶）**が成立し、自分自身が体験し、特定の過去になされたという認識を伴って、過去を報告できるようになります。

子どもが過去を語るとき、1人で話すのではなく、多くの場合周囲の大人が子どもに情報を与えたり、質問をしたりして、話を引き出します。たとえば、母親が子どもに「今日は何したの？」という質問をして、なかなか答えられなければ、「誰と遊んだの？」「○○くんとブランコで遊んだのかな？」など、大人が子どもの語りの**足場かけ**（scaffolding；子どもが能力を発揮できるようにするための大人による手助け）をします。子どもと大人との間で、語りを共同構成し

Column ⑬ 空想の友達

　子どもにしか見えない，子どもの大切な友達。これはファンタジーの世界のお話ではありません。幼児期に空想の友達（imaginary companion）をもつ子どもが実際にいるのです。空想の友達とは，子どもが空想によって作り出した目に見えないキャラクターのことです。ちゃんと名前があり，一緒に遊ぶ同年齢の友達であったり，ちょっと年上のあこがれの存在であったり，さまざまです。

　日本での調査（富田・山崎，2002；富田 2003；川戸・遠藤，2001）では，空想の友達の出現率は約10％で，欧米の研究では20〜30％という事実と比較すると，少ないことがわかっています。その理由として，子育てをめぐるさまざまな文化的要因が関わっていると考えられています。日本は親が添い寝をする習慣がありますが，欧米ではあまり添い寝をしません。そのため欧米の子どもは移行対象（お気に入りの毛布やぬいぐるみ）をもつこともが日本よりも多いことが報告されています（*Column* ⑰参照）。移行対象はいずれ手放すときがやってくるのですが，その代償として空想の友達をもつとも言われているため，欧米のほうが日本より出現率が高くなると解釈する見方もあるようです。

　また子どもが空想の友達をもち，空想の友だちと話している姿をみると，日本の親たちは「気味が悪い」「恥ずかしい」という感想をもつことも多いようです（川戸・遠藤，2001）。しかし欧米では，子どもが日々直面する現実の困難さやつらさを乗り越えていくためのクッション役となり，想像力や，適切な社会性，たくましいパーソナリティの獲得に向けて重要な機能を果たすなど，肯定的な側面が指摘されています（Singer & Singer，1990；富田，2002）。不思議な現象ですが，みなさんの周りにも，空想の友達をもつ子どもがきっといるはずです。どんなふうに遊んだり話しをしたりするのか，ぜひ聞いてみて下さい。

ていくと言えるでしょう。同じような援助は，保育園での生活発表場面でも見られます（藤崎，1997）。このような援助に支えられて，子どもは語りの枠組みを獲得していくのです。

空想を語る

幼児期に子どもは、実際に体験したことだけでなく、想像したお話を語るようにもなります。3歳後半から4歳前半では生活の中での経験を組み合わせて話すことができ、4歳後半から5歳前半では、「難題―解決」のようなストーリーを盛り込んだ話ができるようになります。さらに5歳後半になると、「変身」や「夢の中の出来事」を組み込んだ、**ファンタジー**を作れるようになります（内田, 1990）。「お風呂に入ったら、お風呂の中からクジラが出てきて、一緒に遊んだ」というように、ファンタジーには、意外な出来事や非現実的な出来事と現実をつなげる「組み込み技法」を使うものが多く、5歳後半にはこのような組み込み技法を用いたファンタジーを語ることができます。この背景には、物語を時間軸に沿って理解できることや、話の筋をモニタリングすること、さらに結果を見て原因を推論するという可逆的操作ができるようになることが関連していると考えられます（内田, 1996）。

4 読み書きの発達

私たちの生活の中には、話しことばだけでなく、文字として書かれたことばがあふれています。子どもは、街中の看板、絵本に書かれた文字、保育園の棚に書いてある自分の名前など、生活の中にある文字に興味をもち、読んだり、書いたりしようとします。調査によると、年長児になると濁音・半濁音などを含む71文字中65.9字を読むことができ、44.6文字を書けるようになっています（島村・三神, 1994）。読みの能力に関しては（**図7-4**参照）、ほとんど読めないレベルかほとんど読めるレベルにかたよっており、いったん読め

図7-4 71文字の範囲での読字数の分布（全体）

（縦軸）幼児の割合（%）
（横軸）読字数：0～4, 10～14, 20～24, 30～34, 40～44, 50～54, 60～64, 70～71

（出所）島村・三神, 1994。

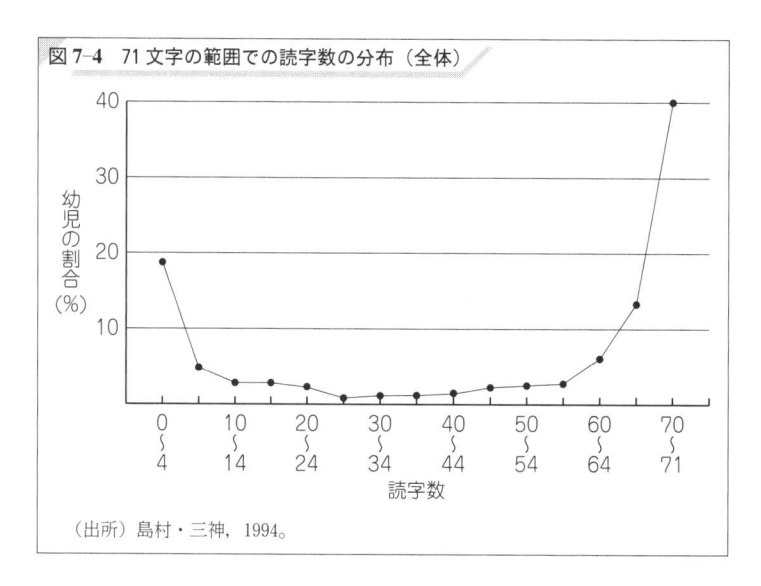

るようになると短期間にほとんどの文字を読めるようになります。このように小学校で文字を習うかなり前から，幼児期に読み書きの能力をもっていると言えるでしょう。

読む力

まだ1歳代の子どもであっても，お気に入りの本をまるで文字が読めるかのようにふるまうことがあります。これは絵本に書かれている文字を読んでいるわけではなく，絵本のお話しを暗記しているだけですが，そのうち絵本に書かれている文字に注目して，文字を押さえながらまさに読むようになることもあります。

正しく字を読むためには，ことばの意味だけではなく，音の側面に注意を向け，音を操作する能力，すなわち**音韻意識**が必要です。私たちが聞いたり話したりすることばは連続音なので，文字と対応させるためには，音を1つひとつ区切る必要があります。つまりコアラということばをコ・ア・ラと3つの音に区切るということです。

Column ⑭　しりとりができるようになるためには

「イルカ」・「カキ」・「キツネ」……ことば遊びの1つである,「しりとり」。子どもたちは,どのようにして「しりとり」ができるようになるのでしょうか。

しりとりは,他の人から示されたことばの最後の音(「イルカ」だったら「か」)が頭につくことば(「か」のつく「カキ」)を順にあげていく遊びです。しりとりができるためには,ことばの音に関する能力(音韻意識)のうち,以下の2つが密接に関わっています。1つは,示されたことばから正しく語尾音を抽出する能力です。幼い子どもにとって,ことばの語頭よりも,語尾を抽出することは難しく,まだしりとりができない子どもの多くは,この能力が未熟なようです。

もう1つは,定められた音を語頭音としてもつ単語を心的辞書(心の中に存在すると想定される単語の貯蔵庫)から検索する能力です。これは単にことばをたくさん知っているほど,しりとりが上手ということを意味しているのではありません。同じ果物というカテゴリの名前をたくさん知っているということよりも,はじめに「か」がつくものの名前をたくさん知っているほうが,しりとりは上手にできるのです。つまり単語をその意味から理解するだけでなく,音の組み合わせとして理解するという音韻意識が必要であることがわかります。

ただし,この2つの音韻意識を十分にもっていない子どもでも,語尾音を教えてあげたり,答えに関する一般的なヒント(イルカに対してカキと答えさせたい場合は「オレンジ色の果物」)を与えたりというように,適切な援助を与えることで,正しく答え,遊びに参加することが可能です。このように子どもの音韻意識は,遊びの中で援助を受けながら育っていくのです。

しりとり遊び(*Column* ⑭参照)も,ことばを音に分けて,語尾の音を抽出し,特定の語頭の音をもつことばを探すことが必要です(高橋,1997)。子どもは,このようなことば遊びを通じて,音韻意識を身につけていくと考えられます。

書く力

子どもは，周りにいる大人が目の前で字を書くことをよく目にします。文字は特定のかたちがあり，とても美しいかたちをしています。子どもは大人が書く文字に興味をもち，かなり小さい時から子どもなりに文字のようなものを書き始めます。正しい文字を習う前に子どもたちは萌芽的な読み書き能力，すなわち**プレリテラシー**を獲得していきます。

幼児期になると，書いた絵に説明をつけたり，その場にいない人に伝えるために，手紙を書いたりすることもあります。保育場面でお手紙ごっこなどの活動が取り入れられることもあります。また，文字を書き始めた時期に見られるのが，**鏡映文字**です。鏡に映ったような左右の空間関係が逆転した文字です。間違って文字のかたちを記憶しているのではなく，書き出す段階で左右の配置が適切にできないために生じますが，空間認識能力の成熟にともない自然に修正されていきます。

そして児童期には，読み書きを中心にことばは，経験や体験を共有していない他者に伝えたり，複数の他者に説明したりするために，重要な役割を果たすようになります。幼児期の1対1のコミュニケーションを土台とした伝達の手段としての「**1次的ことば**」から，児童期には1対多のコミュニケーション・スタイルを特徴とし，また自分の学びをふり返る力を可能にさせる「**2次的ことば**」に移行すると言われています（岡本, 1985）。

幼児期の子どもにとっては，ことばは何よりも他者とのコミュニケーションのためにあり，自分の思いを伝えたいという気持ちが，話すこと，読むこと，書くことを支えています。幼児期では，上手に読めたり書けたりするよりも，ことばや文字に親しみをもち，読みたい，書きたいという興味や意欲を育てることが大切です。

読書案内

秦野悦子編『ことばの発達入門』入門コース・ことばの発達と障害1，大修館書店，2001年
　●ことばの発達をとらえる幅広い観点から実証的なデータに基づいた基礎知識をわかりやすく解説している。ことばの障害に関心がある人は，他の巻も読んで欲しい。

第8章 わたしはわたし

自己と感情

　自分が自分であることは、ごく当たり前のことで、とりたてて意識するほどのことでもないともいえます。では子どもはどうでしょうか。生まれたばかりの赤ちゃんは、自分が自分であることに気づいているのでしょうか。本章では乳児が自分に気づくことから、幼児期の自己のとらえ方にいたるまで、さまざまな面から考えていきたいと思います。そして次に、子どもの感情について解説します。子どもは乳児期の終わり頃には複雑な感情を表すようになりますが、そこには自己意識が深く関わっています。この自己と感情の関わりについても、考えていきましょう。

1 自分についての理解

> 自分とは何か

心理学では，自己は大きく2つの側面，**主体的側面**（主我 I）と**客体的側面**（客我 me）に分けられます（James, 1890）。主体的な自己とは，手足を動かしたり，考えたりというような行動をつかさどる主体としての側面を意味します。一方，客体的自己とは，自分の姿や名前，性格など，周りの人がとらえることのできるさまざまな特徴が含まれます。では人はいつ自己に気づき，これらの自己はどのように発達していくのでしょうか。

> 主体的自己：
> 環境と自己の区別

主体的自己を認識しているということは，自己とそれ以外の周りの環境を区別して，自分という感覚をもつことを意味します。かつて生まれたばかりの赤ちゃんは，自己と環境の境がなく，混沌とした世界に生きていると言われてきました。しかし最近ではさまざまな実験によって，新生児でも，自分の身体と環境を区別して知覚していることが示されています（Butterworth & Harris, 1994; 板倉, 1999）。私たちにとって，身体の動きの結果として目に映る物が動くことは，自己とそれ以外の環境を区別する重要な情報となります。このような環境からの情報を知覚することができるかを調べるために，実験的に天井や壁が動く部屋を用いて行動を観察したところ，赤ちゃんが視覚的情報によって姿勢をくずす（たとえば，壁が赤ちゃんのほうに向かって来るときは，赤ちゃんは後ろに向かってよろける）ことが明らかになりました。つまり非常に幼い時期から，環境から情報を直接知覚し，同時に環境の中に位置する自分を知覚することが

写真 8-1　ハンドリガード

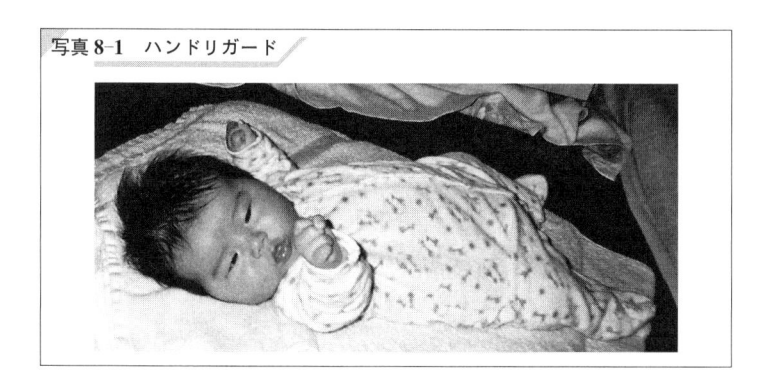

できるのです。また物理的環境だけでなく，周りの人との相互的なやりとり（たとえば，見つめ合う）の中で，他者との関係の中に位置する自己という感覚ももつようになります。

自分の身体を発見

実際の赤ちゃんの姿としては，生後3カ月頃から，自分の手を目の前にかざし，その手を真剣なまなざしで見つめるという，**ハンドリガード**（写真 8-1）と呼ばれる現象や，自分の手や足をさわったり，なめたりという自己指向性行動が見られます。これらは自分の身体を発見するという重要な意味をもつ行動です。

自分の手を見つめることは，目の前に見えている手が，同時に自分で動かしている手でもあることへの気づき，すなわち自分の身体への気づきをもたらします。また，自分の身体をさわることも大きな意味をもちます。①自分の手でタオルをさわる，②ほかの人が自分の足をさわる，③自分の手で自分の足をさわるという状況を比較してみましょう。①はタオルをさわっている感覚（**能動的感覚**）だけです。②は足をさわられている感覚（**受動的感覚**）だけです。③は自分の手に足をさわっている感覚があるのと同時に，自分の足にはさわられている感覚があります。つまり能動的感覚と受動的

感覚を両方同時に感じるのは、自分の身体をさわっているときだけなのです。このような感覚を繰り返し経験することで、「この手足は自分のものである」と感じ、外界の事物や他者とは区別された存在としての自己という感覚がより鮮明になっていきます。また「この手足を動かしているのは自分である」という意識をもつことを通して、行動をつかさどる主体としての自己の感覚はより確かなものになっていくのです。

共同注意とことばの働き

第7章でもふれたように、生後9カ月頃になると、子どもは、他者の視線や指さしを追って、他者と一緒にものを注目して見ること（共同注意）ができるようになり、いわゆる三項関係が成立します。共同注意においては、ものだけでなく、子ども自身がその対象となることもあります。子どもは他者の注意が自己に向けられていることに気づき、自分自身を思考の対象とすることができるようになるのです。また1歳前後には、三項関係を土台としてことばが使えるようになります。ことばには、**表象能力**が必然的にともなっており、子どもは言語能力が発達することで、さらに自分自身をも表象できるようになるのです。

自己の客体的側面の多くは、直接的には知覚できず、内省的な自己意識を通して初めてとらえることができるものです。共同注意やことばの発生は、自己を表象する原初的な能力が生じてきたこと、すなわち自己の客体的側面への理解が芽生えてきたことを意味すると言えます。

鏡映像の自己認知

2歳頃には、実際の鏡に映った自分の姿を自分とわかること、つまり**鏡映像の自己認知**が可能になります。鏡映像の自己認知は以下のような課題がその指標として用いられてきました。まず子どもに気づかれないように

図 8-1 自分の鼻をさわる反応の変化

(出所) Lewis & Brooks-Gunn, 1979 をもとに作成。

　子どもの鼻の頭に口紅をつけ，子どもを鏡の前に連れて行きます。子どもが鏡を見たとき，鏡の像のほうではなく，口紅がついている自分の鼻の頭をさわれば，鏡に映った自分の姿を認知していると判断します。この課題を用いた研究（Lewis & Brooks-Gunn, 1979）によると，鏡映像の自己認知ができる子どもは，1歳半頃から急激に増え，2歳ではかなりの子どもが自分の姿に気づくようになることが示されています（**図 8-1** 参照）。また鏡映像の自己認知だけでなく，2歳を過ぎると自分の居場所や名前，所有物の認識が可能になることも明らかになっています（Pipp, 1993）。

　ただし，いま，目の前の自己像だけでなく，過去の映像（例：ビデオ録画した以前の自己像）と現在の自己を結びつけ，時間的一貫性をもって自己を認知することは，2歳では難しく，4歳頃に可能になると言われています（木下，2001）。過去・現在・未来という時間の流れの中で自己をとらえることは，記憶能力やその他の能力の発達にともない可能になると言えるでしょう。

Column ⑮　自己鏡映像を認知できるのは人間だけか？

　鏡は私たちの姿をそのまま映しだす不思議な存在です。鏡の主たる特徴は，自分が動けば，鏡の像も同じように動くこと，すなわち，鏡に映った像は完全な随伴性をもつということです。さらに私たちは，その随伴性から，鏡に映った像が自分であると理解できます。これは本文でも述べたように，2歳過ぎから可能になります。

　では自己鏡映像を理解できるのは，人間だけでしょうか。アカゲザルに鏡を見せると，鏡の中の個体に向かって，あたかもほかのサルがいるかのように，攻撃や親和性を示す社会的行動を見せ，鏡を見る経験を積んでも，社会的行動は消えませんでした。

　一方，チンパンジーは，鏡を見る経験を積むうちに社会的行動が消失して，鏡を見ながら毛づくろいをしたり，口の中の異物をとったり，直接見えない自分の身体部位を自発的に探索し始めました（Gallup, 1970）。また，あるチンパンジーに，マークテスト（気づかれないように額に白い染料をつけ鏡を見せる）を実施したところ，鏡を見ながら，額につけられたマークを何のためらいもなくこすり取ったことが報告されています（松沢, 2002）。このように，チンパンジーなどの類人猿は，鏡映像の自己認知が可能なようです。また，チンパンジーの鏡映像認知は，鏡を毎週見せるという状況におかれた場合は1歳半から，初めて鏡を見る状況では3歳半頃から，自己指向性行動（鏡を見ながら自分の身体をさわる）が現れるというように，人間とほぼ同様の発達過程を経ることがわかっています（井上, 1994）。

　さらにニホンザルについては，鏡との随伴性の理解を促す訓練をすれば，鏡映像を手がかりとして課題をこなしたり，マークテストが可能になったりすることが示されています（詳細は，板倉, 2006参照）。ゾウやイルカ，オウムでも，鏡を使えるという報告もあるようです。しかしこれらの報告は，視覚的なレベルで鏡映像を利用できることに過ぎないかもしれません。人や類人猿が訓練をしなくても鏡映像の随伴性に気づき，鏡映自己認知ができることに，ほかの動物とは異なる「人らしさ」の鍵が隠されているのかもしれません。

自己制御の芽生え

さらに2歳代に生じる大きな変化として、自己制御の芽生え、より具体的には**自己主張**や**自己抑制**などの発達があげられます。自己の客体的認識が可能になり、また自分の力で歩けるようになって、自分でやれることが増えてくることによって、「じぶんで」「〜ちゃんがやる」など他者に対して自分を強く主張したり、何に対しても「イヤ」を繰り返すというような強い反抗を示したりします。このような反抗や自己主張は、大人から禁止されたり拒否されたりすることも多く、子どもは自分と他者の考えや意図の違いに気づくようになります。大人から見ればわがままで困った行動ですが、子どもはこのような自己主張を通して、他者とは異なる自分という意識を強くもつようになるのです（岩田, 2001）。

ただしこの時期は、まだ自分を抑えることは苦手です。大人との関わりの中でがまんすることを経験したり、保育園や幼稚園に入園して、同年代の仲間との意思のぶつかり合いなどから自分の意見を抑えたり、あるいは自分の主張の仕方を調整したりする経験を通じて、幼児期に自分をコントロールする力（自己制御）が徐々に身についていくのです。

自己制御は、自己主張・実現的な側面（ほかと違う意見をはっきり言えるなど）と自己抑制的側面（人に譲れる、感情を爆発させないなど）の2つに分けられます（柏木, 1988）。図8-2のように、自己主張・実現は、3歳から4歳後半にかけて急激に増加し、その後はあまり変化しません。一方、自己抑制は、3歳から小学校入学まで、一貫して伸び続けること、また男女差があり、どの年齢でも女児のほうが自己抑制が高いことが示されています。

さらに最近では、自己主張と自己抑制だけでなく、注意の移行（例：何かに夢中になっていても、名前を呼べばすぐに反応する）と注意

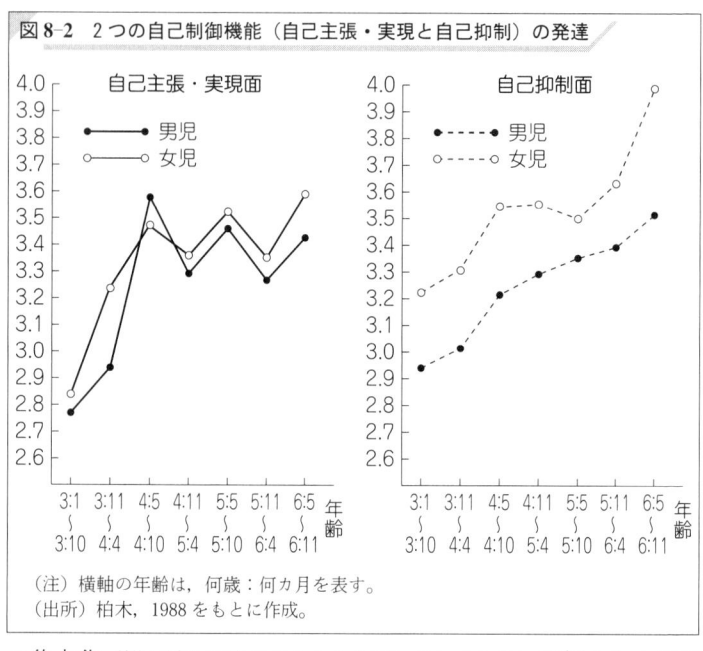

図 8-2　2つの自己制御機能（自己主張・実現と自己抑制）の発達

（注）横軸の年齢は，何歳：何カ月を表す。
（出所）柏木，1988 をもとに作成。

の焦点化（例：話を最後まできちんと聞いていられる）を加えた4側面から自己制御をとらえる尺度も開発されています（大内・長尾・櫻井，2008）。自己制御と子どもの社会的スキルとの関連を調べたところ，望ましい社会的スキルの獲得には自己制御の4つの側面がすべて高いことが，引っ込み思案（**内在化した問題行動**）には4つの側面がすべて低いことが，さらに攻撃行動（**外在化した問題行動**）には自己主張の高さと自己抑制および注意の制御（移行と焦点化）の低さが関係していることが明らかになりました。自己をコントロールすることが大切というと，がまんや自分の気持ちを抑えることが重視されがちですが，自己主張することや注意を向ける力も含めてバランスよく発揮できる力があることが，望ましいと言えるでしょう。

自己を語る

2～3歳頃に子どもは,「……したんだよ」という過去形で過去の経験について話し始めます (上原, 1998；Fivush, 1994)。ただし子どもは独力で経験を思い出して, 語ることはまだまだ難しく, 想像上の話や出来事とまったく関係ない話が含まれることもあります。

その後, 3～5歳に, 経験を共有した人 (多くは母親) に支えられ, 過去について共同で語り合う経験を積み重ねることによって, 語りの能力が獲得されていきます。そして4, 5歳になると, **自伝的記憶** (自分の生活史の一部となるような個人にとって重要な体験やエピソードについての記憶) が確立してきて, 子どもは現在の自己だけでなく, 過去や未来の経験について自覚し, さらに他者の過去や未来の経験と自分の経験とを対比することができるようになります。

また自己について語るうえで, 他者の存在は, 自己の経験の解釈や意味づけ, そして自己の**ナラティヴ**(語り)の構築に大きな影響を及ぼします (Bruner, 1994；Nelson, 1997)。4歳4カ月から5歳8カ月までの17カ月間にわたって, 母子の会話に着目した研究でも (小松, 2006), 母親が子どもの表現を援助する役割から, 子ども自身や周囲の他者について共同で話題を展開する話し相手としての役割へと変化していくことが明らかになっています。

幼児期以降の自己概念の発達

幼児は自分自身の好きなところや, 嫌いなところをどのようにとらえているでしょうか。佐久間・遠藤・無藤 (2000) は, デーモンとハートの自己理解インタビュー (Damon & Hart, 1988) を参考に, 幼児と小学生に自分についてたずねました。表8-1に示すように, デーモンとハートの自己理解の多面的発達モデルでは, 幼児期から児童期前期 (3～7歳) の自己概念は,「カテゴリ的自己規定」のレベルと仮定されています。インタビューの結果, モデルとほぼ

表 8-1 自己理解の多面的発達モデル

発達レベル	共通の組織化の原理 \ 客観的自己の側面	身体的自己	行動的自己	社会的自己	心理的自己
児童期前期	カテゴリ的自己規定	青い目をしている	野球をする	妹がいる	ときどき悲しくなる
児童期中・後期	比較による自己査定	人より背が高い	ほかの子より絵が上手	先生にほめられる	人より頭が悪い
青年期前期	対人的意味づけ	強いので頼られる	遊びが好きで人に好かれる	人に親切	判断力があって頼りになる
青年期後期	体系的信念と計画	がんばりのきく丈夫な体	信仰のため教会に行く	生き方としてのボランティア	世界平和をめざす

(注) 各セル内は例。
(出所) 山地, 1997 をもとに作成 (元資料：Damon & Hart, 1988)。

同様に、幼児は自分の好きなところとして、「手」や「心臓」といった身体の一部、「おもちゃ」などの持ち物、「なわとびをする」などの行動、「やさしい」や「おりこう」といった簡単な人格特性を答えました。

また幼児は、嫌いなところや悪いところは「ない」と答えることが多く、おおむね肯定的な自己評価をします（佐久間・遠藤・無藤, 2000；Harter, 1999）。自分の時間的な変化に関してたずねた研究でも、変化を肯定的にとらえることが示されています（佐久間, 2007）。幼児が肯定的な自己評価をする理由としては、第1に自己評価のために社会的比較（仲間と自分の能力を比較すること）ができないため、正確な自己評価ができず、肯定的にかたよってしまうことがあげられます。第2に、この時期、子どもには過去の自分と比べるという時間的な比較が可能になるのですが、これができるようになるだけ

Column ⑯　関係の中で育まれる自己

「おとこのこからみると　おんなのこ」「おかあさんから　みると　むすめのみちこ」「さっちゃんからみると　おともだち」

これは『わたし』（谷川俊太郎，1981年，福音館書店）という絵本に描かれている「わたし」です。日々の生活の中でさまざまな人との関わりを通して，「わたし」，すなわち自己のさまざまな側面が形成されていきます。

佐久間（2001）は，5歳児，小学2年生，4年生に，母親，好きな友達，先生と一緒にいるときの自分についてたずね，関係に応じた自己描出の変化を調べました。その結果，描出数は少なかったものの，母親と一緒にいるときは「いい子」，友達と一緒のときは「やさしい」，先生と一緒は「おりこう」というように，幼児でもそれぞれの関係に応じて異なって自己をとらえていることが示唆されました。

また，年長児の自称詞（愛称，オレ，ぼく）使用に注目した研究（西川，2003）によると，保育者に対しては日常的には「ぼく」（ただし主張したり自慢したりする場面のみで「オレ」）を，友達にはどの場面でも「オレ」と「ぼく」の両方を，さらに家庭では自分の愛称や名前を使っていました。自称詞の変化は，子どもが他者との関係の中で自己をどのようにとらえているかを映し出すものです。年長男児は，相手や状況や内容に応じて，ふさわしい自称詞を選択しており，この研究からも，幼児が関係に応じて異なって自己をとらえていることがわかりました。

岩田（2001）は，保育場面でのさまざまなエピソードを紹介しながら，他者の中の〈わたし〉の発達を以下のように述べています。

「〈わたし〉は〈わたし〉を取り巻く多様な他者との社会的関係の中で相対的に位置づけられる。……多様な社会的関係性のなかで，多面的な属性や役割をとりうる〈わたし〉に気づき，そのような社会的な自己性が認識されてくるのである」。

自己はただ1つではなく，多面的であり，その多面性に気づくことが，さらなる自己の発達を意味すると考えられるでしょう。

に，急速に発達する自分のいろいろな能力を実態以上に高く評価してしまうということもあるようです。このように幼児が自己を肯定的にとらえることは，必ずしも自分自身を正確にとらえているとは言いがたいかもしれません。しかし自己を肯定的にとらえるからこそ，「自分はできる」という自信をもって，さまざまなことにチャレンジできるというプラス面があると考えられます。

また自己をとらえるうえで，他者の存在は非常に重要です。幼児期から，他者との関係の中で，異なった自分が育まれていくのです（*Column* ⑯参照）。

さらに児童期中期から後期（8～11歳）になると，自己評価のために社会的比較が可能になり（Frey & Ruble, 1985），自己評価は肯定・否定の両面から可能になります（佐久間・遠藤・無藤，2000）。

2 感情の発達

自己の発達に続いて，ここでは感情の発達について解説していきます。自己の次に感情をとりあげることには，意味があります。なぜならば，自己と感情には密接な関係があるからです。まずはルイスの感情発達モデル（図8-3参照）に基づいて，生後1年の感情の発達を見ていきましょう。

快・不快と興味から

生まれたばかりの赤ちゃんに備わっている感情には，「快」と「不快」，すなわち「満足」しているような状態と，「苦痛」を感じているような状態があります。加えて，何かに夢中になっている状態という「興味」も生後間もない頃から存在していると言われています。そしてこの3つの感情から，徐々に分岐してさまざまな感情が生じてくるのです。

図8-3 ルイスの感情発達モデル

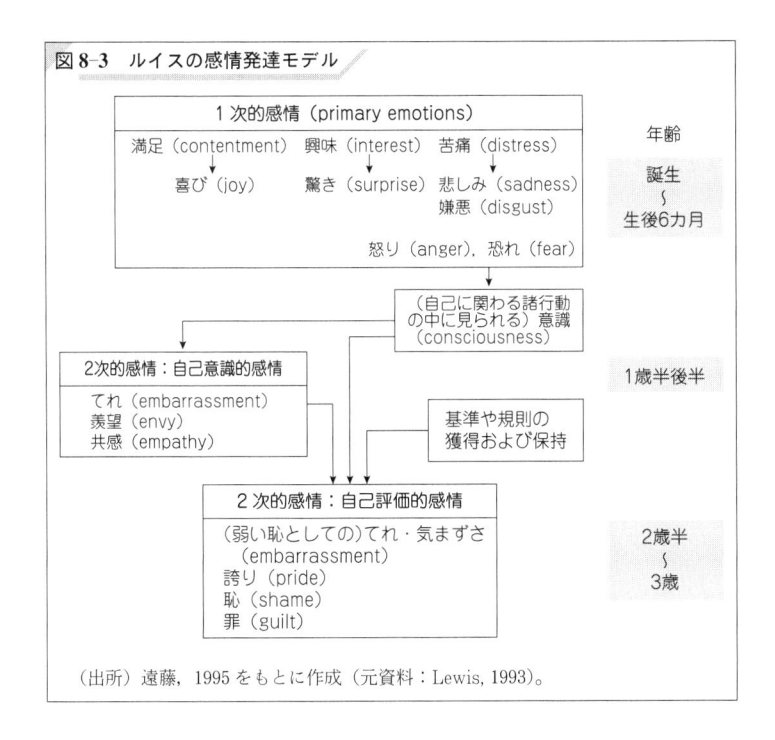

```
1次的感情 (primary emotions)
  満足 (contentment)  興味 (interest)  苦痛 (distress)
    喜び (joy)    驚き (surprise)  悲しみ (sadness)
                   嫌悪 (disgust)
                          怒り (anger), 恐れ (fear)
                                                        誕生
                                                         〜
                                                       生後6カ月

        →（自己に関わる諸行動の中に見られる）意識
          (consciousness)

2次的感情：自己意識的感情                                1歳半後半
  てれ (embarrassment)
  羨望 (envy)         基準や規則の
  共感 (empathy)      獲得および保持

2次的感情：自己評価的感情                                2歳半
  (弱い恥としての)てれ・気まずさ                           〜
    (embarrassment)                                      3歳
  誇り (pride)
  恥 (shame)
  罪 (guilt)
```

(出所) 遠藤, 1995 をもとに作成 (元資料：Lewis, 1993)。

　生後2,3カ月頃には,快感情から「喜び」が生まれます。実際この時期に赤ちゃんは,人に対して笑顔(社会的微笑)を見せるようになります。また,同時期に不快感情から「悲しみ」と「嫌悪」が生じます。悲しみは,親しい人とのやりとりが中断したときなどに見られ,嫌悪は,口の中に苦いものを入れたときにそれをはき出すような様子からわかります。

　そして生後4〜6カ月になると,「怒り」が見られるようになります。怒りとは,たとえば赤ちゃんが腕を動かそうとしているのを無理に押さえつけたとき,その人をにらみつけるような表情のことです。怒りは,悲しみや嫌悪と異なり,自分がしたいことを邪魔する

ものに対して,つまり外側に向けられた否定的な感情です。さらに怒りより遅れて,「恐れ」が生じます。人見知りなど,見知らぬ人へのおびえが特徴的です。恐れは,安心・安定した状態が脅かされたときに生じる感情であり,安心や安定した状態との比較ができてこそ生まれてくる感情です。また「驚き」もこの時期に見られるようになります。驚きも,期待や予測が裏切られたときに生じる感情です。たとえば,母親が映ったビデオから違う人の声が聞こえてきたときに生じることがわかっています。

このように生後半年ぐらいで,**基本的な感情（1次的感情）**がそろいます。そして運動能力やことばの発達にともない,自分の感情を伝える力がどんどん育っていきます。

発達早期の感情制御の発達

生まれて間もない赤ちゃんは,空腹,寒さ,疲労,痛みなどの身体的・生理的要因によってもたらされる不快や苦痛に対して自発的に対処することはまだ難しいようです。たいがいの場合は,母親のなどの養育者が配慮し,なだめたり環境条件の調整を行ったりすることを通じて,初めて感情の落ち着きがもたらされるものと考えられます。しかし,その後,子どもは徐々に,偶発的に起こした行動,たとえば,頭を回す,手を口にやる,指や身近にあるものを吸うなどが,適度な気晴らしとなることを経験し,これらの行動を用いて自らの感情を立て直すことが可能になるようです（Kopp, 1989）。また,さらに発達が進めば,養育者に対して微笑や泣きなどの社会的シグナルを送ることで,自らの感情制御をより効率的に行うようになると言われています。

さらに1歳代以降になり,さまざまな認知能力や運動能力の発達が進むと,今度は,自分の感情を引き起こした原因が何であるかを認識し,時に,その原因に対して直接,なんらかの働きかけをする

こと，あるいは養育者にその原因に対するなんらかの対処を求めることを通して，感情の回復を図るようになるようです。たとえば，それまで遊んでいたおもちゃが突然，箱の中にしまい込まれてしまうとします。そして，その箱は子どもは1人では開けることができません。当然，そこでのフラストレーションは泣きというかたちをとって現れることになるでしょう。そんなとき，おそらく，0歳代の赤ちゃんであれば，母親とのアイコンタクトや母親による身体的なあやしだけで，簡単になだめられることも少なくはないのかもしれません。しかし，1歳代以降になるとなかなかそうはいかなくなるようです。子どもは，自分の不快の原因である，ふたが開かずにおもちゃが自由にならないことに執着し，母親から箱を開けるための具体的援助をもらえなければ，ほとんど泣きやまないことが想定されるのです。それは，たしかに，養育者などから見ればいくぶんやっかいなことかもしれませんが，子どもの発達という視点から言えば，より高度な感情制御の術を身につけたということを意味するのです。

ちなみに，ただ身体にさわったり気晴らしをしたりするといった感情制御のあり方を，感情焦点型の対処と言います。一方，感情の原因となった問題を直接解決しようとする感情制御のあり方を問題焦点型の対処と言います。この枠組みからすれば，子どもの感情制御の発達は前者から徐々に後者へとウェイトが移行するプロセスと考えることができそうです。

てれと自己意識

1歳代になるとさらに複雑な感情が生じます。この時期には，前述のように，自己意識が獲得されます。つまり，自分が周りの人から見られていることに気がつくようになるのです。その自己意識と共に生じる感情は，**自己意識的感情**と呼ばれます。自己意識感情には，**てれ，共感，嫉**

表 8-2 自己意識の成立と恐れおよびてれとの関係

	見知らぬ人と対面		鏡に映る		大げさにほめられる		ダンス依頼（母親）		ダンス依頼（実験者）	
	恐れ	てれ	恐れ	てれ	恐れ	てれ	恐れ	てれ	恐れ	てれ
口紅課題成功群（自己意識成立）	54%	8%	4%	31%	4%	42%	0%	27%	8%	44%
口紅課題不成功群（自己意識未成立）	56%	0%	6%	17%	18%	18%	0%	18%	0%	13%

（注）てれの生起　自己意識成立群：19／26，未成立群：5／18。

妬の 3 つがあります。てれという感情は，たとえば人前でダンスを踊るなど，ほかの人から自分が注目されていることに気づくことを通して生まれてきます。また共感は，他者と自分との関係を意識することで，他者へのいたわりの気持ちが生じてきます。また嫉妬も，自分にはないものを他者がもっていると意識することから生じてきます。つまり，これらは自分自身についての認識をもつことによって初めて生まれてくる感情なのです。実際に図 8-1 の口紅課題ができる子どもとできない子どもを比較すると，人前で誰かにほめられたり，ダンスを踊ってと頼まれたりしたときに，鏡映像の自己認知ができる子どものほうが，よりてれる様子が見られたことがわかっています（表 8-2 参照）。

> できる自分とダメな自分

さらに 2 歳代になると，他者から見た自分に気づくだけではなく，社会的な常識や規則などに照らし合わせて，自分のしたことが「良い・悪い」ということにとても敏感になります。この時期に

Column ⑰ ライナスの毛布——感情制御の術としての移行対象

　スヌーピーで知られるピーナッツという漫画の主要な登場人物の1人に，ライナスという少年がいることをご存じの方もいるかもしれません。その少年は，いつも，長い毛布を引きずって歩いており，何かいやなこと，寂しいこと，怖いこと，不安なことなどがあると，必ずその毛布を抱きしめたり，口で吸ったり，それに顔を埋めたりして，自分の気持ちを落ち着かせようとします。それはまさに安心感を与えるものとしてあるのです。ちなみに発達心理学の領域では，こうしたものを専門的ことばで**移行対象**と呼ぶことがあります。

　広く子ども一般を見渡すと，それは必ずしも毛布だけではなく，子どもによっては，タオルであったり，シーツであったり，ハンカチであったり，あるいは柔らかいぬいぐるみのようなものであったりします。それは，多くの場合，ほかのものに取り替えのきかない，まさに子どもにとっては唯一の「それでなければならないもの」としてあり，たとえいかに汚れ破れかけていても，また時に異臭を発するなどしても，子どもはそれを容易に手離そうとはしません。使い始めの時期にはかなり広汎な個人差があるようですが，早い場合では，1歳前からこうしたものに対して，特別な愛着を示すこともあるようです。

　移行対象は，欧米では，大半の子どもが経験するとてもポピュラーな現象として知られていますが，日本などでは，だいたい3〜4割の子どもが経験するにとどまることが知られており，そのこともあってか，かつては，それこそ養育者の愛情不足が原因で，子どもは養育者の代わりにそうしたものをもたざるをえなくなるのだと考えられた時代もあるようです。たしかに，移行対象の有無は，授乳様式や就眠様式などと密接な関連性を有していることがこれまでに確かめられており，相対的にス

図 Column ⑰　ライナスの毛布

© 2011 Peanuts Worldwide LLC
www.snoopy.co.jp

第8章　わたしはわたし　　175

トレスフルな環境下（たとえば母乳ではなくミルクで，しかも時間決めで授乳してもらっていたり，添い寝の習慣のない家庭で育っていたりするなど）で，より多くの子どもが経験するようになるということが明らかになっています（遠藤，1990，1991）。

しかし，これは見方を換えれば，子どもが，少々のストレスにさらされたとしても，自分自身で，さまざまなお気に入りのものを取り出して，自分の崩れた感情の立て直しができるという，むしろ子どものたくましさのようなものを表していると考えることもできるかと思います。移行対象は，ある意味，ただの注意そらしや身体的慰撫などの次にくる，まさに子どもにとってとても重要な感情制御の術として時に用いられるに至るのだということが考えられるのです。ちなみに，第1，2章でたびたびふれたウィニコットこそが移行対象ということばの創案者なのですが，彼は，子どもが自分の思い通りにならない現実に直面し，適度なフラストレーションを経験する中で，それにこの移行対象をもって子ども自らが対処を試みるという経験が，自律性をはじめとする，子どもの健康な社会情緒的発達には，とてもポジティヴな働きをするのだという認識を有していました。

たしかに，あまりにも執着が強かったり，発達的に遅くになってももち続けていたりすれば，それはそれで困りものではあるのですが，少なくとも小さい子どものうちに関しては，それをもって，子どもが子どもなりに頑張って自分の感情を落ち着かせようとしているわけですから，それを無理に取り上げたりするようなことはできるだけ慎むべきことなのかもしれません。

生じてくる感情は，**自己評価的感情**と言われ，恥，罪悪感，誇りの3つがあります。ちょうどこの時期には，トイレット・トレーニングをしているのですが，子どもはうまくいくととても誇らしげな様子を見せます。一方，途中でおもらししてしまったときは，気まずいような落ち込んだ様子を見せたりします。またやってはいけないことを人にしてしまったときにも，まずい，すまないというような

表情をすることもあります。このように感情の発達は,自己意識や自己評価と密接な関係があり,少なくとも3歳代にはかなり複雑な感情を経験し,また表現することができるようになるのです。

読書案内

板倉昭二『「私」はいつ生まれるか』ちくま新書,2006年
● ニホンザルやチンパンジー,さらに人の子どもを対象に,自己の起源を探求。自己認知は人だけのものではないことに気づかされる。

岩田純一『〈わたし〉の発達――乳幼児が語る〈わたし〉の世界』ミネルヴァ書房,2001年
● 子どもたちの中に入って集められたエピソードやことばによって〈わたし〉ができあがっていく過程が克明に描かれている。

第9章 けんかしても，一緒にいたい

社会的世界の広がりとこころの理解

　きょうだいや友達とけんかをしたり，仲直りする。この当たり前のような関係性は，ことばや自分という意識が芽生える頃から見られるようになります。養育者とのやりとりを核として，自分や他者，そしてその感情の存在に気づいた子どもが，今度はきょうだい・友達・先生といったより広い対人関係の中での活発なやりとりを通して，人の心や社会的世界の性質を理解するようになるのです。

　本章ではまず，身近な他者との関係の中で見られる他者との葛藤や協調，またそこである種のふるまい方をもたらす大人の関わりについて見ていきます。さらに，そうしたやりとりを通して，自己や他者の感情や信念，社会的なルールについてどのように理解するようになるのかを考えてみましょう。

1 他者との葛藤的やりとり

からかい，ふざけ

子どもは家族をはじめ，幅広い対人関係の中に生まれ，さまざまな他者への興味や関わりを発達させていきます。0歳代後半の乳児でも，母親の**からかい**を喜んだり楽しんだりできるのは，母親の遊戯的意図を感じ取れるためとの見方があります（中野，1997）。子ども自身が相手をからかったり困らせたりするような行為は，1歳代後半から見られます。たとえば，家庭でのきょうだい間のやりとりを観察した，ある研究では，1歳半ばの子どもが年上のきょうだいといさかいをしている最中に，相手の大切にしているものを壊す，嫌いな蜘蛛のおもちゃをそばに置くなど，相手のいやがることをする行動が見られました（Dunn, 1988）。この頃から，相手の好みや感情をある程度考慮しながら，相手を困らせるようになると考えられます。この種の行為がどれほど意図的なのかはわかりませんが，親しい人との感情の絡んだやりとりの中で，たとえば相手との関係を壊さずに，うまく立ち回るといった生活上必要な事態に対処することによって，やりとりの意味合いやスキルが発達していくと言えるでしょう。

幼児期になると，おかしな顔をしてみせて相手の顔を覗き込んだり，相手からの反応を期待してわざと乱暴にふるまってみせるといった**ふざけ**行動が，いっそう盛んになります。ふざけが幼児の仲間関係においてもつ意味を検討した掘越ほか（掘越，2003；掘越・無藤，2000）によれば，緊迫した状況を緩和して仲間関係を調整するなど（**事例 9-1**），ふざけにはさまざまな機能があります（*Column ⑱*）。大人の規範でふざけを見ると，無意味で望ましくない行動かもしれ

> **事例 9-1　4歳児10月；緊張緩和のふざけ**
>
> ジャングルジムで，4歳男児のタダ，トシ，ナオ，タク，マサがハムスターごっこをして遊んでいる。タクとトシが張り合っている最中に，タクが誤ってトシの手指を足で踏んでしまう。痛みに耐えるトシに気づいたタクは「ごめん！」と何度か謝った後に，「ベー」と両目のアカンベーというネガティヴなタブーをした後に，「へへっ」と笑ってなんとかトシのご機嫌を取ろうとする。すると，トシは痛いほうの手を振り，タクの顔を見てニコニコと笑って立ち上がる。タクはなおも「危ない，ウンチもらした」「ごめんよ，ウンチいっぱい取れた」とニコニコしながらタブーのふざけを連発する。トシはニコニコして，ジャングルジムの一番上からタクを見る。その後もタクは，「トシ見てて！」と言いながらジャングルジムの上で懸垂をして見せるなど，トシを気遣って接している様子がうかがわれる。
>
> （出所）掘越・無藤，2000 をもとに作成。

ませんが，子どもにとってのふざけは，心と身体と頭を駆使して他者と積極的に関わる有効な手だてなのです。

けんか・いざこざ　養育者との関係は，保護する者に対して保護される者といったタテの関係ですが，友達との関係は，競い合ったり，けんかをしたり，協同するといった対等なヨコの関係です。さらに，きょうだいとは，タテとヨコを併せもつナナメの関係にあるといわれます（依田，1990）。**けんかやいざこざ**は，友達やきょうだいといった仲間（同輩）関係において盛んにみられる関わりです。

けんかやいざこざといっても，要求の対立が明確な場合と，そうではなくて偶発的な妨害行動が結果的に感情対立を引き起こしてしまう場合があります（加用，1981）。乳児期から多く見られる物の取り合いを例にとると，ことに低年齢の1～2歳代では，物そのものよりも，誰かがそれを使い，機能すること自体が子どもの興味を引きつけるようです（荻野，1986；藤崎，1991）。物の取り合いでは**先取り方略**（物を先に所有したことによる優先権の主張）の有効性が指摘さ

Column ⑱ 子どもはなぜ,ふざけるの？

子どもは,ふざけることが大好きです。掘越ほか（掘越・無藤,2000；掘越,2003）によれば,「ふざけ」とは「行為者が相手から笑いをとるきっかけとなる,関係や文脈から外れた不調和でおかしな,ほかの人に伝染することもある行為」であり,その種類は実にさまざまです（表Column ⑱）。中でも,いわゆるタブー語を用いるふざけに焦点を当てた研究によれば,肯定的な反応が約7割も返ってくることから,この種のふざけには相手から反応を引き出す一定の効果があることがわかります（掘越・無藤,2003）。「おしり」や「ウンチ」といったわかりやすい身体・排泄タブーが全体の6割を占めていますが,タブーのふざけは3歳の終わりから4歳にかけて多く生じており,5歳では少なくなると言います。ことばのやりとりや仲間遊びの継続が難しい年少の段階ではタブーのふざけが多く用いられ,5歳になると仲間と一緒に遊べるほかの行動レパートリーが増えたり,タブーのおもしろさへの関心が薄れ,逆に恥ずかしさを覚えたりするために,用いられなくなるのではないかと考えられています。

子どもたちが自発的に用いるふざけには,さまざまな働きがあります。掘越はふざけ行動の観察から,5つの機能を見出しています（掘越,1998；掘越・無藤,1996）。すなわち,①ともに楽しむことを目的とし,受容されやすい「関係強化ポジティヴ」,②ともに楽しむことを期待しているが,受容されにくい「関係強化ネガティヴ」,③いざこざなど緊迫した状況を中断する「緊張緩和」,④一緒に遊ぶきっかけを作る「仲間入り」,⑤自分で楽しむ「自己主張」です。最も多いのは関係強化ポジティヴですが,この種の受容されやすいふざけは3歳児で特に多く,4,5歳になると関係強化ネガティヴや緊張緩和といった受容されにくい高度なふざけを行うようになるという発達的変化が明らかにされています（掘越,1998；掘越・無藤,1999）。状況や相手の受けとめ方いかんによって楽しい連帯感をもたらすこともあれば,けんかのような様相を呈することもあるふざけを駆使して,子どもは関係や気持ちを巧みに調整しているのです。

表 Column ⑱　ふざけの種類の分類

大げさ・滑稽	滑稽な話し方・表情（イントネーション，赤ちゃん語，顔歪め），大げさな動作（大声を出す，大げさな身振り），滑稽な動作（自分を叩く，転ぶ，まわる，かくれる，追う，逃げる，抱きつく，くすぐる，予想外の動作），滑稽なことを言う
ま　ね	相手のまね（大げさなまねを含む），テレビのまね，ふざけのまね
ことば遊び・替え歌	ことば遊び，替え歌
からかい	意地悪を言う，反対を言う，相手を叱る・注意する・叩く・蹴る・押す・揺らす・はがいじめにする，耳元で大声出す，相手の物を壊す
タブー	身体・排泄のタブー（オッパイ，チンチン，おしり，パンツ，おしっこ，おなら，うんち），性のタブー（キス，結婚，オカマ），ネガティヴなタブー（死，ババァ，ジジィ，バカ，アカンベ），その他（サル，ブタ，酒）

（出所）掘越，2003。

れています（Bakeman & Brownlee, 1982 ほか）。保育園で1～2歳児同士の物の取り合いと保育者の働きかけを観察した研究では，相手の所持するものを「取ろうとする」行動が比較的多いものの，しだいに減少していくこと，それに応じて攻撃や要請など「相手に直接向けた行動」が増加することが示されています（本郷・杉山・玉井，1991）。

では，幼児期に仲間とのいざこざはどのように変化していくのでしょうか。ある研究は，幼稚園で3歳児の自由遊び場面を1年間観察し，どんな原因でいざこざが生じ，どのように終結するのかを検討しています（木下・朝生・斉藤，1986）。それによると，**いざこざの**

図 9-1 3歳児におけるいざこざ

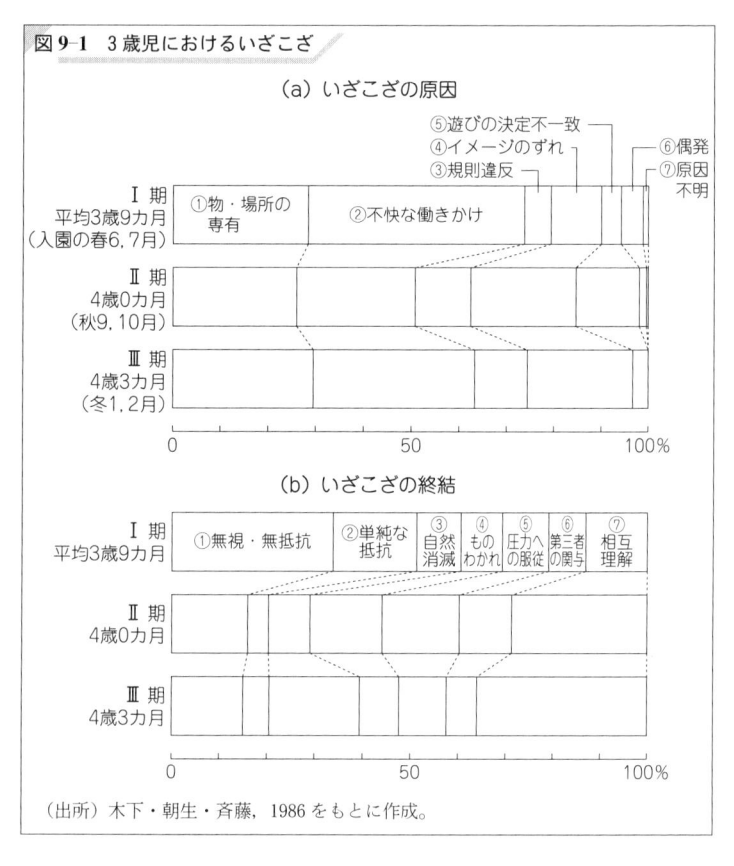

(a) いざこざの原因

Ⅰ期 平均3歳9カ月（入園の春6, 7月）：①物・場所の専有／②不快な働きかけ／③規則違反／④イメージのずれ／⑤遊びの決定不一致／⑥偶発／⑦原因不明

Ⅱ期 4歳0カ月（秋9, 10月）

Ⅲ期 4歳3カ月（冬1, 2月）

(b) いざこざの終結

Ⅰ期 平均3歳9カ月：①無視・無抵抗／②単純な抵抗／③自然消滅／④ものわかれ／⑤圧力への服従／⑥第三者の関与／⑦相互理解

Ⅱ期 4歳0カ月

Ⅲ期 4歳3カ月

（出所）木下・朝生・斉藤，1986をもとに作成。

原因としては「物・場所の占有」や「不快な働きかけ」をめぐるものが年間を通じて多いのですが，後期になると，「規則違反」や「イメージのずれ」によるいざこざが多くなります（**図 9-1a** 参照）。さらに，**いざこざの終結**については，前期に多かった「無視・無抵抗」や，泣いたり「だめ」と一度拒絶するだけで終わる「単純な抵抗」が後期になると減り，逆に「相互理解」が増えています（**図 9-1b** 参照）。相互理解とは，言語的説明やイメージの共有，じゃんけ

んや妥協案の適用など，相互の納得と了解のもとに対立が解消される事態です。こうしたことから，はじめは仲間とうまく遊べなかった3歳児たちが，幼稚園での経験を積み重ね，イメージをことばで表現する能力を発達させながら，1年の後半になると活発に仲間とやりとりするようになっていく様子が見えてきます。また，別の研究はおもちゃをめぐる3歳児のいざこざを観察し，おもちゃへの**身体的接触**が所有への鍵となることや，子どもが言語方略以外にもさまざまな行動方略（例：おもちゃを離さない，持って逃げる，相手を遠ざける）を用いて，いざこざを調整しようとしている姿を明らかにしています（高坂，1996）。

葛藤への大人の関わり

子ども同士が葛藤状態にあると，大人が**介入**する場合があります。1歳半を過ぎると保育者がいざこざに介入する頻度と割合が高まるだけでなく，介入の仕方や働きかけの内容が変化してくるようです（本郷ほか，1991；図9-2参照）。まず1歳半以降になると，制止を行う割合が低下し，子どもの要求や気持ちを確認したり，相手の状態を説明することが増えてきます。制止に関しては，1歳ではいざこざ開始時の割合が高く，1歳半過ぎではエピソードの後半での割合が高いことから，保育者が子どもたちのやりとりを見まもりつつ介入するようになることがわかります。どの時期も多かった「解決策の提示」は，1歳頃は代替物を与えることが多いのに対し，1歳半を過ぎると順番や共有，2歳頃には別の遊びの提案がなされるというように，保育者が子ども同士のやりとりを媒介する役割を担うようになります。こうした保育者による対応の変化は，子どもの側の拒否や主張といった，1歳半以降の子どもの発達的変化にともなって生じるのではないかと考えられます。

葛藤は否定的な影響をもたらす場合もありますが，近年では葛藤

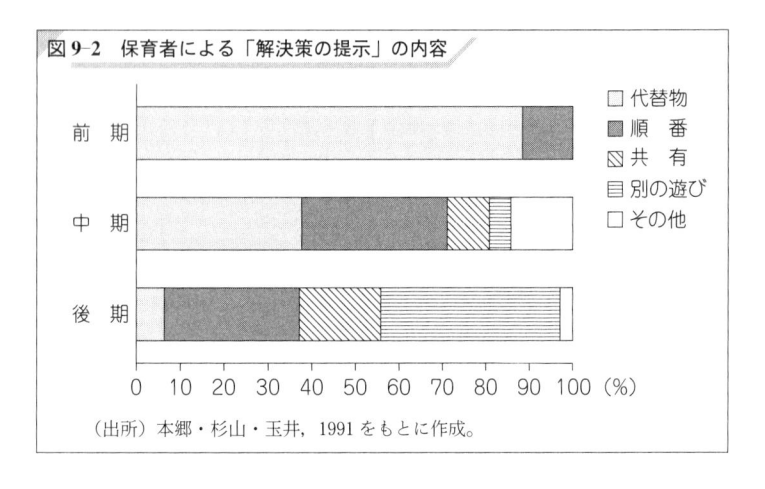

図 9-2 保育者による「解決策の提示」の内容

凡例：□ 代替物／■ 順番／▨ 共有／☰ 別の遊び／□ その他

（出所）本郷・杉山・玉井, 1991 をもとに作成。

が子どもの社会性の発達に果たす役割が注目されています。たとえばある保育者は，5歳児のB君がA君との関係について「いつもけんかする」と語ったときに，「けんかするほど仲がいいって言うからね」とことばを返しました（松井, 1999）。こうした保育者の働きかけには，「けんか」の積極的な意味合いを伝えていこうとする保育観が現れています。生きていくうえで不可避な他者との葛藤に対して建設的に取り組むことは，社会の中で自己を発揮していくうえでも大切なのです。

2 こころの理解

感情の理解

乳幼児期から身近な他者と感情の絡んだやりとりを活発に行い，その中で認知や言語が発達していくことによって，「うれしい」「悲しい」といった主観的感情が認識の対象とされ，感情の表し方がより複雑になっていき

ます。サアーニ（Saarni, 1999）は，その背景に**感情コンピテンス**（emotional competensce）の発達があると考えています。その中でも，自他の感情を理解する力と，感情を調整して他者とコミュニケーションを図る力は，乳幼児期において飛躍的に発達していきます。

⑴　**自分や他者の感情に気づき，理解する力の発達**

　子どもの日常場面を観察した研究では，2歳頃から「トイレでおしっこできてうれしい」「暗くて怖い」など，感情を表すことばを話し始めると言われています。「泣く」「笑う」といった感情表出を表すことばのほうが，「うれしい」「悲しい」といった内面的な感情状態を表すことばよりも早く見られるという報告もあります。こうしたことばは，"ふり"の文脈でよく見られるようです（園田・無藤, 1996）。たとえば，「おばけだぞ」「怖い！」「危ない！　早く隠れろ」というように，仮想状況でイメージを膨らませながら，自発的に自他の感情について推論する機会が，ふり遊びでは豊富にあると考えられます。

　また個人差はあるものの，2〜3歳の子どもでも表情に応じた感情（うれしい・悲しい・腹立たしい・怖いなど）を，偶然以上の確率で答えられるようになります（Denham, 1986）。仮想状況に応じた感情予測は，3歳では自己よりも架空の他者のほうが優れていますが，4, 5歳になると自分と他者双方の感情を同程度に予測できるようになるといわれます（菊池, 2006）。

　子どもたちは個々の感情を理解することに加えて，感情が生じる理由にも目を向けることができるようになります。3歳児でも，「うれしさ」の理由として望ましい状態の達成や望ましくない状態の回避，「悲しみ」や「怒り」の理由として望ましくない状態を回避できなかったことをあげることができます（Stein & Levine, 1989）。ただし，「怒り」は「悲しみ」と違って意図的な妨害を受けた場合

に生じると理解する割合が高くなるのは6歳以降であり，3歳ではこうした区別はまだ難しいようです。6歳頃には「動物園に行けるのはうれしいけれど，友達が急病で一緒に行けなくなったのは悲しい」というように，同一状況に肯定的と否定的双方の側面があることに注目させれば，複雑な感情が生じる理由に目を向けられるようにもなります（久保，1998）。

⑵　感情を調整し，他者とコミュニケーションを図る力の発達

2歳前後から，相手の対応を変えるために，実際の自分の内的状態とは異なる状態を示すかのような行動が観察されます。たとえば，洗髪のような自分の嫌いなことをさせられそうになると，突然「眠くなった」と言い，嫌な場面が終わると何事もなかったかのように遊び出すといったことが，この年齢の子どもにはよくあるようです（久保，1997）。

3，4歳になると，子どもが実験者の作業を手伝ったお礼としてあまり魅力的でないおもちゃをもらった場合に，子ども1人で包みを開けておもちゃを見る条件では明らかにがっかりした表情を見せたのに，送り主である実験者の前で包みを開ける条件ではそうした表情を見せず，微笑を浮かべることが示されています（Cole, 1986）。相手や状況に応じて，**社会的表示ルール**（social display rules）に即したかたちで感情が表れるようになってくるのです。

これに対して，感情の意識的な表出・調整は，幼児期の後半になってから可能になると言えそうです。たとえば，「うれしい」「悲しい」「怒っている」といった気持ちを顔に表すよう，保育園の年少・年中・年長の子どもに求めると，年齢とともに他者が識別可能な感情表出を行うようになり，中でも「うれしい」という感情が最も明確だったといいます（菊池，2004）。また，保育園の年長児にインタビューを行うと，「喜び」に関しては8割の子どもが友達に

「表出する」と答えていたのに対し,「怒り」と「悲しみ」を「表出する」と答えた子どもは3割台でした（坂上, 2000）。

　5, 6歳になると,実際の感情が隠される可能性があることや,隠すことの意味についても考えることができるようになってきます。ある研究では,「外に行きたいけれど,お腹が痛い。しかし,もしそれをお母さんに言ったら,外へ行かせてもらえない。だから外へ行くために,感じていることを隠そうとしている」という女の子のお話を4歳児と6歳児に示し,女の子はどんな感情を示すか,本当はどんなふうに感じているかを答えてもらいました（Harris & Gross, 1988）。すると,6歳児は「表情では平気な様子を見せるが,本当は悲しい」ととらえ,「ママに知られたくなかったから」という理由をあげたのに対し,4歳児は見かけの感情と本当の感情の区別すらほとんどできませんでした。こうした年齢による回答の違いは,他者の信念（他者が考えていること）を理解する能力の発達に支えられていると考えられます。

信念の理解

(1) 他者の信念はいつ頃から理解できるか

　バーチとウェルマン（Bartsch & Wellman, 1995）は心に関する子どもの発話に注目し,**欲求**（〜したい）や**信念**（〜と考えている,〜と思っている）といった心に関する子どもの発話が,いつ頃から見られるかを調べています。すると2歳代の子どもでも,自分のみならず他者の欲求についても話し,欲求が行動を引き起こすことや,人によって欲求が異なることを理解していますが,信念についての発話はほとんど見られませんでした。3歳児は「〜していると思った」というように,すでに起こったことならば信念という観点から説明できる反面,信念をもとに他者の行動を予測するのはまだ難しいことから,欲求と信念が未分化な段階です。いわゆる「心の理論」研究では, 2, 3歳代は人を欲求や願望という側面

から理解する傾向があり，4,5歳になると信念という観点からも理解できるようになると考えられています。

信念の理解がさらに進むと，現実とかけ離れた信念（誤信念）によって，人の心や行動が左右されることをも理解できるようになります。こうした発達的変化を明らかにしたのが，いわゆる**誤信念課題**です。アンとサリーという女の子が出てくる物語では，「サリーはビー玉をかごに入れて，外に出かけました。アンはサリーがいないあいだにビー玉をかごから取り出して箱にしまい，外に出かけました。さてサリーが帰ってきました。サリーはビー玉で遊びたいと思いました」という人形劇を子どもに見せて，「サリーはどこを探すかな」と質問しました（**図9-3**参照）。

ビー玉をかごに隠したサリーは，アン（他者）がビー玉を箱に移したことを知らず，ビー玉はかごにあるという思い違いをしているため，「かごを探す」と答えるのが正解ということになります。正しい答えにたどりつくためには，サリーが現実（ビー玉は箱の中にあること）とは異なる誤信念（ビー玉はかごの中）をもっていると理解すること，すなわち自分自身が知っている現実とは区別して，他者の状況や考えをとらえることが必要です。ところが3歳児にとっては，こうした課題はまだ難しいようです。誤信念は4歳頃から徐々に理解できるようになり，5,6歳代には正答の子どもが多数派になります。

(2)「心の理論」の個人差

このような，直接見聞きできる相手の表情や行動を手がかりとして，背景にある他者の心の働き（感情，願望，信念など）について推論するシステムは「**心の理論**」と呼ばれ，幼児期に急速に発達します（ちなみに「心の理論」の"理論"は学問的な意味での理論ではなく，私たちが日常，ごく素朴に抱いている思い込みや知識のことを指して言い

図9–3 人形を用いたサリーとアンの実験

これはサリーです。　　　　　　　　　　　　　　これはアンです。
サリーは、かごをもっています。　アンは、箱をもっています。

サリーは、ビー玉をもっています。サリーは、ビー玉を自分のかごに入れました。

サリーは、外に散歩に出かけました。

アンは、サリーのビー玉をかごから取り出すと、自分の箱に入れました。

さて、サリーが　　　　　　　　　　　サリーは自分のビー玉で
帰ってきました。　　　　　　　　　　遊びたいと思いました。

サリーがビー玉を探すのは、どこでしょう？

ます)。私たちが、笑っている人を見るとうれしいことがあったのだろうと思い、笑いかけても無表情で視線を合わせない人がいれば、ほかのことに気をとられているのだろうか、それとも自分は何か気に障るようなことをしたのだろうかと考えるのは、心の理論に基づ

いて他者の心や行動を理解しようとしているからなのです。

　最近では、心の理論の発達には個人差が見られるのではないかと言われています。たとえば、乳児期のアタッチメントが安定している子どものほうが、不安定な子どもよりも、感情や誤信念を的確に理解することを示す研究があります。マインズら（Meins, Fernyhough, & Russell, 1998）の縦断研究では、生後12カ月時にストレンジ・シチュエーション法（第5章参照）で安定型（Bタイプ）だった子どもと不安定型（Aタイプ・Cタイプ）だった子どもに関して、4歳の時点で誤信念課題に正しく答えられた子どもの割合を比較すると、安定型は8割台に達していたのに対し、不安定型は3割台だったという結果が得られています。その理由はまだあまり明らかではありませんが、子どもが幼くても"心"をもつ存在であるととらえ、子どもの心的状態を敏感に読み取って対応しようとする養育者の働きかけ、すなわちわが子の「心を気遣う傾向」（mind-mindedness）（第1章参照）が、結果的に子ども自身が自他の心を理解するきっかけを与えるのではないかとマインズは考えています。

　また、きょうだいをはじめとする家族とのやりとりの質が、感情理解の発達に影響をもたらす可能性もあります。ダンらは家族やきょうだいとの会話を含むやりとりを検討し、家族と感情をめぐる会話をよく行うことや、そこでどんな感情がなぜ生じたか、その結果どうなったといった因果的な側面がよく語られる場合に、子どもの感情理解が進んでいることを見出しています（Dunn, et al., 1991）。家族と互いに相手の意図や思いを読み合い、それをめぐってことばを交わすという経験が積み重なることによって、心についての理解が精緻になっていくのかもしれません。

Column ⑲ 「心の理論」の起源をめぐる異説

　子どもの「心の理論」に関する研究は、ことに1980年代から90年代にかけて、発達心理学の世界をほぼ席巻していたと言っても過言ではないくらい、数多く行われていました。そして、そこで用いられていた方法の中心は、本文中でもふれた誤信念課題でした。まさに誤信念課題に対する成功は「心の理論」の世界への入場チケットのようなものと見なされ、3歳と4歳のあいだに劇的な変化が生じると、またそうした意味で「心の理論」の起源が4歳前後にあると、まことしやかに論じられることになったのです。

　しかし、こうした見解には当初から、特に乳幼児の日常の自然観察に基づく研究から大きな批判が寄せられていたのも事実です。たとえば、子どもは、話し始めて間もない頃から自発的にさまざまな心の状態を示すことばを用い、またそれをもって親密な他者とのあいだに精妙なやりとりを展開しうるということが知られています（Barsch & Wellman, 1995）。また、2歳頃からすでに子どもが親やきょうだいとの日常的な相互作用の中で、からかいやあざむきといった行動を示すことも報告されています（Dunn, 1994）。これらの行動は、一般的に、他者の信念の状態を意識し、それを誤った方向に操作しようとする試みであると見なしうるわけですが、その意味からすれば、子どもはかなり早い段階から、潜在的に他者の信念や誤信念を理解していることが想定されるのです。

　さらに最近では、第4章でふれた期待違反法などの言語を用いない実験によって、生後2年目の子どもでもすでに誤信念を十分に理解しうるのではないかという可能性が示唆されるに至っています。この段階の子どもでも、他者の思い込みと現実が食い違った状況で、その思い込みからして通常ありえないことが生じると驚いたようにじっとその状況を見つめ、また、その思い込みから次は当然こうなるだろうと予測されるところにあらかじめ目をやり、それが起きるのを待つようにふるまうことが確認されてきているのです。

　その先駆けとなった研究（Onishi & Baillargeon, 2005）をごく簡単に紹介しておくと、以下のようになります。この研究は、時々「スイカの引っ越し課題」と呼ばれることもあるのですが、対象になっているの

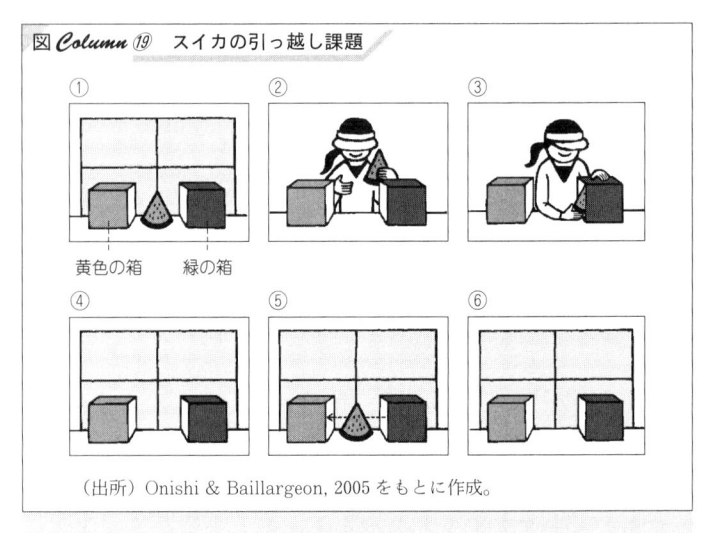

図 Column ⑲　スイカの引っ越し課題

① ② ③
黄色の箱　緑の箱
④ ⑤ ⑥

（出所）Onishi & Baillargeon, 2005 をもとに作成。

は生後 15 カ月の赤ちゃんです。図に示すように，①まず赤ちゃんは，（左側の）黄色の箱と（右側の）緑色の箱とその間にスイカ（のおもちゃ）が置かれているところを見せられます。②そして次に，大きなひさしのサンバイザーをかぶった（目の部分が見えなくなっている）女性が登場し，③その女性が，そのスイカを（右側）緑色の箱の中に入れるところを目の当たりにすることになります。④そこで，女性の前にスクリーンが下から上がってきて，赤ちゃんには黄色の箱と（その時点ではスイカの入った）緑色の箱だけが見える状態になります。⑤そこで，スイカがなぜかひとりでに，緑色の箱から黄色の箱の中に引っ越しをするのです。ここで重要なことは，赤ちゃんだけがこの状況を見て，スイカの実際の在処（黄色の箱の中）を知っており，スクリーンで隠された女性はこのことを知らないはずだということです。⑥こうした条件設定で，再び，女性が登場し，どちらかの箱の中からスイカを取り出そうと手を伸ばすのです。ここには 2 通りの行動パターンがあります。a）1 つは，女性が緑色の箱にすぐに手を伸ばそうとするものです。b）もう 1 つは，黄色の箱にすぐに手を伸ばそうとするものです。

もちろん，1 人の赤ちゃんが a）と b）両方のシーンを見るわけでは

なく，実験に参加した赤ちゃんたちはa) シーンを見る子どもとb) シーンを見る子ども，半々に振り分けられます。ここで問われることは，どちらのシーンに割り振られた赤ちゃんのほうが，よりじっとそのシーンを見ようとするかということです。結果は，b) シーンを見た赤ちゃんのほうが，a) シーンを見た赤ちゃんよりも，（おそらくは驚いて）長く，そのシーンを見続けるというものでした。

これが示唆しているのは，b) シーンにおける女性のふるまいが，赤ちゃんが潜在的にもっていたであろう期待に違反した可能性があるということです。より具体的に言えば，赤ちゃんたちは，女性が緑色の箱に手を伸ばすことをより自然と受けとめている節があり，黄色の箱に手を伸ばすことはありえないと判断したと考えられるということです。スイカの現実の在処は，ほかならぬ黄色の箱であるわけですが，そこに女性が手を伸ばすと，赤ちゃんたちはむしろ驚くのです。この実験を行った研究者の解釈によれば，赤ちゃんたちは，スイカの引っ越しを見ていない女性の思い込み，つまりは，自分は緑色の箱に入れたのだからいまもスイカは緑色の箱の中にあるはずだという（スイカの実際の在処である黄色の箱の中という現実とは食い違った）誤信念について何らかの気づきをもっており，それに従って女性が行動するはずだろうことをしっかりと予想できたのだろうと言います。もっと言えば，4歳にならないとできないと言われていた他者の誤信念の理解が，実は15カ月児でも，できるのだと言うのです。

実のところ，この実験結果に対しては，子どもが特に他者の心の状態を理解していなくとも可能なのではないかといったさまざまな議論があり，現段階ではいまだ評価が定まってはいません（Doherty, 2009）。しかし，先に述べたような子どもの日常のふるまいなども含めて考えれば，生得的とは言わなくとも，潜在的な「心の理論」は，少なくとも生後2年目のあたりには，萌芽してくるととらえるのがむしろ自然のような気もします。ただし，本文中で述べた標準的な誤信念課題のように，そこに言語や，それを通した問題理解などの要素が加わると，より複雑な認知処理が必要となり，結果的にそうした潜在的な力が表に現れにくくなるとも考えられるのでしょう。

3 他者を思いやるこころや行動の発達

向社会的行動の芽生えと共感

他者に利益をもたらす自発的な行動は，**向社会的行動**と呼ばれ（Eisenberg & Mussen, 1989），援助・分与・なぐさめ・協力・世話といったさまざまな行動が含まれます。たとえば1歳に満たない赤ちゃんでも，自分が持っていたおもちゃを欲しがる相手に譲るといった行動が見られますが，この段階の分与行動は相手の「欲しい」という気持ちを汲み取ったものというよりも，"やり—もらい"遊びのように，相手とやりとりを楽しむ手段なのかもしれません。

このように，向社会的な行動の動機は，利己的な場合も含めてさまざまですが，中でも他者の幸福を気遣う愛他的な動機に基づく**思いやり行動**（愛他行動）の発達に大きな関心が寄せられています。こうした行動を促す内的要因として注目されているのが，**共感**と**道徳性**です。

共感とは，他者の感情あるいは他者のおかれている状況を認知して，同じような感情を共有することです（伊藤・平林, 1997）。ホフマン（Hoffman, 2000）は，**表9-1**のような共感の発達にともなって，他者の苦痛に対する反応から，向社会的行動が段階的に変化していくと述べています。それによると，新生児期の感情伝染が共感の原型であり，1歳前後までは自他の区別がまだ未分化で自己中心的な共感的苦痛の段階にあって，他者が苦痛を感じている場面に出遭うと自分がつらくなってしまうと言います。それが，自他が分化し始め，自己中心的な苦痛が擬似的になるとされる1歳代の後半頃には，**事例9-2**のように，相手をなぐさめるかのような積極的な関わりが

> 表 9-1　共感の発達
>
> ①全体的共感：自己と他者を区別できるようになる以前に，他者の苦痛を目撃することで共感的苦痛を経験する。他者の苦痛の手がかりと自分に喚起された不快な感情とを混同して，他者に起こったことを自分自身に起こっているかのようにふるまう（例：ほかの子どもがころんで泣くのを見て自分も泣きそうになる）。
> ②自己中心的共感：自己と他者がある程度区別できるようになり，苦痛を感じている人が自分ではなく他者であることに気づいているが，他者の内的状態を自分自身と同じであると仮定する（例：泣いている友達をなぐさめるために，その子の母親ではなく，自分の母親を連れてくる）。
> ③他者の感情への共感：役割取得能力が発達するにつれて，他者の感情は自分自身の感情とは異なり，その人自身の要求や解釈に基づいていることに気づく。言語獲得にともない，他者の感情状態を示す手がかりにますます敏感になり，ついには他者が目の前にいなくてもその人の苦痛に関する情報によって共感する。
> ④他者の人生への共感：児童期後期までに，自己と他者は異なった歴史とアイデンティティをもち，現在の状況のみならず人生経験に対しても喜びや苦しみを感じることを理解して共感する。社会的概念を形成する能力を獲得すると，さまざまな集団や階層の人々に対しても共感するようになる。
>
> （出所）伊藤・平林，1997（元資料：Hoffman, 1987 をもとに作成。）

> 事例 9-2　相手を気遣う行動
>
> 　生後 15 カ月のレンは，丸いみごとなお腹をした，ぽっちゃりとした男の子である。レンはよく両親と，大いに笑うある遊びをしていた。それは，レンが自分の T シャツをまくりあげ，大きなお腹を見せながらおかしな歩き方で両親に近づくというものだった。ある日，レンの兄が庭のジャングルジムから落ちて，激しく泣いていた。レンは神妙な顔をして，兄を見つめていた。するとレンは，T シャツをまくりあげてお腹を見せ，声を出しながら兄のほうへと近づいていったのである。
>
> （出所）Dunn & Kendrick, 1982.

見られるようになってきます。2〜3歳頃になると、他者を気遣う行動は、たとえば泣いている子のもとへその子の母親やおもちゃを届けるというように、本当の共感的苦痛に基づくより適切で洗練されたものになっていきます。これは、相手の立場からものごとを判断する**役割取得**と呼ばれる認知能力が芽生え、他者の苦痛や要求に即した方法で援助できるようになるためとホフマンは考えています。

子どもたちは他者に対してつねに向社会的にふるまうわけではありませんが、向社会的行動の数や種類は、概して年齢とともに増えていきます（伊藤・平林, 1997；首藤, 1995；Eisenberg, 1992 ほか）。たとえばツァーン-ワックスラーら（Zahn-Waxler et al., 1992）の研究では、母親に協力を求め、家庭で他者が示した苦痛に対して子どもがどうふるまうかを縦断的に報告してもらっていますが、2歳前後の時期に向社会的行動（相手を言語的・身体的に慰めたり助けたりする自発的行動）が著しく増加すること、苦痛の責任が自分にない場合には、共感的気遣い（心配や謝罪の気持ちを表す）や仮説検証行動（自分が他者の苦痛について立てた仮説を確かめるかのように、原因を尋ねたり、辺りを見回して問題を理解しようとする）も増えることが明らかになっています。さらに、日常場面で見られる向社会的行動のほとんどは、家族やよく遊ぶ仲間に向けたものであることも示されています（Howes & Fraver, 1987; Eisenberg, 1992）。このようなことから、初期の向社会的行動の発達には、親密な他者との関係性が深く関わっていると考えることができます。

向社会的行動の発達と道徳性

子どもたちはどのような理由から、他者に対して向社会的にふるまうのでしょうか。アイゼンバーグ（Eisenberg-Berg, 1979a）は、思いやり行動の背景には道徳性の発達があるのではないかと考え、自分の要求と他者の要求が対立する葛藤場面での**向社会的道徳判断**

表9-2　向社会的道徳判断

〔課題文〕
　ある日，太郎君がお友達のお誕生会に急いで行くところでした。ひとりの男の子が自転車でころんで泣いていました。その子は，太郎君に「ぼく足をけがしてとても痛いんだ。お医者さんに早く見てもらいたいので，ぼくの家へ行って，お母さんを呼んできてくれない？」と頼みました。でも，その子のお母さんを呼びに行っていたら，お誕生会に遅れてしまい，おいしいケーキやアイスクリームはもうなくなるかもしれないし，ゲームにも入れてもらえなくなるかもしれません。太郎君はどうしたらいいでしょうか。また，どうしてそう考えたのですか。(宗方・二宮，1985)

向社会的道徳判断の水準

・レベル1：快楽主義的・自己焦点的志向
　［就学前児および小学校低学年で優勢］
　道徳的配慮よりも自分に向けられた結果に関心をもっている。
　　例：お礼がもらえるから；次に困ったときに助けてもらえるから
・レベル2：他者の要求に目を向けた志向
　［就学前児および多くの小学校で優勢］
　他人の身体的・物質的，心理的要素に関心を示す。
　　例：けがをしているから；悲しいだろうから
・レベル3：承認および対人的志向，あるいは紋切り型の志向
　［小学生の一部と中・高校生で優勢］
　善い人・悪い人・善い行動・悪い行動についての紋切り型のイメージ，他人からの承認や受容を考慮する。
　　例：助けることはいいことだから；助けることは当たり前だから；お母さんがほめてくれるから
・レベル4a：自己反省的な共感志向
　［小学校高学年の少数と多くの中・高校生で優勢］
　同情的応答，役割取得，他者の人間性への配慮を含む。
　　例：かわいそうだから；自分が相手の立場だったら助けて欲しいから；お互いさまだから
・レベル4b：移行段階
　［中・高校生の少数とそれ以上の年齢で優勢］
　内面化された価値，規範，義務，責任を含み，社会の条件あるいは他人の権利や尊厳を守る必要性に不明確ながらも言及する。
　　例：助けたら自分がほっとするから；助けたら気分がよくなるから；その子のけががひどくなったら後悔するから
・レベル5：強く内面化された段階
　［中・高校生の少数だけで優勢，小学生にはまったく見られない］
　レベル4bの理由が明確に言及される；自分自身の価値や規範に従って生きることによる自尊心を保つことに関わるプラスまたはマイナスの感情も特徴である。
　　例：助ける義務があるから；困っている相手の人にも生きる権利があるから；みんなが助け合ったら社会はもっと良くなるから

（出所）伊藤・平林，1997をもとに作成（元資料：宗方・二宮，1985）。

とその理由づけを検討しました。具体的には「パーティに行く途中で，足にけがをした子に出会った場合にどうすべきか」といった葛藤状況を示し，「なぜそう思うのか」という理由を，就学前児から高校生にかけて発達的に検討しています。そして，子どもたちの回答から，自分にとって良いことがあるか否かといった自己志向の考え方から，他者の視点を考慮した共感的な考え方を経て，内面化された価値や規範に基づくものへと6段階にわたって発達していくことを示しています（**表9-2**参照）。しかし，幼児が幼稚園で自然に向社会的にふるまったときにその理由を尋ねた研究によれば，最も多かったのがレベル2の他者の要求に基づく理由（例：「○○ちゃんが欲しがったから，ビーズを分けた」）や実際的な理由（例：「テーブルが濡れていたから拭いた」）であり，レベル1の快楽主義的・自己焦点的な理由（例：「友達のために席をとっておいてあげれば，次のときに彼はぼくのために席をとっておいてくれる」）を述べた者はいなかったといいます（Eisenberg-Berg, 1979b）。

　道徳性とは，社会の規範に従おうとする心理的なメカニズムであり，経験を通して個人に内在化されていくものです。子どもがこうした規範と初めて出会うのは，「何をすべきで，すべきでないか」といった"しつけ"をめぐる親子のやりとりです。ホフマンは，子ども個人の欲求と親の規範が対立・葛藤する場面で，自分の利己的な行動が相手（親）を傷つけたことを感じとり，共感的に，自ら苦痛や罪責感を味わうといった経験こそが，**道徳的内在化**を促す役割を果たすと述べています（Hoffman, 2000）。またエムディは，親にほめられたときのうれしい気持ちは誇りに，叱られたときの心の痛みは恥や罪悪感にというように，生後2,3年の時期に子どもが親からの働きかけを通して除々に道徳的な感情を発達させることを仮定し，親のきめ細やかな対応が**道徳的自己**を育むうえで不可欠だと

述べています (Sameroff & Emde, 1989)。さらに，おそらくはこうした養育者からの働きかけのもとで，5,6歳になると，道徳に反する行為（例：積み木を取る，仲間に入れない）をされたときに他者が嫌悪を感じるということをも，推測できるようになるようです（小嶋, 2001）。

わざと人に被害を与える行為に対しては憤りを覚えるというように，共感的感情はクールな道徳的原理をホットで向社会的な認知・行動に変え，一方で道徳的原理は共感的感情を安定させると考えられています (Hoffman, 2000)。両者は同じ場面で発揮されることが多く，互いに密接に関わっています。また，思いやり行動の発達には，他者のことを理解することのみならず，自分のことを理解することも重要のようです。ある研究は，自分のことを向社会的行動をする子だととらえている5歳児は，友達と一緒に遊び，その中で遊びに関する会話を行い，相手が困った状況におかれたときに改善しようとする傾向が高いことを見出しています（伊藤, 2006）。実際の向社会的行動の発現は，こうした自分や他者の理解に加えて，しつけやモデリング，援助の緊急度やコストなど，多くの社会的経験や状況因を組み込んだ複雑なプロセスとして発達していくのです。

読書案内

アイゼンバーグ，N.／二宮克美・首藤敏元・宗方比佐子訳『思いやりのある子どもたち──向社会的行動の発達心理』北大路書房，1995年
　●筆者たちの長年の研究成果をもとに，向社会的行動の成り立ちや発達的変化がまとめられている。専門的でありながら，事例が豊富で具体的なイメージやアイデアが湧く本。

第10章 おもしろくってためになるの？

メディアとおもちゃ

みなさんは小さい頃，どんなおもちゃで遊んでいましたか？ 好きだった絵本をおぼえていますか。誰とどんなテレビ番組を見ていましたか。好きなキャラクターはありましたか。

本章では，乳幼児の生活に深く入り込んでいる，おもちゃ，絵本，テレビなどについて，子どもたちの発達にどのような影響を及ぼしているのかについて解説していきます。

おもちゃやメディアとの関わりは，子どもが育つ家庭の環境や養育者のメディア観などから多大な影響を受けます。自分自身の経験，そして経験をともにした家族を思い浮かべながら，現代の子どもの生活について考えていきましょう。

1　子どもを取り巻く環境

現代の子どもを取り巻く環境を考えてみると、**図 10-1** に示すように、物質文化環境、社会環境、自然環境、そして**情報（メディア）環境**の4つのからとらえることができます（高杉, 2001）。自然、人、物だけでなく、絵本やテレビなどのメディアが生活の重要な一部を占めていることに気づかされます。以下では、子どもにとって非常に身近な、おもちゃ、絵本、テレビを取り上げ、子どもの発達に及ぼす影響について考えてみましょう。

2　おもちゃ

赤ちゃんにとっておもちゃとは

赤ちゃんに音を楽しんで欲しいと思って、がらがらを渡しても、なめたり、かじったりするだけということや、非常に凝ったおもちゃを買い与えても、それにはあまり興味を示さず、単純なミルクの缶で遊ぶのが好きだったりすることがあります。子どもは大人が思いもよらないものをおもちゃとして扱い、また思いもよらない方法で遊ぶことがあります。

おもちゃとの関わりは、子ども自身のさまざまな能力の発達と密接な関係があります。運動能力（姿勢や移動能力）、手や指の巧緻性、象徴機能や模倣の能力の発達などによって、変化していきます。子どもがおもちゃによって感じる楽しみ方も、成長に従い変化していきます。

図 10-1 「保育環境のカテゴリー」モデル

```
マクロ・システム
  エクソ・システム
    メゾ・システム
      マイクロ・システム
        子ども
```

外側から内側へ、各象限に配置されている語：

物質文化環境（左上）: 能力主義／省力化／オートメ化／交通網／施設・設備・遊具・おもちゃ／人工環境化／家事の電化

社会環境（右上）: 常識／世間体／差別・偏見／○○観／就労形態／地域と通勤／家族構成／家族形態／家庭／園／家庭・園・地域

自然環境（左下）: 季節感／四季の変化／地理的条件／身近な自然・遊びのスペース／園外保育／自然災害／環境問題／自然観／生命観

情報環境（右下）: 絵本・テレビ・ビデオ・電話・パソコン／ネットワーク／通信／発表会／パニック／デマ／世論／流行／イメージ

（出所）高杉，2001。

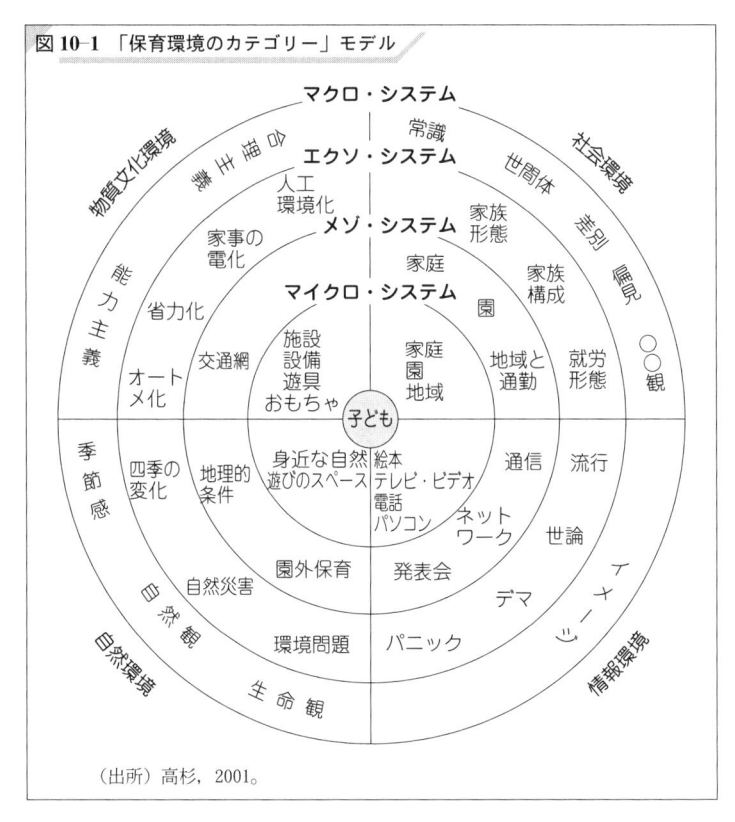

　生後3カ月頃までは，特に視覚，聴覚，触覚的な刺激となるもの，すなわち色がはっきりしていたり，音がしたり，さわったりなめたりしたときの感覚が気持ちのいいものなどが好まれます。お座りができるようになると，手が自由に使えるようになり，ものを握るなどの指先の細かな動きも発達してきます。ものをつかんで引っぱり出したりまた戻したりと，自分で変化を楽しむ遊び方をするようになります。さらに移動ができるようになると，押して歩く，引っぱって歩く，転がすなど，自分と一緒におもちゃを移動させることを

楽しむようになります。また積み木やブロックなどで，積み上げたり組み合わせたりして，形を構成する遊びをするようになります。

想像力とおもちゃ

象徴能力が生まれてくると，いろいろなまねをするようになり，**ごっこ遊び**を楽しむようになります。おままごとや人形遊びをしたり，ヒーローやキャラクターになりきって，演じたりします。なりきって遊ぶ際には，おもちゃが小道具として働き，おもちゃがあることで遊びがより盛り上がります。ごっこ遊びの際のおもちゃの役割を考えると，遊びにリアルさをもたらす楽しさと，1つのおもちゃがいろいろなものにたとえられる楽しさの両面があるように思います。たとえば，ヒーローになりきるための衣装や武器など，本物そっくりなおもちゃが多数販売されていて，子どもに非常に人気があります。また子どもたちがごっこ遊びに使うために，本物そっくりの小道具もいろいろと作られています。たとえば，幼稚園でのレストランごっこを観察していると，店員さんが持っている注文に使う機械として，手のひらサイズの小さな箱にボタンをかいたものがよく登場します。これがあることで，レストランごっこがよりリアルに展開していくのです。一方で，想像力を活性化させるような広がりのあるおもちゃもあります。チェーンリング，おはじき，積み木などは，よくおままごとで使われます。その際，チェーンリングはスパゲッティになったり，デザートになったりします。子どもは「これはスパゲッティのつもりね」「今度はチョコレートパフェね」と自分の想像を当てはめて，さまざまなものを作っていきます。1つのおもちゃが子どもの想像力に支えられて，豊かに広がっていくのです。

子どもにとってよいおもちゃとは

日本玩具協会（2008）の資料を参考に，子どもにとってよいおもちゃとは何かを考えていきましょう。まず大切なのは，子ども

の発達段階に合っていることです。子どもの運動能力や巧緻性の発達，さらには認知能力の発達に合わせて，子どもが何ができるようになり，何に興味があるのか，それをよく見て，おもちゃを与える必要があります。自分の発達段階よりも下の簡単過ぎるものは，子どもにとってはつまらないおもちゃになってしまいます。一方で，子どもの発達段階よりも上過ぎても，先を急ぎ過ぎても，子どもはそのおもちゃ本来の楽しさを味わうことができませんし，時には危険をともなうことさえあるかもしれません。したがって，発達段階を見極め，それにマッチしたおもちゃを選ぶことは，子どもの能力を最大限に生かして楽しませるためにも，大切なことなのです。

さらにいろいろな遊び方ができるおもちゃは，子どもの想像力を高め，工夫する楽しさを生み出すものと言えるでしょう。ただ遊びの種類が豊富になるだけでなく，年齢に応じてより複雑な遊び方が可能になり，結果的に長くつきあえるおもちゃとなります。

そして何よりも安全であることです。おもちゃそのものは危険がなくても，小さな部品が赤ちゃんにとっては誤飲のもとになってしまうというように，年齢や発達段階によって，安全かどうかの基準は異なります。そのためにも子どもの発達段階を理解し，おもちゃの適用年齢にも十分気をつける必要があるのです。

3 絵　　本

絵本との出会い　子どもと絵本との出会いは，多くの場合，大人による**読み聞かせ**から始まります。絵本の読み聞かせの開始時期は，0歳代，1歳代が約7割を占めており（秋田・無藤，1996），かなり早期から絵本と出会う環境が準備さ

Column ⑳　ブックスタート・プロジェクト

　ブックスタートは，1992 年にイギリスで始まり，日本には 2000 年の「子ども読書年」に紹介され，2001 年 4 月に本格的に実施を開始し，全国各地へ広がりました。2010 年 11 月現在，全国で合計 753 の自治体で実施されています（ブックスタート Web ページより）。

　ブックスタートとは，「赤ちゃんと保護者に絵本を開く楽しい体験といっしょに絵本を手渡し，心ふれあうひとときを持つきっかけをつくる活動」です。「地域に生まれたすべての赤ちゃんを対象」に，市区町村自治体の活動として，0 歳児健診などで実施されています。

　ブックスタートならではの特徴が 2 つあります。第 1 に「絵本を開く楽しい体験といっしょに手渡す」という点です。保護者に絵本をただ配るだけではなく，図書館職員やボランティアが赤ちゃんと一緒に絵本を読みます。絵本の読み方を指導するというよりも，赤ちゃんのかわいい反応を見ながら，絵本を開く時間の楽しさをいっしょに体験してもらうことが目的であり，この体験が家庭でも絵本を通して赤ちゃんとあたたかい時間をもつきっかけになるのです。第 2 に，絵本に関心の高い保護者だけではなく，「すべての赤ちゃんと保護者を対象」にしています。赤ちゃんのいる家庭の中には，絵本を持っていない家庭もありますが，絵本そのものをプレゼントすることで，どの家庭でもすぐに絵本を開いて，赤ちゃんと楽しい時間をもつことができる具体的なきっかけを作ることができます。実際にブックスタートによって，母親の絵本への興味関心が喚起されることが示されており，この活動の有効性が実証されています（秋田ほか，2002）。

　ブックスタートは単に絵本を普及させるための活動ではありません。絵本を手渡すことで，赤ちゃんと保護者がゆっくりと向き合い，楽しくあたたかい時間をもつきっかけを作ることが目的なのです。

れている，つまり社会と養育者が子どものための本文化を作っている現状があることがわかります。また最近では，全国の多くの自治体で**ブックスタート**（*Column* ⑳参照）が進められており，赤ちゃんと養育者が楽しい時間を過ごすきっかけとなるように，0 歳代の赤

ちゃんに絵本が贈られています。

> **どんなふうに読み聞かせをしているのか**

親子の読み聞かせにはどのような特徴があるのでしょうか。読み聞かせは、養育者が子どもに対して一方的に本の文字を読んでいるだけではありません。絵本を媒介として、親子のあいだでさまざまな対話ややりとりがなされています（ブルーナー，1988；秋田，1998；石崎，1996）。

0, 1, 2歳児の子どもへの読み聞かせでは、**表10-1**の例1のような「注意喚起・質問→命名→応答」という対話が繰り広げられています。これは事象の名称を覚え始める**語彙の爆発期**（第7章参照）によく見られるパターンです。このような対話は、最初は養育者主導で行われますが、しだいに親子で交代しながら対話できるようになり、自分で命名したり、子どものほうから質問したりするようになります（例2参照）。このように養育者の援助を受けることによって、子どもが読み聞かせ固有の会話パターンを習得し、自ら会話に参加するようになるのです。また、単に事物の名称だけでなく「このあいだ、おうまさん見たね」「おおきかったね」などと、絵本に描かれている内容と、子どもが過去に体験したことを関連づけて、思い出して話したり、感想を言ったりすることもよくあります。

さらに、読み聞かせを始めた頃の会話に特徴的なのは、本の取り扱い方に関して、養育者が教えているということです。本はほかのおもちゃと違い、なめたり投げたりしてはいけません。また読む順番があり、1頁ずつめくって読み進めていくものです。しかし1歳前後の子どもたちは、ほかのおもちゃと同じように、なめたり投げたりしてしまうことがあります。そういうときに養育者は本は読むためのものだということや、1頁ずつ順番に読んでいくことを教えたり、話したりします（秋田，1998）。このように、読み聞かせを通

表 10-1 読み聞かせ時の親子の会話

〈例1〉母親主導型（子：2歳0カ月）

母：（指さして）これなんだろう？	注意喚起・質問
子：しんご。	命名
母：（指さして）しんごうね。 　　信号が赤だから止まっているのよ。	応答

〈例2〉子主導型（子：2歳4カ月）

子：（指さして）これ，これなに？	注意喚起・質問
母：へい。	命名
子：これへい？	質問
母：そうよ，へい。	命名
子：（指さして）くましゃんへいのぼってる。	説明
母：そうだね。	応答

（出所）石崎，1996をもとに作成（□内は著者が加筆）。

じて，子どもは文化的道具である絵本の扱い方も学んでいるのです。

　幼児期前半になると，子どもはじっと座ってお話しを聞いているだけでなく，絵本の主人公のセリフや行動をまねてみたり，演じてみたりすることもあります。絵本の泣いている子をなでたり，悪い子を叩いたり，時には主人公と同じようにでんぐり返しをしたり，幼児期前半には身体を使って絵本に関わる行動が見られます。このような身体全体で絵本と関わる行動は，年齢が上がるにつれて減り，また読み聞かせ時の発話量も減っていきます（秋田，1998）。幼児期後期になると，養育者との対話を通して絵本を楽しむことから，自分と本とのあいだで心の中での対話を楽しむように変化していくと考えられます。

> どんな絵本が好き？

　0,1歳代では，子どもの身近な食べ物や動物などがはっきりと描かれた図鑑型の認識絵本や，「いないいないばあ」などの遊びが取り入れられた絵本が

よく読まれています。また、生活に密接したあいさつやトイレなどが描かれた生活絵本や、ことばと絵がリズミカルに繰り返される絵本も人気です。2, 3歳代では、ストーリーを楽しむ物語絵本にも興味をもち始め、より複雑な展開があるものや未知の体験に関する物語にも関心をもつようになります。ただし、同じ年代の子どもをもつ家庭でも読まれる絵本や読み聞かせのスタイルはさまざまで、たとえば図鑑型の絵本を読みながら子どもの興味に合わせて対話を進める家庭があったり、いろいろな物語を静かに読む家庭があったりと、それぞれの家庭に独自の流儀があるようです（横山，1997）。

保育場面における読み聞かせ

幼稚園や保育園でも、日常的に読み聞かせが行われています。保育場面は、家庭での読み聞かせとは異なり、保育者対複数の子どもという状況です。そのため絵本を読む場所、保育者の位置や姿勢、子どもの座り方など、集団を対象とした読み聞かせに適した環境構成に十分配慮する必要があります。また読み聞かせを始める前には、絵本に関連する手遊びをしたり、表紙をじっくり見せたり、子どもの興味を高める働きかけをすることが大切です。読み終わった後には、子どもがもう一度読めるようどこに置いてあるかを伝えたり、本に関連するおもちゃや小道具などを部屋に置いたりして、子どもの活動が広がる可能性を見通した働きかけをすることも重要でしょう（横山ほか，1998）。保育場面では、絵本の読み聞かせを通じて、仲間と一緒に絵本の世界を共有して楽しむために、そして絵本を通じて子どもの活動の広がりをもたせるために、環境構成には十分配慮したいものです。

絵本を読むことで得るものは

絵本を読むことで、私たちはそこに描かれている絵や文字と出会います。絵や文字にふれることで、たくさんのことばや文字を

> **表 10-2　読み聞かせの意義**
>
> **文字・知識取得**
> 　文章を読む力が育つ　　文章を読む力を育てるため
> 　文字を覚えさせるため　　文字を覚えられる
> 　子どもに集中力をつけさせるため　　集中力がつく
> 　ことばを増やすため　　ことばが増える
> 　日常の生活に必要な知識を身につけさせるため
> 　日常の生活に必要な知識が身につく
> 　話をする力がつく　　子どもにとって必要な教養が身につく
> **空想・ふれあい**
> 　空想したり夢をもつことができる
> 　子どもが空想したり夢をもてるようにするため
> 　本を通して親子のふれあいができる　　親子のふれあいをするため
> 　子どもが本の世界を楽しむため
> 　身の回りへの新たな興味をもつことができる
> 　ものごとを深く考えるきっかけをあたえるため
>
> （注）読み聞かせの目的と利点の各々について回答してもらったため，類似の項目が含まれている。
> （出所）秋田・無藤，1996 をもとに作成。

覚え，またさまざまな知識が身につきます。さらに絵本を読むことで，そこで描かれている物語の世界にふれ，物語の世界を楽しみ，空想や想像が広がります。このように絵本を読むことで得られることはさまざまですが，読み聞かせをする養育者は，その意義をどのように考えているのでしょうか。幼稚園児の親を対象とした「読み聞かせの意義」に関する調査によると（秋田・無藤，1996），「文字・知識習得」と「空想・ふれあい」の2つの意義が見出されました（表10-2参照）。「文字・知識習得」は読み聞かせの結果として生まれる知的効果を，「空想・ふれあい」は読み聞かせの過程で生じる思考や情緒を意味しています。この2つを比較すると親の8割は「空想・ふれあい」のほうを重視しており，多くの親にとって，子

図 10-2　幼児における読書・勉強・マンガ・テレビゲームの意義の認識

凡例：□ ほめられる　☒ おもしろい　▨ わかる　■ 一緒

縦軸：意義選択得点（0〜1.3）
横軸：読書、マンガ、テレビゲーム、勉強

（出所）秋田・無藤・藤岡, 1992。

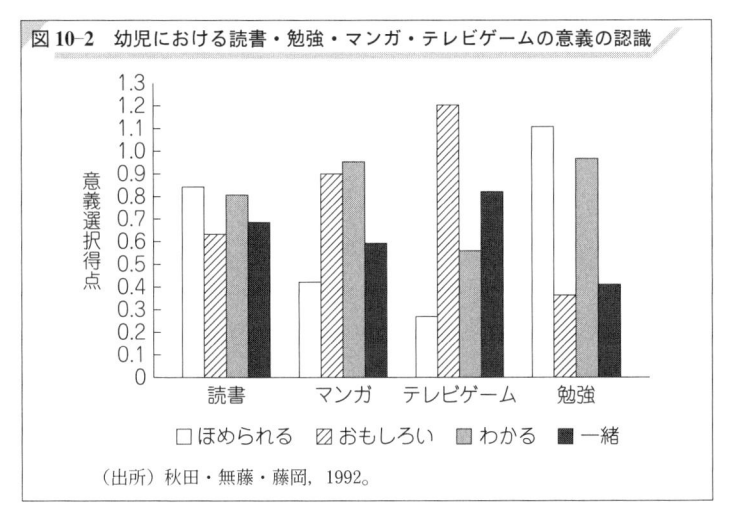

どもとの会話を楽しみ，空想し夢をもつという読み聞かせの過程自体が意味をもっていることがわかりました。一方「文字・知識習得」のほうを重視している親は，子どもが1人で読めるように援助するような読み聞かせ方をしており，家にある絵本の数も少ないことがわかりました。親の読み聞かせに対する考え方が，子どもの絵本との関わりや子どもが育つ読書環境に影響を及ぼすことが示唆されています。

さらに，幼児に本を読む意義について4つの絵カード（①親にほめられる，②おもしろい，③いろいろわかるようになる，④家族や友人と一緒にできる）から2つまでを選択してもらい，マンガを読むこと，テレビゲームをすること，勉強することと比較した調査（秋田・無藤・藤岡, 1992）によると，読書では4つの意義でかたよりはあまりなかったものの，「おもしろい」よりは「親にほめられる」意義が若干重視されていました（**図 10-2** 参照）。この結果はテレビゲームやマンガとは明らかに異なる反応です。読書は文化的に価値づけ

られた活動であり，子どもが読書することを大人がほめるということを通して，読書の価値が子どもに徐々に内在化されていくのだと言えるでしょう。

4 テ レ ビ

テレビをどんなふうに見ているの？

テレビは，私たちの生活において非常に身近なメディアです。現在の子育て中の親世代は，生まれたときからテレビがある世代であり，もちろん赤ちゃんの生活にもテレビは当然のように入り込んでいます。

では子どもたちは，いつ頃から，どれくらいテレビを見ているのでしょうか。母親を対象とした調査（NHK 放送文化研究所，2006）によると，テレビを見せ始めた時期は，生後3カ月で半数以上，生後8カ月で9割となっています。また**テレビ接触時間**（**図10-3**）は，0歳で1日平均3時間13分です。そのうち**視聴時間**（専念視聴＋ながら視聴）は約1時間で，あとの2時間はついているだけという状態です。1歳では視聴時間が増えますが，2歳になると運動能力が発達し行動範囲が広がるため，テレビ視聴時間がやや減り，4歳までもほぼ同じぐらいの時間です。また，1995年から2005年までの10年間を比較した調査（ベネッセ教育研究開発センター，2006）によると（**図10-4**），幼児（1歳児から6歳児）のテレビの視聴時間は10年間でやや減少しており，特に低年齢児が短くなっています。ただし，ビデオや DVD を合わせたメディア視聴は，平均3時間49分で，ほとんど変化していません。このように，いまの子どもたちは，生後間もなくからテレビに接し，1日に3時間をテレビと

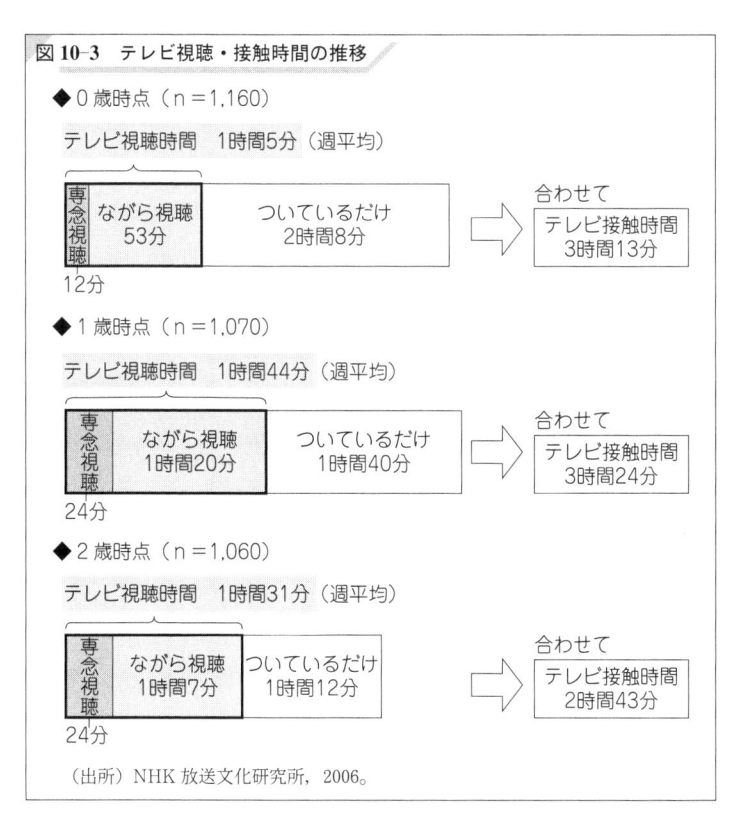

図 10-3　テレビ視聴・接触時間の推移

◆ 0歳時点（n=1,160）

テレビ視聴時間　1時間5分（週平均）

専念視聴	ながら視聴 53分	ついているだけ 2時間8分
12分		

⇒ 合わせて　テレビ接触時間 3時間13分

◆ 1歳時点（n=1,070）

テレビ視聴時間　1時間44分（週平均）

専念視聴	ながら視聴 1時間20分	ついているだけ 1時間40分
24分		

⇒ 合わせて　テレビ接触時間 3時間24分

◆ 2歳時点（n=1,060）

テレビ視聴時間　1時間31分（週平均）

専念視聴	ながら視聴 1時間7分	ついているだけ 1時間12分
24分		

⇒ 合わせて　テレビ接触時間 2時間43分

（出所）NHK放送文化研究所，2006。

ともに過ごしているのです。

　子どもがよく見る番組は，幼児向けの番組（特にNHK教育）が中心で，年齢が上がるにつれて，子ども向けのアニメ・マンガを見るようになります。2歳になると，約半数が見たい番組がだいたい決まってきます。またテレビを見るときは，1,2歳児の8割が母親と一緒に見ています（NHK放送文化研究所，2006）。

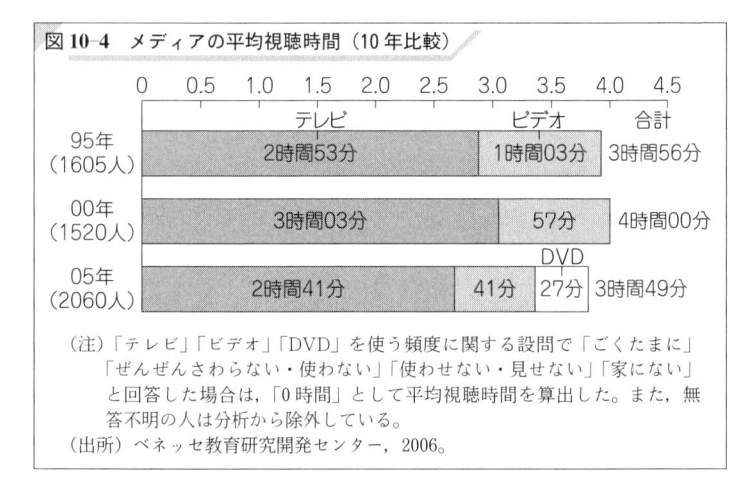

図 10-4 メディアの平均視聴時間（10年比較）

	テレビ	ビデオ/DVD	合計
95年（1605人）	2時間53分	1時間03分	3時間56分
00年（1520人）	3時間03分	57分	4時間00分
05年（2060人）	2時間41分	ビデオ41分 / DVD 27分	3時間49分

(注)「テレビ」「ビデオ」「DVD」を使う頻度に関する設問で「ごくたまに」「ぜんぜんさわらない・使わない」「使わせない・見せない」「家にない」と回答した場合は、「0時間」として平均視聴時間を算出した。また、無答不明の人は分析から除外している。
(出所) ベネッセ教育研究開発センター, 2006。

テレビの内容を理解するのはいつから？

テレビを見ている子どもの様子については、0歳時点では75%の母親が「画面に関心をもち始めている」状態と考えているのに対して、1歳時点では8割近い母親が「内容もいくぶん理解し始めている」と考えています（NHK放送文化研究所, 2006）。1歳から2歳では、テレビの歌や体操をまねたり、音楽に合わせて踊ったりすることも増えてきて、テレビの内容と関連した行動をするようになってきます。

では子どもたちは、テレビの世界をどのように理解しているのでしょうか。テレビの映像はテレビを見ている私たちの目の前に映りますが、実際には登場人物は家庭にあるテレビの中にいるわけではありません。しかし、テレビを見ている幼児の様子を見ていると、テレビの呼びかけに応えたり、テレビに出てくる怪獣を本当に怖がったりすることがよくあります。いくつかの調査でも、幼児期までの子どもたちは、テレビの中の出来事と現実を区別することが難しいことがわかっています。「テレビに映っている人に子どもの声が

聞こえているか」「テレビに映っている人は子どもを見ているか」について，2〜6歳にたずねたところ，2歳児はほとんど正解できず，6歳でも正解率は80%に達しないことがわかりました（村野井，1986）。さらにその理由をたずねてみると，「聞こえない」と回答した子どもの中に「テレビの人は話に夢中だから」「テレビ画面にはガラス（ふた）がついているから」という理由が見られ，条件がそろえば聞こえると考えている子どもが多数いることがわかりました。このようにテレビの映像を実在と区別するのは幼児にとっては難しく，確実に区別することができるのは，児童期に入ってからなのです。

メディア・リテラシー

幼児期には，テレビのキャラクターのまねや同一視がさかんに見られるようになります。しかし，テレビの中のことと現実との区別が十分にできない子どもは，危険な行動をまねしてしまったり，不適切なことばや行動を身につけてしまったりすることが起こりうるでしょう。

そこで必要となるのは，子ども自身がテレビのもつ特性を理解することです。この能力はメディア・リテラシーと呼ばれています。**メディア・リテラシー**は，①メディアを主体的に読み解く能力，②メディアにアクセスし活用する能力，③メディアを通じてコミュニケーションを創造する能力という3つの要素の複合的能力と定義されています（郵政省，2000）。

これらの能力は，子どもが独力で獲得していくことは難しく，周りにいる大人が適切に援助していく必要があります。そのためのメディア・リテラシー教材が開発され，その有効性が明らかになっています（駒谷，2001）。主体的にメディアを活用し，批判的に評価できる賢い視聴者に育てるために，家庭や保育所・幼稚園でのメディア・リテラシー教育が今後ますます重要になっていくでしょう。

Column ㉑ テレビは子どもの発達に良いの？ 悪いの？

メディアのうち，特にテレビやテレビゲームに関して，子どもの発達を促進するという意見や，発達を妨げるので見せない・使わせないほうがよいなど，メディアの有効性や悪影響についてさまざまな議論がなされてきています。

プラスの影響に関しては，セサミストリートなどの教育番組が，言語能力や数的処理能力にプラスの影響をもたらすことが，いくつもの研究で確認されています（Fish, Truglio & Cole, 1999）。

また日本での最新の大規模縦断調査によると，テレビ視聴時の親の子どもへの解説行動（見ているテレビの内容について子どもと話すなど）と表出語彙数との関連について，0歳時点での解説行動が，1歳時点での語彙獲得に促進的に作用し，さらに1歳時点での解説行動と2歳児の語彙獲得数とが相互に関連し合う関係にあることが示されています（菅原，2006）。

一方で，テレビのマイナスの影響も指摘されています。最もよくあげられるのは，暴力的な番組と攻撃性の関連です。暴力的な番組を見た子どもが，直後の自由遊びで攻撃的にふるまうといった短期的な影響（Bushman & Huesmann, 2001）だけでなく，児童期のテレビ暴力視聴が数年後の攻撃性を予測するなど長期的な影響も指摘されています（Husemann & Eron, 1986）。

また長時間テレビを見ることについては，子どもの発達に悪影響を及ぼすとの警告もなされています（日本小児科学会こどもの生活環境改善委員会，2004）。ただし，テレビを長時間見ること自体が問題なのではなく，それによって親子の関わりや外で遊ぶなどの他の活動時間が減少することが，子どもにとってマイナスの影響をもっとも考えられます。これは，児童期以降のテレビゲーム（携帯ゲームを含む）にも共通している問題です。

さらにテレビそれ自体の問題と，コンテンツ（内容）の問題（たとえば暴力シーンが含まれる番組）を区別して，その影響を理解する必要があるでしょう。乳幼児にとって望ましくない番組やソフトがあることも事実です。その意味で，やはり子どもが見るテレビ番組や，遊ぶソフト

を選ぶ際には，養育者による介入・統制が不可欠です。母親がテレビ好きだと子どもの視聴時間も長い（菅原，2006）というように，各家庭（親）のメディア利用やメディア観は，子どものメディア利用そしてメディア観に影響を及ぼします。子どもの視聴を統制する前に，まずは養育者自身のメディア利用やメディア観を再考しておくことが大切でしょう。

読書案内

秋田喜代美『読書の発達心理学——子どもの発達と読書環境』国土社，1998年
- 乳幼児期の絵本の読み聞かせから小・中学生の読書に関してまで，読書活動の実態や意義，読書環境について詳しく論じている。

坂元章編，2003『メディアと人間の発達——テレビ，テレビゲーム，インターネット，そしてロボットの心理的影響』学文社，2003年
- テレビの影響，テレビゲームの影響について，これまでの膨大な知見をわかりやすくまとめ，詳細に論じている。

第 III 部

乳幼児の発達・育ちを支える
子育て・保育の現場から

第 11 章　楽しいだけじゃない子育て
第 12 章　ママ・パパのこと大好きなのに
第 13 章　なんとなく気になる子

第11章 楽しいだけじゃない子育て

発達臨床心理的援助の基礎

　近年,「育児は育自」といったことばをよく耳にするようになりました。行政も加わって積極的に進められている「子育て支援」でも,子ども同様,「親(大人)の育ち」をどのようにとらえ,支えていけばよいかが重要なテーマとなっています。

　また,発達心理学においても,1990年代半ばから,人の生涯にわたる発達をとらえる「生涯発達」の視点が導入されたことを背景に,「父親」や「母親」となった人たちが,子育てを通してどのような経験をしているのか,そして,そのような経験が,成人期の心やパーソナリティの発達にどのような影響を及ぼすものなのかといった研究が盛んに実施されるようになりました。

　本章では,このようにさまざまな方面から注目を浴びる「親の発達・成長」という問題と関連づけながら,「子育て」という営みとそれを支える臨床的理解のあり方について述べていきたいと思います。

1 子育てについて考える

　育児不安，育児ストレス，子育てによる負担感，子ども虐待……。今日，幼い子どもやその親をめぐって私たちの耳元に届く声の多くは，育児や親，特に"母親"のあり方を危ぶむものです。本章でも，育児の難しさや女性が母親になることにともなう心理的な不安やストレスといった問題は重要な論点になります。しかし，まずはじめに確認しておきたいことは，育児や親になる経験は，けっして"つらいばかり"のものではないということです。多くの調査が明らかにしていることは，育児を中心的に担う親が，さまざまな大変さや苦悩を報告する一方で，それ以上に「子育ては楽しい」「母親になってよかった」という肯定的な感情を報告しているということです（たとえば，原田，2006）。

> **アンビヴァレントな心を理解する**

　人がある同一の対象に抱く相反する感情や態度を**アンビヴァレンス**（ambivalence）と言います。育児や親になる経験とは，まさにこのアンビヴァレントな心理を経験するプロセスです。したがって，育児や親を理解し支援することにおいては，このような相反する感情の存在を理解することが特に重要となります。子どもを育てる経験に対して，アンビヴァレントな感情をもつことは，特別なことでも，非難されるべきことでもありません。このような感情は，親，とりわけ子育てに多くの責任や負担を求められる母親に特徴的に見られるものであり，育てるという行為に関わる自然な感情とも言えます。児童精神科医のウィニコットは，このようなアンビヴァレントな感情を抱えていけるようになることを1つの成熟の指標と

して位置づけました（Winnicott, 1965）。

　育児や親になる経験においては，アンビヴァレントな感情をいかに回避するかが目指されるのではなく，むしろ，一見矛盾した相容れない感情と親自身がどのようにつきあっていくか，そしてそれを援助者側がどのようにとらえ，支えようとするかが重要なのです。

育てる人の成長を見つめる

　近年，生涯発達の視点から，親になることによる成長や経験の意味づけを親自身の人生や成人期発達の一段階として位置づける研究がなされるようになりました。

　これらの研究によって明らかになってきたことは，育てる者としての親も，日々成長を遂げていく子どもと同様，成長し，自己を形作っていく存在であるということです。

　「いつ，一人前の母親になるのか」という問いを幼稚園児の母親86名を対象に実施した調査では（山口，1997），「自分を"一人前の母親"と認知しているか」という問いに対して，8割を超える母親が「いいえ」と回答しています。これらの母親たちは，「一人前の母親になったかどうか」を，①「自分の利害や感情よりも子どものことを優先して考えるようになっているかどうか」，②「自らの育児に自信をもてているかどうか」の2つの基準を中心にとらえていました。

　ここで示された親たちの「一人前ではない自分」という自己認識のあり方は，親となる経験が妊娠や出産といった特定のライフイベントを経験することで直ちに達成されるものではなく，子どもとの関わりのなかで，自分を見つめ，親としての新たな自己形成を行うことが求められるプロセスであることを示しています。

　女性の社会進出が進み，女性が母親としてだけでなく1人の個人としての生き方を模索することが求められる中，子どもを産むとい

う行為や価値についての考え方も変化を遂げています（柏木, 2001；永久・柏木, 2000；中山, 1992）。そして，これらの価値観や考え方はけっして一様ではなく，親になる者がそれまで歩んできた人生やこれから歩もうとする人生の姿によってさまざまなかたちをとります（徳田, 2007）。育児をめぐる親の多様な経験をいかに理解し，親子双方の健やかな成長につなげていけるかということは，乳幼児を育てる親支援や援助を行っていくうえで重要な視点となります。

2 育児ストレスと育児不安研究

育児不安・育児ストレス

日本の母親・育児研究の歴史を紐解くと，その歴史は，1980年代に1つの大きな展開を迎えたと言えます。この時期，生後間もない幼児が置き去りにされたコインロッカー事件など，育児や母親をめぐるさまざまな社会問題が出現したことを背景に，**育児不安・育児ストレス**研究（牧野, 1982, 1983），**母性**研究（大日向, 1988）など，母親の育児に関わる意識や感情と母親を取り囲む社会的環境との関連をとらえる研究が行われるようになりました。

これらの研究は，それまで，「女性であれば」，あるいは「子どもを産みさえすれば」自然に備わるとされた「母性」への信奉が，単なる"神話"にすぎないことを明らかにした点で大きなインパクトをもって受け取られました（戸田, 1996）。特に，それまで，母親個人の生得的，性格的な特徴であると暗黙のうちにとらえられてきた子どもに対する意識や感情が，実は，母親を取り巻く社会的環境，特に夫をはじめとした対人関係のあり方から大きな影響を受けることを示した点は，親へ向けた支援や社会的サポートの必要性を広く

伝え，その具体的なサポートのあり方を考えていくうえで大きな役割を果たしてきました。

> **育児ストレス・育児不安の規定要因**

育児ストレス・育児不安に関するこれまでの研究蓄積を概観すると，まず第1に指摘されているのは，母親を取り巻く人間関係の重要性，特に夫婦関係や夫の育児・家事関与のあり方が妻の育児感情に大きな影響をもたらすということです（たとえば，住田，1999）。これまでの研究では，夫が実際にどれだけ育児・家事に時間を割いているかという実質的な時間よりも，その関わりに妻がどれだけ満足しているかという妻側の満足度や評価の重要性が指摘されています（たとえば，牧野，1982，1983）。

これまでの研究が示していることは，実際に育児に関わることができない多忙な父親でも，妻の話を聴いたり，相談にのったりすることを通して，母親の不安を共有したり，解消することが可能であり，むしろ，母親へのサポートにおいては，そのような関わりを通して，母親自身が「ともに育てている」「自分を気遣ってくれている」と認識することが，妻の育児への不安や負担感の減少につながるということです。これらの結果については，現実的な問題として，多忙な夫にそれ以上の関わりを求めることができないという妻側のあきらめが存在しているという指摘もあり，結果の解釈には注意を要しますが，育児において主たる責任を担う母親のサポートにおいては，単に物理的，時間的負担を軽減するだけではなく，そのような負担を背負いながらも日々子どもと向き合う毎日の大変さやその中で経験される喜びを認め，支えてくれる心理的サポートの存在が特に重要となるのです。

そのほか，母親自身の他者との結びつきや社会的関わりが広いほど育児不安が低くなるという研究結果（牧野，1982）や，親になる

前にどれだけ小さい子どもと接触した経験があるかといった**親への準備性**（原田, 2006）なども, 育児感情や育児ストレスを規定する要因としてその重要性が指摘されています。特に前者については, 親になることによって新たに結ばれたり, あらためて結び直される重要な他者との関係が親としての自信や人格の成熟につながることが指摘されています（加藤, 2007；岡山・高橋, 2006）。親になるための準備と同様, 親となってからの生活をいかに充実し, 豊かなものにしていくかも幼い子どもを養育する親の不安や心理的負担を軽減させるうえで重要なポイントになります。

| 職業の有無と育児感情 | 職業の有無が育児や子どもへの感情にどのような影響を与えるかについては, 一般に, 有職の女性と専業で育児に関わっている女性では, 育児に専業で関わっている女性（専業主婦）のほうが育児不安や育児への負担感が高いことが示されています（牧野, 1982）。また, 仕事役割と家庭役割（配偶者役割, 親役割, 家事役割）の両立の問題を扱った**多重役割**に関する研究においては, 有職の母親は, 家庭で育児に専業する母親と比較して, 家庭と仕事の両立による肉体的, 精神的負担感や疲労感が強い一方で, 生活満足度や育児による拘束（制約）感が低いという調査結果が示されています（福丸, 2000）。

柏木（2001）は, 若く, 個人志向の強い女性や育児に十分な時間がかけられるはずの専業主婦に, 「自分の時間がない」と訴える時間的負担感が高いという調査結果に注目し, このような一見矛盾するような結果は, ライフコースの多様化や選択肢の広がりが進む中で, "個"としての生き方が女性に認められる一方, 依然として育児をはじめとする家事作業の圧倒的な責任が女性に課されている日本社会の現状を反映するものであると指摘しています。

そのほか, 職業の有無と育児感情の関連については, 働くことの

意味（たとえば，経済的理由か生きがいか）によって，育児に対する満足度や親になることによる発達感の高さが異なることが示されています（岡本，2001）。また，親の就業状況と子どもの発達との関連をとらえた研究では，就業の有無よりも，母親自身がその役割に満足しているかどうかが子どもとの関係に関連していることも示されています（Schaffer, 1998）。

このように，育児に対する満足度や育児感情は，職業の有無によって単純に決まるわけではなく，勤務形態や条件，その人が現在の状況（就業形態）の選択にどれだけ関わりえたのか，その選択に現在どの程度納得しているかといった養育を担う親自身の生き方や選択のプロセスとの関連で理解していく必要があります。

育児ストレスをもたらすストレッサー

育児に関わるネガティヴな感情である育児ストレスについては，それをもたらすストレッサーの区分等による研究が進められています（吉永ほか，2006）。

育児ストレスを，子どもに関わる問題がストレスの要因となる「**子どもストレス**」と親役割を担うことによってもたらされる「**親ストレス**」に分けて考察した研究では（数井・無藤・園田，1996），夫婦関係と子どもの心理状態（アタッチメントの安定性；第 **5** 章参照）との関連で，以下のような興味深い結果が示されています。

① 親ストレスは，子どもストレスと関連していないだけでなく，子どもストレスよりも有意に高い得点を示す。

② 子どもそのもののストレスよりも，母親が親として抱いている欲求不満や問題など（親ストレス）が，子どもの心理的状態（アタッチメントの安定性）と関連している。

③ 夫婦関係の状態と親役割からのストレスが交互作用して，子どもの心理的状態に影響している。

これらの結果は,「育児ストレス」と言われるものの多くが, 子どもの育ちや行動特徴といった子ども側の問題のみに帰されるのではなく, 親に期待される親役割と, それに付随して生じる生活上の変化といったものとの関わりによって引き起こされる可能性を示しています。また, ある研究では,「親としての効力感の低下」といった親役割の遂行に関わるストレッサーが子どもの年齢にかかわらず一定に存在するのに対し,「子どもの特性」に関わる育児ストレッサーは, 3～4歳でピークを迎えた後, 子どもの社会性の発達や自立にともなってしだいにストレッサーとして認知されなくなることが明らかにされています (吉永ほか, 2006)。

このように, 育児ストレスや育児への否定的感情は, 必ずしも子どもの存在に対する否定的感情とダイレクトにつながるものではなく, その背景には, 親自身が抱えるさまざまな生活上および人生上の課題が深く結びついている場合があり, また, それらの内容も子どもの成長によって変化していくものであるようです。

総合的な取り組みの必要性

近年, 母親の育児感情について, 母親が子どもたちへのいらだちや焦燥感を強めているという報告があります (原田, 2006; 大日向, 1996)。大日向 (1996) は, 1970年代に実施した調査では, 育児の閉塞状況に悩み, 子どもに対していらだち, 感情的に反応しながらも, その度に反省し, 同じことを繰り返す自分に嫌悪感を深めていく「子どもを愛そうと思いつつも愛せない」タイプの親がほとんどであったのに対し, 1990年代に行った調査では, 育児への忌避感や子どもへのいらだちが激しくなる一方で, そのような自分を「母親も完全ではないから, 子どもがかわいく思えなくても当然」と正当化する母親が徐々に増えてきていることを指摘しています。そして, 前者の母親が育児支援等によって負担が減ることで子ども

へのいらだちを解消していくのに対し，後者においては，その背景に母親自身の育児観の未熟さや夫婦関係の不安定さ等，より複雑な要因が関わっているため，それらすべてのことをふまえた総合的な支援のあり方を模索する必要があると述べています。

　育児に対するネガティヴな感情に関する研究においても，育児に関わり負担感を強く感じる親が存在する一方で，子どもや育児そのものに無関心である親の問題が指摘されており，育児ストレスや育児不安が高いことだけを問題視するのではなく，養育を担う親自身の生き方の迷いや葛藤も含めて親の経験をとらえていく必要があると言えそうです（岩田，1997）。

　自治体やさまざまな機関において実施される子育て支援は，子どもの発達や遊びを促す場としての機能や育児の負担を軽減する預かりサービスの実施だけではなく，具体的な育児情報の提供や仲間作りをはじめとした，育児に関わる親自身の育ちを支えるプログラムをともなったものとなってきています。このような変化の背景には，現代における育児の問題が，親になる者の育ちの問題としてとらえるべきであるという認識の高まりがあります。

　以上のように，育児不安や育児ストレス研究は，育児に対するネガティヴな感情が，母親を取り巻く社会的，対人的環境からのサポートの有無やそのあり方と密接に関わるものであると同時に，親としての自己のあり方や生き方の問題とも強く関わることを明らかにしてきました。次の節では，より発達的な視点から，親としての自己のあり方や生き方の問題に焦点を当てた研究について整理し，夫婦や個人が親になるプロセスにおいて経験する心理的問題とその特徴について述べていきます。

3 親への移行にともなう変化と適応

　欧米では，早くから，**親への移行**（transition to parenthood）への関心がもたれ，それは，心理学だけでなく，社会学，人類学など，学際的な研究領域として研究が発展してきました（Goldberg, 1988）。親への移行研究の特徴は，夫婦や個人が経験する一連の変化を一種の**心理的危機**をもたらすライフイベントと見なす一方で，夫婦や個人がその危機にどう対処し，乗り越えるかが，2人の絆をさらに深めるきっかけになったり，成人期の人格発達をもたらすものになったりすると考える点にあります。

　以下では，まず，親になる重要な準備過程である妊娠期の特徴について述べ，続いて，子どもの誕生によって個人（特に母親）および夫婦関係にもたらされる心理的危機と変化の様態について述べていきます。

親になる準備過程としての妊娠期

　第3章でふれたように，妊娠を知り，出産に至るまでのさまざまな変化を通して，女性は，母親になること，母親である自己を受け入れ，その準備をしていきます（Rubin, 1984）。

　妊娠期は，一般に，初期，中期，後期の3つの時期に区分されます。**妊娠初期**は，母親になる女性にとっては，つわりも含め心身両面での適応が迫られる時期となります。この時期は，まだ，胎内にわが子がいるという実感に乏しく，胎児や生まれてくる子どもへの関心よりも，妊娠自体や妊娠した自分自身に関心が向き，妊娠・出産によって変更や中断を余儀なくされる生活やキャリアへの不安や抵抗といった感情が強まる時期と言われています（Rubin, 1984）。

続く**妊娠中期**は，一般に3つの時期の中で最も心身が安定している時期です。母親は，**胎動**を感じること等によってより確かな胎児へのアタッチメント形成の手がかりを見出すとともに（吉田，2000），そのような存在を自分に非常に貴重で重要なものとして認識し始めます（Rubin, 1984）。また，胎動のリズムや周期から，子どもの個性を想像していくなど，広い意味で親と子の関係性を徐々に築いていく重要な時期です。

妊娠後期は，下腹部が大きくなり，胎児の存在をより強く実感するとともに，身動きの不自由さや分娩に対する不安が増大し，来るべき出産・育児を待ち遠しいと思う気持ちとそれらに対する不安や緊張が同時に高まる時期です（吉田，2000）。

蘭（1989）は，妊娠から出産後数年までの間を，「自分ひとりではなく誰かとともにいる自己（Co-セルフ）」を形成し，それを確立した後，徐々に弱体化させていく一連のプロセスとして位置づけています。そして，妊娠中期から後期にかけては，胎動を感じ，赤ちゃんとの一体感をもつことが，親としての実感や安定感を得るうえで重要だと指摘しています。また，身重の不自由さの積極的意義にも言及し，この時期に，①子どもと共感する動き，②子どもを優位に志向する認知の働きを獲得することが，出産後の母親としての生活に適応するための準備になるとしています。

> 望む妊娠・望まない妊娠

このように妊娠期は，心身の変化をともないながら，女性が妊娠を受けとめ，親となる準備を進める過程として位置づけられます。一方で，妊娠そのものを喜ぶことができず，受け入れることができない場合は，後の子どもとの関係性や育児態度に深刻な影響をもたらす可能性が高いことが明らかにされています（藤井，1996）。

児童虐待による死亡事例を分析したイギリスの研究者は，乳児を

Column ㉒　胎児への愛着感情の形成

　母親が，胎内の子どもを"わが子"として認識し，胎児へのアタッチメントを深めていくのはいつ，どのようなきっかけを通してでしょうか。母親が胎児を"わが子"として感じたり，何らかの情緒的絆を形成する1つのきっかけとして，"胎動"の存在が指摘されています。

　岡本・菅野・根ヶ山（2003）は，妊婦からみた主観的な母子関係の変化を胎動への意味づけから検討しようと，33名の妊婦に胎動日記をつけてもらい，その内容を分析しました。その結果，胎動の意味づけには，2つのターニングポイント（妊娠29〜30週と妊娠33〜34週）が存在し，母親は，胎動と胎児のからだ（足）のイメージを結びつけてとらえていく過程を経て，胎児との情緒的絆を深め，"わが子"との関係性を強めていく様が明らかにされました。岡本ほかは，このようなプロセスを妊娠期における親への移行の第一歩と見なしています。この研究によれば，妊婦は，最初からわが子を"人間としての赤ちゃん"としてイメージしているわけではなく，胎動を感じ始めた当初，多くの妊婦は，胎動を"人間以外の生き物"（たとえば，虫やモグラ，小さな魚）の動きとしてイメージしており，足や手等の身体の部位としてのイメージができてくる中で，"人間としての赤ちゃん"として，胎児に複雑な感情を認めたり，胎児からの発話を積極的に意味づけていくようです。

　なお，胎動の感じ方には個人差があり，特に，妊娠そのものを受容しているかどうかでその意味づけが異なってくることも指摘されています（大日向，1988）。大日向は，妊娠当初，妊娠について肯定的な感情をもっていた女性の多くが，胎動を"わが子をかわいく思う"契機として位置づけているのに対し，妊娠に否定的な感情をもっている女性においては，そのような傾向が見られなかったことを明らかにしています。このまま，妊娠当初，妊娠に対して否定的な感情をもっていた女性でも，分娩後のわが子との対面や接触を通して，わが子への愛着感情を経験する割合が高くなることを指摘しています。

虐待によって死なせた母親の多くが，妊娠期から，胎児への否定的感情が強く，時に胎児虐待と言われるような胎児に害を及ぼす危険のある物質を意図的に摂取したり，通院などの医療ケアを回避したりする傾向があることを指摘しています。そして，このような徴候を見逃すことなく，妊娠期からの予防的ケアや関わりを積極的に行っていくことが重要な取り組みであると訴えています（Reder & Duncan, 1999）。

そのほか，この時期に抱くわが子への過度の期待や理想化は，出産後の現実とのギャップを広げ，後に続く母親への移行過程にも否定的な影響を与えうることが明らかになっています（Easterbrooks, 1988）。このため，妊娠期間中においては，母親が胎児やわが子への肯定的な感情を育みつつ，出産後の育児に対応できるよう，周囲からのサポートとしては，育児や新生児に関する基本的かつ具体的な知識を伝えていくことがとても重要な取り組みとなります。近年の研究では，妊娠期の子どもに対する感情や表象が，出産後も比較的安定して継続することが明らかにされており，妊娠期は，より積極的な介入やサポートが求められる時期として注目されるようになっています（本島，2007）。

個としての自己と親としての自己：母親が抱える4つのテーマ

初めて母親になり，育児中心の生活を送る女性にとって，24時間かかりきりで子どもの世話をするという生活は，独身時代や夫婦2人だけの生活とはまったく異なったものであり，それまで築いてきた生活や他者との関係，自己概念を根底からくつがえし，その再編をせまる一種の**心理的危機**（crisis）として経験されます（岡本，1994）。

この時期を過ごすにあたっては，親であることを個人の達成や現実の領域を広げる機会として積極的に位置づけるとともに，育児を

担う親として求められる新しい役割とすでに家庭や職業において担っている役割とのあいだで，それらのバランスをいかにとりうるかということが重要となります（Michaels, 1988）。

産後うつの研究を長年にわたって行ってきた研究者は，この時期の女性を理解し，支援を行っていくうえで，この時期の女性が母親になる経験を通して，子どもという存在や母親という新たな自己を獲得する一方で，それまで果たしてきたさまざまな役割や関係の**喪失**（変化・縮小）を経験していることを理解し，より共感的な働きかけを行っていくことが重要であると述べています（Nicolson, 2001）。

著名な児童精神医学者であり，「親―乳幼児心理療法」の提唱者でもあるスターン（Stern, 1995）は，家庭における育児の役割のほとんどが母親に任される社会においては，出産後少なくとも数カ月から数年の間，母親が独自に経験する特有の心理的状態が存在すると述べ，その中心テーマとして次の4つを示しています。

① 「**生命―成長のテーマ**」　赤ちゃんの生命と成長を維持できるだろうかという育てることへの責任やそこからくる不安。
② 「**基本的関係性のテーマ**」　自分自身に根ざしたやり方で赤ちゃんと情緒的に関われるだろうか，また，それは赤ちゃんの心的発達を保障することになるだろうかという，赤ちゃんとの情緒的な関係性をめぐる問題や不安。
③ 「**援助基盤のテーマ**」　上述の2つの機能を果たすために必要なサポートシステムを作り出し，それに委託する方法をめぐる問題や不安。
④ 「**アイデンティティ再編のテーマ**」　ほかの3つのテーマに関わる問題や機能の存在を容認し，促進する方向に自分のアイデンティティを変容させることができるだろうかという問題や

不安。

これら4つのテーマは、日本をはじめ、育児の責任や負担が母親に強くのしかかる社会において、母親が経験する広範な心理的課題の所在を示しています。

2つのアイデンティティの葛藤と揺れ

親となることによる変化や発達の問題を考えるうえで、重要な知見をもたらしてきた研究領域として、親になるという経験を**成人期女性のアイデンティティ発達**の問題としてとらえる研究領域があります。これらでは、母としての自分と個人としての自分、他者の成長をケアすることと自己の欲望や生き方を追求することのあいだに生じる葛藤や折り合いのプロセスを中心に研究が進められてきました。

専門的職業に就き、末子が乳幼児あるいは小学校低学年である女性を対象に行った面接調査では（無藤ほか、1996）、9割の女性が、「母親としての自分」について、喜びなどの肯定的感情を報告する一方で、多くの女性が「職業人としての自分」と「母親としての自分」とのあいだに葛藤を抱えていることが明らかとなりました。

一方、このような自己実現を望む自己と他者のケアに関わる自己とのあいだの葛藤は、成人期女性のアイデンティティ発達につながる積極的な機会として位置づけられます。岡本（1997, 1999）は、成人期におけるアイデンティティの発達を「**個としてのアイデンティティ**」と「**関係性に基づくアイデンティティ**」の2つのアイデンティティからとらえる枠組みを提示しています。この枠組みでは、2つのアイデンティティは等しい重みづけをもち、相互に影響し合いながら発達していくとされます。両者の関係について、岡本は、関係性に基づくアイデンティティの達成が可能になるためには、個としてのアイデンティティが達成されていることが前提となり、また

関係性に基づくアイデンティティの発達と同時に個としてのアイデンティティも発達し続けることが重要であるとしています。そして，関係性に基づくアイデンティティの発達によってもたらされる心理的な成長として，自己確信や自信，さまざまな局面に対応できる力，危機対応力，自我の柔軟性やしなやかさなどをあげています。

岡本は，また，成人期においてケア役割を通したアイデンティティ発達が可能になるためには，ケア役割にともなう心身の負担や時間的拘束という物理的な困難さが，個としてのアイデンティティやケア対象に向けられる愛情までを圧倒しないようにすることが大切であると述べています。そして，そのための具体的な方策として，①自分らしさを確認できる時間や活動をしっかり確保し，自己実現と他者の自己実現への援助の両立に努めること，②ケア役割を1人で抱え込まず，ケアの共有，共同責任性の中で行うことを指摘しています。

夫婦関係の変化

親になることは，夫婦の関係にも大きな変化をもたらします。「子はかすがい」ということばで私たちが理解しているイメージとは異なり，欧米では，子どもの誕生は夫婦関係の満足度を低下させるものであるとの認識が一般的です（Belsky & Kelly, 1994）。親への移行にともなって夫婦や個人が直面する問題としては，次のような問題が指摘されています（Goldberg et al., 1985）。

① 配偶者と子どもとのあいだでの愛情の分配。
② 過去のルーティンの中断（家事の分担，仕事の分担）。
③ 自由と独立性（independence）の制限。
④ 結婚生活のコミットメントの再評価。

日本でも，妊娠7,8カ月と親後2年後と3年後の夫婦間の親密さと夫婦それぞれの自己概念の変遷を比較した研究が行われ，親にな

った2年目の時点で夫婦の親密さが顕著に下がり、3年後も下がったレベルのまま安定して推移することが示されています（小野寺, 2005）。

> **親への移行にどう対処するか**

子どもの誕生が夫婦に及ぼす影響を明らかにしたベルスキーら（Belsky & Kelly, 1994）は、第1子妊娠から7年間にわたって250家族を追跡調査しました。そして、この期間の夫婦の不満感や仲違いの主な原因は、子どもがもたらすストレスではなく、親への移行自体に内在する「分極化傾向」（両者の生物学的な違いや個人的価値観の違いがより鮮明になっていくこと）によるものであることを指摘しています。彼らは、また、子ども誕生後の夫婦関係のあり方は、子ども誕生以前に夫婦それぞれがもっていた6つの領域における適応能力と密接に関わっているとし、夫婦が、それらの能力を用いていかに建設的な議論を行い、互いの関係や理解を深めていくかが、その後の夫婦関係のあり方に大きく影響するとしています（**表11-1**参照）。

子どもの誕生は、新しい命の到来として、夫婦や親となる男女に多くの喜びをもたらす一方で、夫婦や家族の生活や関係にさまざまな変化や不安、ストレスをもたらす出来事でもあります。親への移行期においては、そのような変化にどのように対応していくか、また、新しい子どもの存在を組み入れた自己や夫婦、家族の関係性をいかに構築していくかが重要な課題となるのです。そのような過程で、夫婦や家族の絆がより強いものとして結ばれたり、親自身の自己がより柔軟でしなやかなものへと成熟していく道筋が切り拓かれていくのです。このように、子どもが生まれることは、成人期を生きる親自身にとっても大きな発達上の岐路に立つことを意味します。次の節では、親自身の発達を「生涯発達」の立場からとらえた

表 11-1 夫婦の親への移行に関わる6つの適応能力

自 己	カップルが2人の個別の自己を「私たち」に合体させられる能力
性イデオロギー	家事分担や仕事などでの不一致を双方の納得のいくやり方で解決する
情緒傾向	ストレスに対するもろさを左右する人格的特性
期 待	子どもが結婚生活にどのような影響を与えると考えていたか
コミュニケーション	子どもが生まれてからも会話を続けることができるか
摩擦管理	建設的なけんか

(出所) Belsky & Kelly, 1994 をもとに作成。

研究成果を紹介し、この問題について考えていきたいと思います。

4 親としての経験がひらく成熟への道筋

親になることによるパーソナリティの発達

発達心理学全体に**生涯発達**という視点が積極的に導入されることと相まって、1990年代半ばから、親になる経験を、親自身の具体的な生活文脈や発達の歴史からとらえようとする研究がなされるようになりました（柏木・若松, 1994；岡本, 2001；徳田, 2004；氏家, 1996）。

柏木らは、「子どもが新しい経験や役割に出会う中で認知・人格・社会的あらゆる側面で発達してゆくのと同様に、おとなもまた、新しい経験に出会い、新しい役割をとる中で発達する」と述べ、「親となる」ことによる人格発達の側面を明らかにする研究を行い

ました（柏木・若松，1994）。

　この研究では，3歳から5歳の幼児をもつ父親と母親346組を対象に，幼児をもつ親との複数の面接および自由記述から作成した質問紙調査を実施しました。その結果，親になることによる成長として，「柔軟さ」「自己抑制」「運命・信仰・伝統の受容」「視野の広がり」「生き甲斐・存在感」「自己の強さ」として特徴づけられる6つの側面が明らかになりました（**表11-2**参照）。

　これら6つの側面の程度について，その得点を父親と母親で比較したところ，すべてにおいて，母親が父親の得点を上回り，母親のほうが親になることによって，自己の成長を感じていることが示されました。

　また，育児への肯定的感情については，父母ともに変わらず高い得点を示していたのに対し，否定的感情については母親のほうが高く，子どもを自らの分身と感じる程度においては，母親よりも父親が高い得点を示していました。これらの結果は，育児により多くの時間を割き，成長感をより強く感じている母親（特に専業主婦）ほど，育児に対して，肯定的感情と否定的感情の両方を強く経験しており，また，子どもを独立した1人の人格と見なす傾向にあることを示しています。

父親の発達の側面　父親の発達に焦点を当てた研究は，母親を対象にした調査に比べると比較的最近になって行われるようになりました。もう1人の育児の担い手としての父親の発達のあり方や特徴を明らかにしていくことは，重要な意味をもっています。

　第1子が未就学である家庭の父親224名に実施された研究では，父親の発達の側面として「家族への愛情」「責任感や冷静さ」「子どもを通しての視野の広がり」「過去と未来への展望」「自由の喪失」

表 11-2　親となることによる成長・発達の次元得点平均

	主な項目
第Ⅰ因子 「柔軟さ」	・角がとれて丸くなった ・考え方が柔軟になった ・他人に対して寛大になった
第Ⅱ因子 「自己抑制」	・他人の迷惑にならないように心がけるようになった ・自分の欲しいものなどががまんできるようになった ・他人の立場や気持ちをくみとるようになった
第Ⅲ因子 「運命・信仰・伝統の受容」	・物事を運命だと受け入れるようになった ・運や巡り合わせを考えるようになった ・長幼の序は大切だと思えるようになった
第Ⅳ因子 「視野の広がり」	・日本や世界の将来について関心が増した ・環境問題に関心が増した ・児童福祉や教育問題に関心をもつようになった
第Ⅴ因子 「生き甲斐・存在感」	・生きている張りが増した ・長生きしなければと思うようになった ・自分がなくてはならない存在だと思うようになった
第Ⅵ因子 「自己の強さ」	・自分の健康に気をつけるようになった ・多少他の人と摩擦があっても自分の主義は通すようになった ・自分の立場や考えはちゃんと主張しなければと思うようになった

（出所）柏木・若松，1994 をもとに作成。

の5つが抽出されました（森下，2006）。これら5つの側面のうち，最も高い得点を示したのは「家族への愛情」であり，「過去と未来への展望」「自由の喪失」「責任感や冷静さ」「子どもを通しての視野の広がり」がその後に次いでいました（**表 11-3** 参照）。

　この研究では，父親になることによる発達を，男性が親になり，

表 11-3 父親になることによる発達の 5 因子

	主な項目
第Ⅰ因子 「家族への愛情」	・家族への愛情が深まった ・家族の中で幸せだと感じるようになった ・家族のことを考えるようになった ・家庭で安らぎを感じるようになった
第Ⅱ因子 「責任感や冷静さ」	・仕事に積極的に取り組むようになった ・仕事への責任感が増した ・甘えがなくなった ・突発的に異変が生じてもあまり動じなくなった
第Ⅲ因子 「子どもを通しての視野の広がり」	・親子連れに関心を向けるようになった ・自分の子ども以外の子どもに関心を向けるようになった ・子どもを通してつきあいの幅が広がった ・地域活動・ボランティアに積極的に参加したいと思うようになった。
第Ⅳ因子 「過去と未来への展望」	・自分の親が自分をどのように育ててくれたのか考えるようになった。 ・自分と親の関わりを思い出し，将来の自分と子どもとの関わりを想像するようになった。 ・自分が子どもの頃を思い出すようになった
第Ⅴ因子 「自由の喪失」	・時間的余裕がなくなった ・行動範囲が狭まった ・経済的余裕がなくなった

(出所) 森下，2006 をもとに作成。

子育てをする中での精神面と行動面における獲得と喪失を含む変化とし，一見，ネガティヴな側面のようにとらえられる「自由の喪失」を受け入れることが，親になることによる発達の重要な側面であると位置づけています。

父親独自の発達の側面としては，①仕事への責任感の強まりや物事のとらえ方の変化などを示す「責任感や冷静さ」や自分の子

も時代やこれからの人生の展望が明確になるなどの「過去と未来への展望」が見出され，また②柏木・若松（1994）の尺度で抽出された「視野の広がり」（**表11-2**参照）が国内外の情勢や環境問題等の広い社会への関心であったのに対し，今回，父親の発達の側面としてとらえられた「子どもを通しての視野の広がり」は，より身近なコミュニティへの関心や同じ立場にある親への関心等，仕事以外の人間関係を広げる機会としての位置づけであったことが明らかになっています。

さらに，初めて父親になる男性がどのような心理的過程を経て父親になっていくかを検討した別の研究では，父親になる男性は，母親になる女性と比べて，子どもの誕生にともない，一家を支えていくのは自分であるという責任感を強くもつようになること，また，親になる自分についてより自信をもっていることが示されています（小野寺ほか，1998）。

共発達の視点から親子の成長をとらえる

子どもの自己の意識が芽生える2歳前後は，親の子どもへの否定的感情や負担感が高まる時期です（たとえば，原田，2006）。坂上（2003, 2005）は，この時期の親子の難しさやその乗り越えを，「**共発達**」という観点からとらえ，親子の関係が再編される過程を母親側のとまどいと適応のプロセスから明らかにしています。

坂上（2003）は，2歳児の母親25名を対象に半構造化面接を行い，この時期の多くの母親が，子どもとの関係でいらだちや困惑を経験していること，そして，その背景には，反抗や自己主張が顕著になるにともなって，母親が子どもの要求を安易に受け入れることが物理的にも感情的にも難しくなることがあることを指摘しました。そして，特に子どもの反抗期を初めて経験する第1子の母親において，「子ども理解者としての役割」「ソーシャライザーとしての役割」

「母親としての感情に結びついたいらだちや困惑」の3つの視点での揺れが生じ，その揺れが母親の葛藤や子どもへの否定的な対応，負担感につながることを明らかにしています。

　母親らは，また，これらの視点の揺らぎに，以下に示す3つのプロセスを通して対処し，「自分の期待に子どもが応えてくれるとは限らない」「子どもは自分の思うようにならない」「わが子の気持ちを理解し，受けとめたい思っても，必ずしもそうはできない」といった，わが子の"他者性"をあらためて認識する視点を獲得していました。

①　理解力の向上や興味・関心の拡大といった子ども側の発達的変化を利用しながら，互いの理解や譲歩に基づく相互調整的な解決方法を試行錯誤を経て見出す。
②　子どもへの期待や対応をわが子の発達の実情や個性に合うように修正することで，自己の視点に焦点化した状態から脱する。
③　環境に工夫を図ったり，自身のいらだちを統制する方法を見出したりすることを通して，自己の視点に焦点化した状態が生じるのを抑制する。

坂上（2005）は，これらの結果からこの時期の母親の葛藤経験は，母親が子どもとのあいだにそれまでとは質的に異なる新しい関係性を育んでいくうえで，必要不可欠なものと考察しています。そして，この時期に子どもと真正面から向き合い，子どもの視点からものごとをとらえ直しながら，子どもとの新たな関わり方を模索していくことが，自分自身の親としてのあり方，子どもの発達や個性への理解を深め，互いの他者性を前提にした相互理解と譲歩に基づく互恵的な関係性を築く礎となる可能性を指摘しています。

　このように親側の戸惑いや困惑，子どもに対する否定的感情や負担感は，単に親側の未熟さや対応のまずさの現れではなく，子ども

の発達にともなって半ば自ずと生じるものであり，親子関係の発展や親側の成長の重要な契機にもなります。

親と子の営みは，乳幼児において終了するものではありません。その関係性は，子ども自身の発達の道筋や親自身の生きる人生の局面とも複雑に絡み合いながら，生涯にわたって変化と変容を続ける過程と言えます。このため，親子の育ちを支援しようとする場面では，子どもの発達の推移とともに展開する親子関係の揺らぎや親側のとまどいといった側面に目を向けるとともに，それらをより長期的な見通しをもってとらえ直す視点をもっておくことも必要となると言えます。

5 親支援に向けての心がまえ

以上，主として，親側の心理的危機と成長という観点から，乳幼児を育てる親の問題とその援助のあり方について述べてきました。最後に，保育場面をはじめ，親理解や支援を行う際に重要となる姿勢について述べたいと思います。

親ならではの脆弱性を理解する

氏家（1996）は，妊娠から出産後への母親の調査に携わってきた経験や自分自身の親としての経験をふり返りながら，「親ならではの脆弱性」として次のような指摘をしています。

> どうやらわれわれは，子どもを産み育てるときに傷つきやすい状態にいるようだ。子どもを持つと，われわれは不安になり，依存的になる。合理的な判断力がなかなか発揮できなくなってしまう。批判的に書物を読んだり，専門家の話を批判的に聴くことができない。自分自身や子ども，あるいは自分の周囲にいる人びとに対

して，満足できないことや減点の対象ばかりのリストで評価する傾向が強い。(氏家，1996，3頁)

育児中の親を支援していく際には，このような親自身が抱える自信のなさ，親ならではの脆弱性を理解しておくことが大切です。

育児や親の支援を行う立場にあるとき，私たちは，ともすれば，子育ての難しさや大変さを訴える親に対して，減点方式で評価しがちです。1人ひとりの親が抱えるさまざまな状況や大変さを共感をもって理解するとともに，子どもの育ちに関わる喜びや楽しさをともに味わい，作り出していく関わりこそが，子育て支援や親援助においては大切なのかもしれません。

ともに育て，育つ者として

『ケアの本質——生きることの意味』の著者ミルトン・メイヤロフ (Meyeroff, 1971) は，他者の成長や自己実現への援助（関与）への専心を**ケア**と呼び，このケアという行為は，自己の感覚やコントロール感の喪失を含みながらも，自らの成長や自己実現につながる創造的な営みであると指摘しています。メイヤロフは，また，ケアという行為にともなう複雑な経験は，自分以外の他者の存在にふれ，その成長や自己実現の過程に真剣に向き合い，深く関わろうとする際に自ずと生じる経験であるとしています。

すでに述べてきたように，親になるという経験は，親となる者にさまざまな迷いや感情をもたらします。しかし，これらの感情は，子どもという生身の存在の成長に関わることに半ば必然的なものであり，保育や子育て支援に携わる者にも共通する感情です。親と子の成長を支える立場にある者は，自らが経験する「育てる」「関わる」ことをめぐる感情にもしっかり目をやりながら，親子双方の育ちに関わっていくことを通して，自らも「育てる」者としての成長を遂げていくことになります。

Column ㉓ 「怒るって難しいですね」——共感するこころ

「怒るって難しいですね」

これは，自己主張の芽生えにともなって，親への反抗を強める子ども（4歳児）に対してついイライラが募り，感情的に怒ってしまう母親が，「難しいです」と結んだ連絡帳に対して，保育者が綴った返答の一部です（大豆生田，2003）。

保育者からの返事は，次のように続きます。

「伝えたいことを短いことばで納得できるように話しています。わたしにとっても課題です。」

連絡帳は，保育の場で，子どもの姿を保育者と保護者が連絡し合う手段として重要な役割を担うものです（大豆生田，2003）。連絡帳では，子どもの健康状態やその日あったことが伝えられるだけでなく，時には，保育者が保護者の思いを受けとめたり，悩みを共有していく機能をもつこともあります。その意味で，連絡帳は，保育におけるカウンセリング機能をもっていると言えます（青木，2002）。

冒頭にあげた母親と保育者のやりとりは，一見何気ないやりとりにも見えますが，子育て中の保護者への関わりや心理的支援のあり方を考えていくうえで，多くの示唆をもっています。最初に綴られた「怒るって難しいですね」というひと言は，最後に結ばれた「わたしにとっても課題です」ということばとともに，保育者が母親によって綴られた思いを，同じ「育てる立場」の者として受けとめ，共感していることを伝えています。子どもへの対応に悩み，母親としての自分に自信を失いかけている母親にとって，その問題を保育の専門家でもある保育者に共有してもらえることは，とても心強くほっとするような出来事なのではないでしょうか。そして，そのような共感を下地に，保育者自身が工夫（実践）していることとして伝えられる，「伝えたいことを短いことばで納得できるように話しています」との具体的なアドバイスは，同様に，母親を勇気づける心強いエールとなるはずです。

読書案内

柏木惠子『子どもという価値——少子化時代の女性の心理』中公新書，2001年
- ●「子どもの価値」をキーワードに，子どもを産み，育てることをめぐる女性の心理の歴史的変遷や現代社会の抱える課題を鋭く論じている。

岡本祐子編『女性の生涯発達とアイデンティティ——個としての発達・かかわりの中での成熟』北大路書房，1999年
- ●他者との関わりや関係性の中で育まれる女性のアイデンティティ発達について，子育てだけでなく，家族や職業など多様なトピックの中で扱っている。

坂上裕子『子どもの反抗期における母親の発達——歩行開始期の母子の共変化過程』風間書房，2005年
- ●子どもの自己主張・反抗期における親子の関係性のあり方や両者の適応プロセスが，綿密な研究のもと丁寧に描かれている。

第**12**章 ママ・パパのこと大好きなのに

乳幼児虐待

　幼いわが子に深刻な被害をもたらす虐待。時にその生命までも奪ってしまう行為の残虐さに，私たちは思わず目をそらし，声を失ってしまいます。本来であれば，親の温かく優しい気持ちを引き出し，親子の絆や関係性をつなぐ基礎となる子どもの未熟さや親を求める気持ちが，親たちをいらだたせ，その怒りや暴力を向ける矛先となってしまいます。

　本章では，乳幼児期を中心に，「虐待の定義」「日本での取り組みと現状」「虐待の生じる背景とメカニズム」「虐待を受けた子どもたちへの理解と支援」などについて述べていきます。虐待が，どのような要因やメカニズムによってもたらされ，また，それを受けた子どもたちにどのような影響をもたらすのか。そして，子どもの育ちに立ち会う者として，私たち1人ひとりが，その子どもをどのように理解し，それぞれの回復に向けた道筋を支えていけるかについて考えていきたいと思います。

1 虐待とは

「虐待」が意味するもの

虐待とは，通常，英語のアビューズ（abuse）の訳語として用いられます。アビューズとは，一般に，「誤用，濫用」（ab-use：通常ではない—使用）を意味します。

日本語の虐待ということばは，より身体的な暴力を連想させますが，虐待が示す現実は，身体的暴力によるものだけでなく，恐怖心を煽ることによるしつけ，不適切な性的接触，ネグレクト（養育の放棄や怠慢），心理的虐待など，多岐にわたります。

幼い子どもにとって，身近にいる大人は，知的にも体力的にも子どもをはるかにしのぐ存在です。子どもは，そのような大人の"力"を信頼し，それがもたらしてくれる安全で温かな環境のもと，自己，他者，そして世界への理解を深め，成長の歩みを進めていきます。虐待とは，そのような，本来，子どもを保護し，その健やかな育ちを支えるために使われるはずの"力"が誤って用いられ，子どもの心身の成長や健康を著しく損なう行為として位置づけることができます。

なお，欧米では，今日，「アビューズ」の代わりに，「大人の子どもに対する不適切な関わり」を意味する「マルトリートメント」（maltreatment）という概念を用いることが一般化しつつあります。

虐待の4つの行動類型

児童虐待は，一般に，①**身体的虐待**，②**性的虐待**，③**ネグレクト**，④**心理的虐待**の4つに類型化されて定義されます。2004年に改正された児童虐待防止法では，それぞれの虐待をより詳細に定義するとともに，その範

囲が拡大されました（**表12-1**参照）。

身体的虐待とは

身体的虐待とは、**子どもへの物理的暴力**によって特徴づけられる虐待です。「虐待」と聞いて、多くの人が真っ先に思い浮かべるのは、この「身体的虐待」でしょう。身体的虐待は、子どもの身体に重篤な障害を引き起こすとともに、その傷が、本来であれば、自分を保護し、安全と安心を与えてくれるはずの"養育者（保護者）"によってもたらされるという点で、親子の関係性や子どもの心理的成長に甚大な被害を与えます。

具体的な外傷の例としては、打撲傷、あざ（内出血）、骨折、頭蓋内出血などの頭部外傷、内臓損傷、刺傷、たばこの火などによる火傷といったものがあげられます。また、そのような外傷をもたらす暴行の例として、首を絞める、殴る、蹴る、投げ落とす、激しく揺さぶる、熱湯をかける、布団蒸しにする、溺れさせる、逆さ吊りにする、異物を飲ませる、食事を与えない、冬に戸外にしめだす、縄などにより一室に拘束するなどがあります（日本子ども家庭総合研究所、2001）。特に1歳未満の乳児においては、頭部や顔面への暴行が深刻な後遺症を残したり、死亡に至らしめることもあり、特に注意が必要です（*Column* ㉔参照）。

性的虐待とは

性的虐待とは、**子どもへの性的暴行や性的行為の強要**を言います。性的虐待には、「性器や性交を見せる」「ポルノグラフィの被写体などに子どもを強要する」など、身体的接触をともなうものだけでなく、非接触的な行為も含まれます。性的虐待は、性行動の意味が十分理解されない発達段階においては、被害者自身さえ、それが性的虐待であるとの意識がない場合がしばしば生じます。また、その行為が、家庭という密室の中で行われ、外部からはその存在が認められにくいこと、

Column ㉔　身体的虐待の特別な形態

　身体的虐待の特別な形態として，「乳児揺さぶり症候群」と「代理ミュンヒハウゼン症候群」（MSBP）があります。両者とも乳幼児期の子どもが多く被害にあっています。また，死亡を含む深刻な被害をもたらすという点で共通しています。

　「乳児揺さぶり症候群」（shaken baby syndrome）とは，主として生後6カ月以下で生じる虐待で，相当な力で激しく，繰り返し乳児を揺さぶったり，頭をどこかに打ちつけるなどして強い衝撃を与えることによって生じます。乳児の泣きが引き金となって引き起こされる点に特徴があり，加害者の多くは父親や父親に代わる若い男性と言われています（森田，2004）。症状としては，頭部を激しく揺さぶることによって頭蓋内損傷を生じ，「網膜出血」「硬膜下出血」「くも膜下出血」などが引き起こされます。また，その被害は深刻で，脳性麻痺や失明といった甚だしい後遺症がもたらされることが多く，またきわめて高い死亡率が指摘されています。アメリカの調査では，乳児揺さぶり症候群の子どもの25％が死亡しているとの報告もあります。

　「代理ミュンヒハウゼン症候群」は，身体的虐待に含まれる比較的まれな虐待形態として位置づけられますが，発生に至った際には，死亡もしくはその他の深刻な結果をもたらすことが多いため，注意を要します。そもそも「ミュンヒハウゼン症候群」とは，自分自身について虚偽の病状を訴えて病院をめぐり，周囲の人の関心を引こうとする言動をさします。これに対して「代理ミュンヒハウゼン症候群」の場合は，親，多くは母親が，自分ではなく，子どもの体調について偽った症状を訴えたり，故意に病気にしたり，けがを負わせたりすることによって，不必要な医学的治療や検査を繰り返し受けさせることを言います。子どもを傷つけること自体が目的ではなく，子どもを献身的に看病し，心配する役割を演じることによって，周囲からの同情や関心を集めようとすることが加害者側の行為の背景にあると言われています。

社会でタブー視されがちなこともあり，性的虐待を受けた子どもは，誰にもその被害を打ち明けることができずに苦しんでいる場合も少なくありません。

しかしながら，このような虐待を受けた子どもの心身への影響は小さくなく，性的虐待にあった直後には顕著ではなくても，思春期や成人期にその影響が明らかになる場合もあります（Herman, 1992；西澤, 1997）。児童相談所に報告されるケースは実際に存在する性的虐待のごく一部にすぎないというのが，専門家のあいだでの共通した見解となっています。

ネグレクトとは

ネグレクトは，**養育の放棄・怠慢**と訳され，子どもの身体的，精神的な成長にとって必要だと考えられるケアを，養育者（保護者）が提供しない行為を言います。ネグレクトには，衣食住などの日常生活の基本的な事柄全般に関して子どもにケアを提供しないという一般的，全般的なネグレクトのほかに，子どもに医療が必要と判断される場合にも子どもを放置して適切な医療を提供しない**医療的ネグレクト**，子どもが学校に行かなくてもまったく無関心であったり，子どもが学校に行くことを禁じるなどして子どもに適切な教育環境を提供しない**教育的ネグレクト**などがあります（西澤, 1999）。また，2004年に行われた児童虐待防止法の改正においては，同居人や配偶者による子どもへの虐待を放置，無視することもネグレクトの一種として加えられました。

ネグレクトを受けることは，乳幼児期に必要な適度の情緒的，身体的な刺激や養育を与えられずに育つことを意味します。このため，ネグレクトを受けた子どもの心身の発達には，「愛着遮断症候群」や「非器質性体重増加不良」といった，主たる養育者との親密な関わりの欠如による深刻な成長障害や顕著な発達遅滞が見られること

があります (西澤, 1999)。

> **心理的虐待とは**

心理的虐待は、定義自体の困難さもあり、最も遅れて認識された虐待です。2004年の法改正でも、大幅な定義の拡大が行われました。心理的虐待の具体的な例としては、「ことばによる脅かし、脅迫」、「子どもを無視したり、拒否的な態度を示すこと」「子どもの心を傷つけることを繰り返し言う」「子どもの自尊心を傷つけるような言動」「ほかのきょうだいとは著しく差別的な扱いをする」「子どもの面前で配偶者やその他の家族などに対し暴力をふるう」などがあげられます。2004年の改正では、DVやほかの家族への暴力など、その子どもが直接の暴行の対象にならなくとも、家庭内でさまざまな暴力にさらされることが心理的虐待の定義に含まれることとなりました。なお、直接的な被害者にならなくても、そのような暴力的な行為や雰囲気にさらされること自体が、実際に暴力を受けることと同等、あるいはそれ以上に子どもに大きな心理的影響を与えることが明らかになっています（たとえば、Roberts, 2000）。2004年の法改正における定義の拡大は、このような知見の蓄積や現場からの声を反映したものとなっています。

2 日本での取り組みと現状

> **児童虐待防止法の制定**

日本では、1990年代の初頭から、「虐待」という問題が社会問題化しました。その後、現場から寄せられる深刻な虐待ケースや政策レベルでの対応や取り組みを求める声に応えるかたちで、2000（平成12）年に「**児童虐待の防止等に関する法律**」（以下、児童虐待防止法）が制定され、施行さ

表12-1　児童虐待の防止等に関する法律（2004年改正）による児童虐待の定義

第2条（児童虐待の定義）
　この法律において，「児童虐待」とは，保護者（親権を行う者，未成年後見人その他の者で，児童を現に監護するものをいう。以下同じ。）がその監護する児童（18歳に満たないものをいう。以下同じ。）について行う次に掲げる行為をいう。
① 児童の身体に外傷が生じ，又は生じるおそれのある暴行を加えること。
② 児童にわいせつな行為をすること又は児童をしてわいせつな行為をさせること。
③ 児童の心身の正常な発達を妨げるような著しい減食又は長時間の放置，<u>保護者以外の同居人による前2号又は次号に掲げる行為と同様の行為の放置</u>その他の保護者としての監護を著しく怠ること。
④ 児童に対する著しい暴言又は著しく拒絶的な対応，<u>児童が同居する家庭における配偶者に対する暴力（配偶者（婚姻の届出をしていないが，事実上婚姻関係と同様の事情にある者を含む。）の身体に対する不法な攻撃であって生命又は身体に危害を及ぼすもの及びこれに準ずる心身に有害な影響を及ぼす言動をいう。）</u>その他の児童に著しい心理的外傷を与える言動を行うこと。

（注）・①が身体的虐待，②が性的虐待，③がネグレクト，④が心理的虐待に相当する。
　　　・下線部は，2004年に改正された箇所を示す。

れました。また，2004年には，一部が改正されました（以下，改正法）。2004年の改正法では，子ども虐待が，①子どもの人権を著しく侵害する行為であること，また，②子どもの心身の成長および人格の形成に重大な影響を与え，③将来の世代の育成にも深刻な影響を及ぼすものであるとの認識が明記されました。また，親も含めた家族支援の視点，予防，発見から子どもの自立支援までを含む継続的，総合的なケアの必要性が具体的に示されました。

児童相談所への相談件数の爆発的な伸び

児童虐待防止法が制定された2000年以降，児童相談所での相談処理件数を見ると，虐待相談対応件数は，1万7725件（2000年），

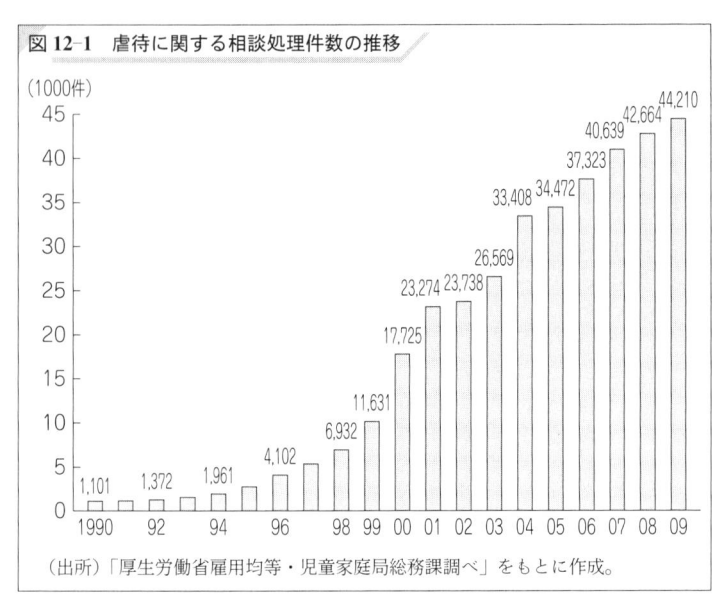

図 12-1 虐待に関する相談処理件数の推移

(1000件)
- 1990: 1,101
- 92: 1,372
- 94: 1,961
- 96: 4,102
- 98: 6,932
- 99: 11,631
- 00: 17,725
- 01: 23,274
- 02: 23,738
- 03: 26,569
- 04: 33,408
- 05: 34,472
- 06: 37,323
- 07: 40,639
- 08: 42,664
- 09: 44,210

(出所)「厚生労働省雇用均等・児童家庭局総務課調べ」をもとに作成。

2万3274件（2001年），2万3738件（2002年），2万6569件（2003年），3万3408件（2004年）と増加し続け，2008年には，4万2664件にのぼる状況となっています（厚生労働省速報値）。「虐待」という項目を設けて統計を取り始めた1990年度が年間1000件程度であったのと比べると，その総数は，この15年間に，30倍以上にも増加してきていることになります（図12-1参照）。

これらの数の増加の背景には，単純に虐待そのものの数が激増したというよりも，社会に虐待という問題の認識が広まった結果，それまでは明らかにされてこなかったものが通告されたり，相談されるようになったためであると考えられています。一方，現段階においても，公の数値になっている虐待数は，あくまで，児童相談所の相談件数として数えられているものであり，実際に起きている虐待の一端を示しているにすぎないことも理解しておく必要があるでし

ょう。

乳幼児に多い虐待による死亡事例

子どもの虐待に対する関心が高まり,社会全体での取り組みの必要性が叫ばれる一方で,児童虐待防止法施行後も虐待によって死亡する子どもたちが後を絶たないという現実があります。このような事態を深刻に受けとめ,厚生労働省を中心とした専門家による委員会が設置され,児童虐待の死亡事例に関するケース分析が進められています(厚生労働省,2006)。

これらの調査によって,2000(平成12)年11月20日から2003年6月30日のおよそ2年半に虐待による死亡事例が125件発生していること,犠牲となった子どもの約4割が0歳児で,そのうち約半数が4カ月未満児であったことが明らかになりました。さらに,虐待による死亡事例の約8割が3歳以下の子どもであることからも,虐待死の大半が乳幼児期の子どもたちに集中していることが示されています。

死亡事例で直接の加害者となった者としては,実母が最も多く報告されていますが,致死事例以外の虐待と比べると,子どもが死に至るケースでは,実父,継父が加害者となっている割合が高くなっています。また,第1子だけでなく,第2子以降の子どもも,ほぼ同程度の割合で,虐待によって死亡しています。なお,死に至らしめた暴行の直接の引き金としては,「子どもが泣きやまない」(29.2%),また,死因となった外傷としては,頭部や顔面への暴行が最も多く報告されています。

頭部や顔面への暴行は,それを受ける子どもに重篤な後遺症を残すとともに,加害者側の強い衝動性と攻撃性を示しています。乳幼児における死亡事例の多さの背景には,乳児自身の身体的な脆弱さに加え,衝動性や攻撃性といった親自身の心理的未熟さ,育児や子

どもに関する基本的な知識の欠如等があります。虐待死の防止策としては，周産期からのハイリスク家庭の把握と第2子以降の子どもも含めた新生児訪問の実施，母親の対児感情や父子関係を含む包括的な家族評価方法の確立などがあげられます（相模ほか，2003）。

3 虐待はなぜ起きるのか

　虐待に至るおそれのあるリスク要因やその背景となる親の心理状態について学ぶことは，ケアが必要な親や家庭に適切な支援を行い，児童虐待の予防につなげるうえで重要です。以下では，このような観点から，虐待を引き起こすリスク要因とその理解の仕方を中心に，虐待がなぜ生じるのかという問題について考えていきます。

　虐待を引き起こすリスク要因
　虐待を生じさせるリスク要因（虐待が誘発されやすい要因）についてはさまざまな指摘がなされていますが（厚生労働省，2006；森田，2003；庄司，1992），これらの要因は，一般に，①親側の要因，②子ども側の要因，③親や家庭が生きる社会・経済的文脈として，**表12-2**のように整理することができます。なお，これらの要因を1つでも備えていることが，即座に親による虐待行為に結びつくわけではありません。また，これらのリスク要因は，親子や家族を取り巻くいろいろな人間関係や機関によるさまざまなサポートや予防的措置によって防いだり，緩和したりすることが可能です。

　要因間の絡み合い
　虐待をもたらすリスク要因をとらえるうえで重要な視点が，虐待をもたらす単一の要因や原因というものはなく，いくつかの条件やリスク要因が複合的に組み合わさって虐待という行為が生じるということです。したが

表12-2 虐待を生じさせるリスク要因

①親側の要因
・妊娠期から出産後までの心理的問題：妊娠そのものへの否定的態度，マタニティーブルーズ，産後うつ病等
・親自身の育ちや人格形成の問題：親自身の被虐待経験やそれによる低い自己評価，満たされなかった愛情関係を自分の子どもに求める役割逆転等
・育児や子どもに対する基本的知識やスキルの欠如，育児に対する強い負担感や不安感等

②子ども側の要因
・低出生体重児，慢性疾患，双生児等
・育てにくい気質や行動特徴（たとえば，よく泣き，なだめにくい，非常に頑固，過敏等）

③親や家族が生きる社会・経済的な文脈
・生活の不安定さ：経済的困難，失業などの就労上の問題，住居の問題
・親族やコミュニティ等の周囲からの孤立
・夫婦関係・家族関係など身近な人間関係の悪化：DV，家族成員に病人がいる等

って，リスク要因を並べたチェックリストは，問題発見に至る複数の観点をもたらしてくれますが，個々の事例に固有の複雑な事情を十分には，教えてくれません。また，場合によっては，かえってそのような項目の列挙が専門家による実際の支援のあり方や個別ケースの理解の妨げとなる危険性も指摘されています（Reder & Duncan, 1999）。個々の虐待が，なぜ，どのように生じているのか，そして，それに対してどのような理解をもって対応をしていくかについては，個々の家族が生きる具体的現実に即しながら，それぞれの要因間の絡み合いやそのプロセスを理解していく視点が必要となります。また，虐待を生じさせる可能性が高いリスク要因のみに注目するのではなく，虐待の危険性を高めるリスク要因をカバーする補償要因や親，子ども，家族，コミュニティの健康的な側面に目を向け，それ

Column ㉕ 虐待か？ しつけか？

　虐待の問題について議論をしていると，必ず投げかけられるのが「しつけと虐待（体罰）の違いは何か」という問いかけです。

　森田（2004）は，保護者や教師による体罰の問題について，体罰はそれを受けた子どもに身体的苦痛だけでなく，それ以上にさまざまな感情（たとえば，恐怖，悔しさ，みじめさ，怒りなど）を与えるものであると指摘しています。そして，そのような感情が，大人と子どもの圧倒的な力関係のもとで隠蔽され，誰にも打ち明けられず，その子どもの心の中に癒されないまま沈殿していくならば，その子どもの自尊感情や対人関係に大きな歪みがもたらされるだろうとしています。森田は，このような体罰のもたらす影響の深刻さを指摘するとともに，その問題性として，次の6点をあげています。

① 体罰はしばしばそれをしている大人の感情のはけ口であることが多い。
② 体罰は子どもに恐怖感を与えることで子どもの言動をコントロールする方法である。
③ 体罰は即効性があるので，それを使っていると，ほかのしつけの方法がわからなくなってしまう。
④ 体罰はしばしばエスカレートする。
⑤ 体罰はそれを見ているほかの子どもにも不快な心理的ダメージを与えている。
⑥ 体罰は時に取り返しのつかない事故を引き起こす。

　森田は，体罰は，ほかの虐待と比べて，目に見えるものであり，本人にも周りにも認識されやすいこともあって，啓発教育の効果が比較的あがりやすいと指摘しています。1人ひとりの大人が，森田が示す6つの問題性とともに，自分自身の子どもへのふるまいやその際の心の動きをふり返り，日常の子どもとの関わりを変化させていくことが，親から子どもへの虐待をなくす取り組みの第一歩となります。

らを強化していくことも重要です。

> **ケアとコントロールをめぐる葛藤**

レイダーとダンカン（Reder & Duncan, 1999）は，イギリスにおける乳児期の虐待による死亡事例を分析する中で，子どもが養育者に向ける特別な依存が，乳児期における虐待を生み出す文脈を作り出す可能性について指摘しています。レイダーとダンカンは，虐待を行う親は，**ケアとコントロールをめぐる葛藤**の問題を抱えていることが多く，通常であれば，親子の相互性や親の養護性を高めるものとして機能する，保護や世話を求める子ども側の行動（たとえば，空腹でミルクを求めて泣く），自らに課せられるさらなる負担として受けとめられる傾向にあることを指摘しています。そして，そのような親側のとらえ方が，子どもへの拒否や否定的感情をさらに募らせるというように悪循環につながりやすいとし，特に，他者からコントロールされているという感情に非常に敏感な養育者にとっては，これらの子どもからの要求が，自らの行動や自由を束縛するものとして受けとめられ，大きな心理的負担（ストレス）として経験されることを明らかにしています（**図12-2**参照）。

> **子ども虐待のリスク・モデル**

彼らは，さらに，「エスカレートのシナリオ」という用語を用いて，第2子の妊娠や夫婦関係の悪化，配偶者からの暴力や見捨てられるのではないかという不安，専門機関からの援助がなくなったとき等，親がすでに抱えている養育をめぐる葛藤や困難な養育環境にさらなるストレスが加わるときに，虐待のリスクが高まるとしています（「ケアとコントロール〔両方あるいは片方〕の危機」）。また，そのような環境下においては，親は，自分が子どもを産もうと望んだ際に抱いていた顕在的・潜在的な期待（たとえば，自分の生まれ育った家族では得られなかった愛情を生まれてくる子どもがもたらしてくれ

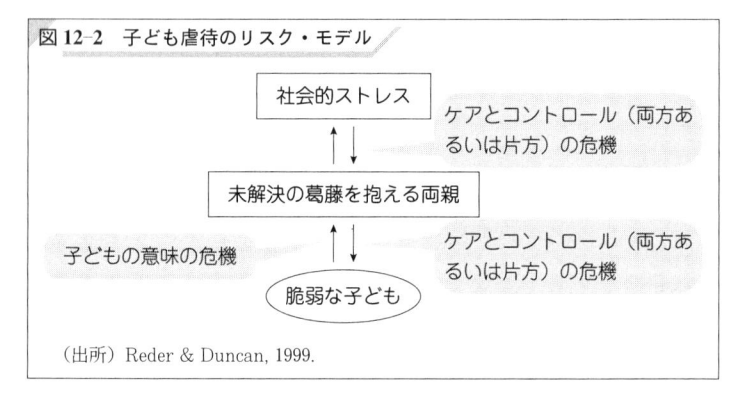

図 12-2 子ども虐待のリスク・モデル

```
                社会的ストレス         ケアとコントロール（両方あ
                      ↕               るいは片方）の危機
               未解決の葛藤を抱える両親
                      ↕
   子どもの意味の危機                   ケアとコントロール（両方あ
                                      るいは片方）の危機
                  脆弱な子ども
```

（出所）Reder & Duncan, 1999.

るのではないか，パートナーや自分の親との関係を子どもの存在が修復してくれるのではないか等）が裏切られたと認識しやすく（「子どもの意味の危機」），そのことが，虐待へのリスクをさらに深刻なものにすると指摘しています。嘔吐や泣き，食べ物（ミルク）の拒否などの通常の子どもの行動が，「反抗」や「拒否」として解釈され，時に致死的暴力の引き金となってしまう背景には，このような親側の累積したストレスの感覚と心理的危機の状況が存在します。彼らは，このような知見をもとに，図 12-2 に示す「子ども虐待のリスク・モデル」を提示しています。

4 虐待を受けた子どもの理解

乳幼児期の虐待が子どもにもたらす全般的な影響

すでに述べたように，乳幼児期における虐待は，乳幼児自身の身体的脆弱さもあり，最悪の場合には，死亡に至るような重篤な帰結をもたらします。しかし，虐待によってもたらされる損傷は，物理的虐待によってもたらされる身体的外傷だけでなく，栄養・感

覚刺激の不足による発育障害や発達遅滞，安定したアタッチメント関係を経験できないことによる対人関係障害，暴力を受ける体験からもたらされる**トラウマ**（心的外傷）やそこから派生するさまざまな精神症状（不安，情緒不安定）など，多岐にわたります（西澤, 1997, 2004; Trickett & McBride-Chang, 1995）。

特に，主たる養育者との保護的な関係性の中で，安定した情緒的な絆（アタッチメント関係）を形成し，自己や他者への基本的信頼感を獲得することが期待される乳幼児期においては，親やそれに代わる養育者によってもたらされる虐待は，後の人格形成や対人関係のあり方に深刻な影響を及ぼす可能性があります（Herman, 1992；森田, 2004）。

DESNOS による診断基準

DESNOS（Disorder of Extreme Stress Not Otherwise Specified：ほかに特定されない極度のストレス障害）は，虐待を受けた子どものトラウマ反応を包括的にとらえるための診断基準として，ヴァン・デア・コルクらによって提示されたものです（van der Kolk, 1996）。日本でも，近年，その妥当性を明らかにする試みが始まっており，虐待を受けた子どもたちへの心理的影響をとらえる指標として期待が高まっています（たとえば，森田ほか, 2004；西澤, 2003）。

DESNOSでは，虐待を人生の早期における対人的トラウマとして位置づけ，それによって引き起こされる心理的問題を，①感情覚醒の制御における変化（怒りや衝動性をはじめとする感情調整の困難），②注意や意識における変化（健忘や解離といった記憶や意識に関わる特徴的な症状），③症状の身体化，④慢性的な人格変化（自己への否定的感情や基本的信頼に基づいた対人関係を維持することの困難さ），⑤意味体系における変化（希望や信念の喪失といった生きる意味や価値の喪失）など，私たちが基本的な社会生活を営むうえで重要な影響

> **表 12-3　ほかに特定されない極度のストレス障害（DESNOS）：診断基準の試案**
>
> A．感情覚醒の制御における変化
>   (1) 慢性的な感情の制御障害
>   (2) 怒りの調整困難
>   (3) 自己破壊行動および自殺行動
>   (4) 性的な関係の制御困難
>   (5) 衝動的で危険を求める行動
>
> B．注意や意識における変化
>   (1) 健忘
>   (2) 解離
>
> C．症状の身体化
>
> D．慢性的な人格変化
>   (1) 自己認識における変化：慢性的な罪悪感と恥辱感，自責感，自分は役に立たない人間だという感覚，とりかえしのつかないダメージを受けているという感覚
>   (2) 加害者に対する認識の変化：加害者から取り込んだ歪んだ信念，加害者の理想化
>   (3) 他者との関係の変化
>   (a) 他者を信頼して人間関係を維持することができないこと
>   (b) 再び被害者となる傾向
>   (c) 他者に被害を及ぼす傾向
>
> E．意味体系における変化
>   (1) 絶望感と希望の喪失
>   (2) 以前の自分を支えていた信念の喪失
>
> （出所）van der Kolk, 1996 をもとに作成。

を及ぼす5つの心理的側面からとらえようとします（**表 12-3** 参照）。

　DESNOS の診断基準の有効性を確認するために実施された研究では，低い年齢でトラウマを受けた人ほど，これら5つの指標すべてで問題を抱えやすい傾向が示されています。この結果は，人生早期における被虐待経験が，私たちが社会的生活を営んでいくうえで不可欠な心理的機能の中核に全般的な影響を与えることを意味して

いると言えるでしょう。

> 長期的視野に立った支援の必要性

なお，虐待を受けた子どものその後の発達への影響については，早期の発達段階で出現する場合もあれば，思春期や成人期になって，友人や恋人，配偶者などのパートナーや自分の子どもとのあいだに親密な人間関係を築くなど，子ども自身の主要な人生の局面になって出現することもあり，その子どもが被った虐待の種類や時期，頻度，強さなどによってさまざまに異なってきます。また，これまで述べたさまざまな影響は，けっして恒久的なものではなく，後の生活や人生における出会いやさまざまな経験の中で，回復したり，取り戻されたりしていくものでもあります。虐待を受けた子どもの育ちや虐待の影響については，このような「回復への道のり」を含め，より長期的，複眼的な視野に立った理解やケアが必要と言えます。

なお，子どもにとって，親はどんな状況においても，かけがえのない情緒的な拠り所として存在します。そのため，そのつながりは容易に断たれるものではありません。また，虐待を行う親自身もさまざまな暴力連鎖における被害者である場合が少なくありません。したがって，虐待をめぐっては，虐待された子どもへのケアはもちろん，それを行った親側への心理的援助や教育的働きかけも必要となります。

> 虐待を受けた子どもの行動特徴

虐待を受けた子どもたちについては，対人関係や感情制御のあり方において特徴的な行動傾向が存在することが指摘されています（西澤，2004；金子，2002）。まず，対人関係の特徴としては，特に大人との関係性において，誰にでもべたべたと甘える「無差別的愛着傾向」や特定の大人と信頼関係が結べない「親密な人間関係の

障害」,わざと挑発的な言動をとって大人を困らせ,その大人がどこまで自分を受け入れてくれるかを確かめようとする「試し」(limit-testing)などの行動特徴が見られます。また,親とのあいだにあった虐待関係をほかの大人とのあいだで繰り返すかのように,挑発的なことばや態度で大人の怒りや暴力を引き出す「虐待的な人間関係の再現」や自分より幼い子や弱い存在をいじめたり,暴力をふるう「加害者化」と呼ばれる行動傾向が知られています。このような特徴は,親に代わってその子どもを保護するべき大人からの怒りやさらなる虐待行為を誘発してしまう危険性があります。また,極端な自己評価の低さ,および,その裏返しである過度の自己主張や自信過剰さ,攻撃性の高さや怒り,衝動性といった感情制御の困難さなども指摘されています。

　虐待経験によってもたらされるこれらの特徴は,虐待という加害によってもたらされた子ども側の損傷〈こころの傷〉です。しかし,これらの特徴は時に,「その子どもの生来の性質」や「子ども側の問題」として受けとられ,対人関係のトラブルや新たな虐待関係を招く結果となります。虐待を受けた子どもの支援やケアに携わる際には,これらの子どもの行動特徴について十分理解し,ケアや支援という立場に立った対応のあり方とはどうあるべきかを丁寧に見定めながら,関わっていく必要があります。

幼稚園・保育施設でのケアの可能性

　ギル (Gill, 1991) は,虐待を受けた子どもへの治療アプローチを,個別の心理療法を通して虐待を受けた子どもが被ったトラウマの治療をめざす回復的アプローチと児童福祉施設をはじめとする日常生活の関わりのなかでトラウマの存在によって生じたさまざまな心理的影響に接近しようとする修正的アプローチとに分けて論じています。ギルは,2つのアプローチは,両者のどちらが優れてい

るという問題ではなく，個々の子どもに状況に応じたアプローチを選択するとともに，両方を行っていくことが有用であるとしています。また，虐待や虐待を受けた子どもへの包括的な理解の枠組みと援助技術を身につけた専門家の育成が急務であることを指摘しています。西澤（1997）は，**環境による抱きかかえ**（holding）という表現を用いて，子どもが生活する環境そのものが心理療法的機能を持ち合わせ，虐待を受けた子どもたちの感情のコントロールや対人関係の修正を行っていくことが理想であると述べています。

　修正的アプローチの観点からとらえると，幼稚園や保育所をはじめとする保育施設は，質の高い保育・養育サービスを提供する場であるとともに，親子双方の支援やケアに関わることができるという点で重要な意味をもっています。虐待を受けている（あるいは受ける可能性のある）子どもにとって，幼稚園や保育所などの保育施設は，安全な場所と温かい世話を享受できる場所であり，保育者との信頼関係や豊かな生活体験を通して，心身の健康や発達を支える助けを得ることができる場となります。一方，親にとっては，子どもと離れる時間をもつことを許してくれる場であり，休息やストレスの軽減をもたらしてくれる場ともなります。さらに，保育者をはじめとするさまざまな大人との関わりは，親としての自らのあり方を見つめ直し，子どもとの関わり方を学んでいく機会ともなります（金子，2002）。

　虐待への取り組みにおいては，虐待を受けた子どもの心身の健康の回復のみならず，再発防止に向けた保護者への働きかけや家族の再統合等，家族機能の再生の視点に立った支援が重要となってきます。親子が集い，親と子ども双方の健やかな生活と成長を支える機関として，保育所や幼稚園などの保育施設やそこで働く保育者の果たす役割は，今後ますます重要になってくると思われます。

読書案内

西澤哲『子どものトラウマ』講談社現代新書，1997年
- トラウマ（こころの傷）の観点から，虐待という行為を受けた子どもたちがたどる心理的発達の特徴や回復に向けた専門的関わりの重要性をわかりやすく説明している。

レイダー，P. ＆ダンカン，S.／小林美智子・西澤哲監訳『子どもが虐待で死ぬとき──虐待死亡事例の分析』明石書店，2005年
- イギリスにおける虐待死亡事例の詳細な分析をまとめた本。豊富な事例とそれを枠づける明確な理論によって，特に加害者となる親の心理的特徴や虐待に至るプロセスへの理解が深まる。

第13章 なんとなく気になる子

発達のかたよりと支援

　保育や子育ての現場では，近年，なんとなく「気になる」子どもが目立つという声をよく耳にします。どんな子どもの行動が，なぜ「気になる」のでしょうか。落ち着きがない，お友達と遊びたがらない，不器用でよく転ぶ，ちょっとしたことで癇癪を起こす，会話がちぐはぐで続かないなど，人によってもさまざまでしょう。その背景を探っていくと，子ども自身が抱える問題だけでなく，関わる大人や環境の側の問題が複雑に絡み合っていることが見えてきます。

　本章では「気になる」子どもの行動を，取り巻く関係や環境と作用し合って現れる発達のかたよりという視点のもとに考えていきます。障害と呼ばれる場合を含めて，どんな時期にどんな発達のかたよりが見られるのでしょうか。親子の発達を支援するためには，どんな点に注意したらよいでしょうか。自分自身が「気になる」親子に出会ったら……と思い描きながら，考えてみましょう。

1 なんとなく「気になる」

●保育現場の声

「気になる」子どもの姿

ここに、1つのエピソードがあります。A君は、4月に幼稚園の3歳児クラスに入ったばかりの男の子です。みなさんはA君について、どんな印象をもつでしょうか。

> A君は登園してきた女児に駆け寄り、突然頭を叩く。保育者がA君の両手を握って注意しようとすると、A君は逃れるように床に身を投げ出し、「わかりました、A」と視線を逸らして不機嫌な声で言う。「そういうことをすると、いやな気持ちになるお友達がいるの」と保育者が伝えると、A君は寝転がったままそっぽを向いて「ばかやろう！」「わからん！」と怒ったように繰り返し叫び、足をバタバタさせる。A君は保育者の手を振り払って駆け去り、部屋に備え付けられている紙テープを教室の端まで長く引き出し、テープをもったまま教室の中を走り回る。ピアノの音が鳴り出すや否やふり向いて、ピアノを弾く2人の女児のもとに駆け寄る。片方の女児の首に後ろから紙テープを巻きつけ、「いやだ」と言って逃げる女児を教室の外まで追いかけていく（野田・深田，2002）。

保育者は、動きが激しくトラブルの絶えないA君にどう関わったらよいかと悩んでいました。A君はなぜ、このようにふるまうのでしょうか。きっとさまざまな意見が出てくることでしょう。たとえばA君自身の特徴として見ると、活動水準が高過ぎてブレーキがきかない気質なのかもしれません。あるいは、まだことばのや

りとりが難しい段階にあるのかもしれません。家庭での経験や関係の問題として見ると，養育者のストレスが高く，A君との関わりがうまくかみ合わないことが多かったのかもしれません。家庭外の経験や環境の問題として見ると，これまで家庭外の人と関わる経験が極端に少なかったか，直前に何かいやなことがあったのかもしれません。このように，気になる行動の原因を特定するのは容易ではなく，むしろさまざまな解釈が成り立つことが，「なんとなく気になる」と言われるゆえんなのです。

実際のところ，「気になる」子どもの行動の背景にはリスクとなるさまざまな要因が絡んでいます。A君の場合も，いわば先にあげたすべての要因が関わっていることが，長い時間をかけて明らかになりました。一般的なリスク要因には，このほかにも，生活のリズムや習慣の乱れ，家庭の経済状態や家族関係，発達障害や虐待が疑われるケースなどが考えられます。その中の1つが原因というよりも，むしろ複数の要因が重なったときに，ある「気になる」行動パターンとして浮かび上がってくるのです。

「気になる」子どもの行動を理解する枠組み

保育者は，どんな子どもの姿を「気になる」と感じているのでしょうか。矢野・青木（2002）は，保育研修の一環として八王子市内の保育園にアンケート調査を行い，30の園から計66事例の回答を得ました。調査の内容は，障害児や専門機関で療育を受けている子ども以外で気になる子どもがいる場合について，その子どもの特徴として該当するものに丸をつけてもらうというものでした。分析の結果，保育者は，特にことばや身体運動面の発達の遅れが憂慮される「発達の進度」や，落ち着きがない・大人の指示に従わないといった注意・衝動の統制に関する「衝動性」という観点から気になる子どもの行動をとらえる傾向があることがわかりました。

「気になる」子どもや行動が実数として増えているか否かについては，まだ明確な証拠が得られていません。しかし，「気になる」行動は子どもの発達に対する懸念とともに，やりとりの難しさや集団へのなじみにくさの問題として保育者の意識にのぼることが，ほかの研究でも示されています（本郷ほか，2005）。

従来，「気になる」行動は「困った行動」として改善が求められてきました。しかし，「気になる」行動は必ずしも問題行動であるとは限りません。なぜなら，同じ子どもの行動に対しても，ある人は困ると訴え，ある人は問題視することなく接しているということがよくあるからです。「気になる」という訴えから子どもの行動をよく見ていくと，行動が「問題」か否かは，子ども自身の問題（心身の症状や障害など）だけでなく，子どもを見る側の受けとめ方によっても異なってくることがよくあります。子育てや子どもの育ちが大きく変わり，「子どもとはこんな存在」というイメージがもちにくくなった現代においてはなおのことです。

大切なのは，「気になる」子どもの姿を「やりとりがうまくいかず，困っている」という子どもとのコミュニケーションの問題として，すなわち自分と相手の関係性の中でとらえる視点です（津守，1990；藤崎ほか，1992など）。さらに，その行動を通して子どもが何を訴えているかといった，子どもの行動の意味を追究する姿勢が不可欠です。すると，子どもの発達に障害と呼ばれるようなかたよりがある場合でも，多くの行動は理解や対応が可能になります。「気になる」子どもの行動は，その子どもや取り巻く状況について，さらなる理解と支援が必要であることを知らせるサインなのです（田中，2004）。次の節では，こうした「気になる」行動が続く背景について，子どもの心身のつまずきという視点から整理していきましょう。

2 「気になる」子どもの心身のつまずき

　年齢や場にそぐわない「気になる」行動が続く場合には，周囲の関わりや環境を工夫するだけでなく，子どもの側の特徴（発達や気質など）をよく理解する必要があります。乳幼児期にはどんな心身機能のつまずきが，発達とともに浮き彫りになってくるのでしょうか。ここでは，主として精神面と発達面という2つの観点から，乳幼児期に「気になる」とされる子どもの特徴について見ていきましょう。

精神面の問題

　私たちは日々，心理的ストレスとつきあいながら暮らしています。乳幼児が経験するストレス事象は，空腹や騒音などの身体的な出来事や，家族の不和やきょうだいの誕生などの対人的な出来事，生活リズムの変更や初めての場所で長時間過ごすといった環境変化など，実にさまざまです（**表 13-1** 参照）。

　心理的ストレス自体は日常的なものであると同時に，生活に張り合いをもたらす働きがあり，適度なストレスは精神的健康にとって必要です。ストレスによって強い不安や緊張を感じる場合でも，誰かに気持ちを受けとめてもらう，身体を動かして夢中で遊ぶといったストレス対処行動によって，多くは発散されるでしょう。

　しかし，ストレスが過度であったり長引いたりすると，欲求不満の高まりが心身の症状となって現れることがあります。特に，子どもの年齢が幼いほど心と身体は未分化で，言語化が難しく，まだ自己が確立されていないことから，身体に症状が出やすいという特徴があります。その典型が，子どもの**心身症**です。問題が長引く場合

表 13-1 乳幼児が経験するストレス事象

身体上の出来事	対人上の出来事
・空腹 ・おむつの濡れ ・おむつの汚れ ・不快な温度 ・着物を着せられていない ・注射 ・転倒やぶつかり ・大きな騒音 ・明る過ぎる光 ・慣れないにおいや味 ・歯をみがかれる ・病気 ・その他の身体的な出来事	・楽しいやりとりが終わってしまう ・部屋に1人で放置される ・寝かされる ・ベビーシッターと2人にされる ・短期間分離した後,親が戻ってくる ・慣れない人と会う ・親の抑うつや感情の調子の悪さ ・遊んでいるとき,親がほかに気を散らす ・遊んでいるとき,親が刺激を過剰に与える ・遊んでいるとき,親が刺激を過小にしか与えない ・持っている食べ物や物を取られる ・親が統制する ・赤ちゃんの行動に親が制限を加える ・親が赤ちゃんを叱る ・きょうだいや同年齢の子どもとの衝突 ・その他の対人上の出来事
環 境 変 化	その他の環境上の出来事
・新しい場所で寝かせられる ・睡眠スケジュールの変化 ・哺乳や食事スケジュールの変化 ・哺乳タイプの変化 ・新しい入浴の仕方 ・他の日常手順の変化 ・家族構成の変化 ・赤ちゃんの世話の仕方の変化 ・他の身体上の環境変化	・家族のストレス ・誰かの怒りを経験する ・慣れないおもちゃを経験する ・知らない出来事を経験する ・恐いおもちゃを経験する ・目標への物理的な障害や拘束 ・おもちゃをうまく使えない ・何か理解できないことがある ・予測できない(予期していなかった)出来事 ・他の環境の出来事

(注)このうち,あるものは,年少の赤ちゃん(生後3~9カ月)にとってストレスを生じるけれど,年長の赤ちゃん(生後12~18カ月)にとってはあまりストレスを生じないことを,またあるものは,その逆にあることを,この研究は明らかにしています。
　いずれにしても,私たちが想像している以上に,乳幼児が処理しなければならないストレッサーは多いのです。
(出所)寺田,1995をもとに作成(元資料:Karraker et al., 1994)。

には，その現れ方が年齢とともに変化することもあります。たとえば，幼児期に夜尿が見られた子どもが，夜尿がおさまる学童期にはまばたきや発声のチックが目立つようになり，中学生になると尖った物への不安といった強迫神経症症状を示したケースも報告されています（上出，2000）。

何が過度な心理的ストレスとなるかは，子どもの年齢や特性，周囲の環境によっても異なります。たとえば，保育所に通い始めるという環境変化は，**分離不安**の強い1歳前後の子どもにとっては大きな心理的ストレスとなる場合があります（金田ほか，1990）。したがって，保護者がつき添いながら少しずつ預ける時間を延ばしていくいわゆる**慣らし保育**を行うことが求められます。実際，1, 2歳児に対しては慣らし保育をする場合のほうが，保護者との安定したアタッチメント関係が保たれ，保育所へ適応しやすいと言います（Rauh et al., 2000）。低年齢で保育所など家庭外保育を受けることがアタッチメントの安定性に及ぼす影響については，保育が長時間にわたる場合や，保育所の保育の質がよくない場合に限って，アタッチメントの安定性にとってリスク要因となりうるものの，親が子どもに対して敏感に応答する場合には安定したアタッチメント関係が築かれると言われています（NICHD, 2005）。

また，厳し過ぎるしつけや習いごとの強制，子どもと一緒に居ても無表情で機械的に接するといったネグレクト傾向が，子どもにとって過度なストレスになる場合もあります。しつけと**虐待**の境界はとても判断が難しいのですが，たとえ親心だとしても，子どもにとって過度な心理的負担を強いるような行為は虐待と言っても過言ではないのかもしれません。とはいえ，第12章でも論じられているように，親の側にもさまざまな事情があります。虐待が疑われる状況は**表13-2**の通りですが，まずは親子双方がおかれている状況を

表 13-2 虐待が疑われる状況

子どもの状況
- 体重，身長の増加が不良
- 身体・衣服が不潔
- 不自然なけがやあざがある
- 表情が乏しい
- 夜尿，多動，乱暴，虚言
- 年齢不相応な性的関心が見られる

養育者との関係
- なつかない，おびえる，家に帰りたがらない
- 人間関係を築けない，孤立している

養育者の状況
- 心身の疾患，依存症
- 攻撃性
- 感情不安定
- 衣食住の世話をしない
- 検診・予防接種を受けさせない
- しつけをしない，しつけをし過ぎる
- 子どもをかわいいと思えない
- 拒否的，無関心，過干渉
- 夫婦・家族関係不仲，地域からの孤立

（出所）児童虐待問題研究会，2008。

よく把握することが大切です。

　子どもの「気になる」行動は，子どもが過度な心理的ストレスをうまく処理できないときに現れ，増加しますが，一過性であればさほど問題ではありません。また，単に「気になる」症状はなくなることを目的とするのではなく，「サイン」としての意味を読み取ることが第一です。また，親への支援も含めて環境を調整することで，子どものストレスを軽減するだけでなく，子ども自身のストレス対処能力を伸ばすという視点で対応を考えることも大切です。家庭外保育に関しては，近年，子どもの社会性や情緒安定性，言語スキル

表 13-3 発達早期の気になる兆候（生後半年頃まで）

	視覚障害	聴覚障害	脳性麻痺	精神遅滞
光に対して反応しない	＊			
追視しない	＊			＊
目つきがおかしい	＊			＊
なんとなく反応がにぶい	＊	＊		＊
大きな音に反応しない		＊		＊
声を出さない		＊		＊
あやしても笑わない		＊		＊
首が据わっていない			＊	＊
ものを握らない			＊	＊
体が柔らかい（ぐにゃぐにゃした姿勢が多い）			＊	＊
体が硬い（手足を突っ張る姿勢が多い）			＊	＊
原始反射（モロー反射など）が残る			＊	＊

（出所）永井ほか，2002をもとに作成。

をはじめとする知的な機能の発達にプラスの影響をもたらすことを示す研究もあり，保育の質，とりわけ保育者と子ども1対1の関係における会話や関わりの内容を，質量ともにどう充実させたらよいかが注目されています（Schaffer, 1998）。

発達面の問題

発達的に「気になる」行動で注目されるのが，いろいろな障害との関連です。表 13-3 は障害と関連する可能性のある発達早期の行動を示したものですが，生後間もない時期は問題の見極めが難しく，1つひとつの「気になる」行動の有無よりも，むしろいくつかの「気になる」行動がまとまって見られる場合に，経過をよく見る必要があります。

中でもいわゆる**発達障害**と総称されるものについては，まだはっきりとした原因は特定されていませんが，脳の働きに生得的な不具

表 13-4　代表的な発達障害とその特徴

身体・運動面の問題を主とするもの

脳性麻痺：受胎から生後 4 週までに，脳がなんらかの原因で障害されたために生じる，四肢・体幹の運動障害および姿勢の異常。歩く・食べる・声を出すといった基本的生活を維持する行動に支障をきたす。視聴覚障害や知的障害など，さまざまな合併症が見られる。

視覚障害：視覚の障害は視力の問題のほかに，見える範囲が狭まる視野障害，色がうまく識別できない色覚異常，眼筋の異常によって両眼での焦点が合いにくくなる斜視などがある。視力に関しては，両目の矯正視力が 0.1 未満の場合を高度弱視と呼ぶ。視力の発達が著しい生後 1 歳半頃までの時期に，何らかの事情で長期にわたって「見ること」が遮断されると，視力の低下を招くことがある。視力は見る経験のなかで 6 歳頃までに完成すると言われており，早期の発見と対応が望まれる。

聴覚障害：伝音声難聴（外耳から中耳にかけての音を伝える器官の問題）と感音性難聴（障害がある内耳から耳神経・大脳の聴覚野にかけての音を認識する部分の問題）がある。日常会話は 50dB 程度の音圧だが，難聴のレベルはろう（90 dB 以上の聴覚損失）が最も重い。いつまでも正確な発音ができないことから，軽度難聴が発見されることもある。

精神・行動面の問題を主とするもの

ダウン症：21 番目の染色体異常による先天的な障害で，独特な顔立ちをしており，軽度～中度の知的障害をともなう。筋力が弱く，運動面の発達に遅れが見られ，心臓や難聴などの身体面の問題を合併することがある。発達は全体的に緩やかであるが，概して社会性は良好とされる。身辺自立は可能となるものの，さまざまな障害ゆえに日常生活の制約が多い。

知的障害（精神遅滞）（ID）：知的な機能が平均よりも有意に低く，身辺自立や集団生活への参加など生活適応上の制約が複数あり，これらが 18 歳以前の発育期に現れるもの。認知・ことば・社会性・運動面など，どの領域にも全般的に発達の遅れが見られる。知能検査のレベル（IQ）に応じて，軽度（IQ 50～55 からおよそ 70）・中度（IQ 35～40 から 50～55）・重度（IQ 20～25 から 35～40）に分類する場合もある（DSM-IV-TR；アメリカ精神医学会）。

広汎性発達障害（PDD）：自閉症と，それに類似した特徴をもつ一群の障害の総称。社会性（他者への関心，気持ちの読み取りなど）・コミュニケーション（ことばのやりとり），想像力（興味のかたより，こだわり）という 3 つの側面に問題がある。知的レベルが標準域の場合を高機能自閉症，表出言

語に大きな遅れは見られないものの，人との関わりや興味の対象に自閉症独特のかたよりが見られる場合をアスペルガー障害と呼ぶ場合がある。知的障害と自閉症特有の障害の程度が軽いものから重いものまで，症状の現れ方は人それぞれである。
注意欠陥多動性障害（ADHD）：多動性（じっとしていられず，つねに手体や手を動かす）・注意散漫（うわの空，少しの音ですぐに気が逸れる）・衝動性（思いついたらすぐに行動する）を主な症状とする障害。質問が終わる前に答えてしまうなど，待てない。目や耳などの感覚器官から入ってくる刺激を処理する脳の働きに問題があり，周りの刺激に対して瞬時に反応してしまうという行動傾向が見られる。多動性をともなわない注意欠陥障害（ADD）もある。
学習障害（LD）：基本的な知的発達に大きな遅れは見られないのに，聞く・話す・読む・書く・計算する・推論するといった能力につまずきを示し，学業場面でついていけないといった問題となって現れる。幼児期には「言動がちょっと幼い」と思う程度で，気づかれずに過ごすケースも多い。また集団行動になじめない，運動面での不器用が著しい，多動で集中力に欠けるといった様子が見られることもある。

(出所) 前川・青木, 1997; 柴崎, 2001; 日本発達障害者ネットワーク HP などをもとに作成。

合があると考えられており，発達とともに認知機能や社会性，行動面のかたよりが徐々に目立つようになります。発達障害にはさまざまな種類がありますが，障害の現れ方には個人差があり，また複数の障害が重なって見られることも多く，診断や理解が難しいと言われています。その代表的なものとしては，**知的障害，広汎性発達障害，注意欠陥多動性障害，学習障害**があり，それぞれの主な特徴については，**表13-4**を参照してください。

ちなみに，知的な遅れが「軽度」である発達障害は，**軽度発達障害**と呼ばれることがあります。知的能力以外のさまざまな面で発達のかたよりや遅れが目立つものの，話しことばには一見問題がないように思われるために発達障害であると気づかれないことも多く，3歳を過ぎても医師の確定診断が難しい場合があります。田中

Column ㉖ 障害をもつ子どもの親から見た「発達障害者支援法」

　2004年12月に、「発達障害者支援法」が誕生しました。超党派の議員連盟によって提出された議員立法です。発達障害は従来の障害者法ではカバーされていない「谷間の障害」と言われています。そのため、この法案の成立は、大きな不安や負担を抱える発達障害をもつ本人や家族にとっての、悲願でもありました。なぜなら、発達障害に対する理解と、生涯にわたる支援を求める法的な拠りどころとなるからです。

　発達障害者支援法は、第1章：総則（目的・定義・国及び地方公共団体の責務・国民の責務），第2章：児童の発達障害の早期発見及び発達障害者の支援のための施策，第3章：発達障害者支援センター等，第4章：補則までの25条と附則からなり，発達障害の早期発見・発達支援・就労支援などを国や地方公共団体の責務としています。中でも，医療や教育，福祉の専門機関をサポートする役割をも担うとされる発達障害者支援センター（以下，支援センター）には，熱い視線が注がれています。

　しかし，発達障害者支援法には，具体的な支援の内容や実施時期などは明記されていません。つまり，実行するか否かは自治体に任されているのです。5年間で60カ所の設立が目標と言われる支援センターについても，設置するか否かの判断や活動の中身にはかなりの幅があり，たとえば大阪府の「アクトおおさか」のように積極的な自治体もあれば，電話相談窓口のみの設置にとどまっている自治体もあると聞きます。しかし，自閉症の子をもつ親御さんは概して，発達障害者支援法について，行政をはじめとする関係者が一体となって，当事者の切実なニーズを現実の支援として結実させていくプロセスを保障するものだと前向きにとらえているようです。たとえば，総合的な療育センターすらまだ存在しない四国地方のある県で，2人の自閉症の子をもつ親御さんが発達障害者支援センターの早急な開設を県に求めたところ，始めは事実上聞き入れられなかったといいます。しかし，何度も足を運び，かけ合うなかで，2007年4月に開設された県立子ども療育センター内に，「発達障害者支援センターコーディネーター室」という職員4人を配する小さな部屋が新たに設けられました。内容機能の充実はまだこれからですが，障害を

> もつ人だけでなく，誰にとっても暮らしやすい社会を自らの手で作っていこうとする親たちの姿勢に，背筋を正さずにはいられません。

(2004)によれば，こうした子どもたちには以下のような特徴があります。

① 健常児との連続性の中に存在し（健常児とは質的な違いというよりは程度の差異として把握されることが多く），加齢・発達・教育的介入により，臨床像が著しく変化する
② 視点の異なりから診断に相違が生じてしまう
③ 理解不足による介入の誤りが生じやすい
④ 2次的な障害が生まれやすい
⑤ さまざまな障害が，微妙に重なり合うことがある

特に4,5歳を過ぎると，発達障害の子どもにも自尊心が育ち，人の目を意識するようになって，精神面の**2次的な障害**が現れる場合があります。「自分はだめな子」「人から嫌われている」といった心配をするようになり，チック（不随意的に生じる反復的，常同的な運動あるいは発育上の障害）や反抗挑戦性障害（周囲に対して反抗的，挑戦的，拒否的な言動を過度に頻繁に向けてしまう障害）などが生じる場合がその例です。障害の程度が「軽度」であったり，障害という診断自体が難しい境界域（グレーゾーン）の発達の子どもであるからといって，重度の障害をもつ人よりも生きていくのが簡単だというわけではありません（田中，2004）。しかし同時に，ちょっとした配慮や工夫があれば，適応面で大きな改善が期待できるのです。

なお，近年，障害の有無を，その人に固有の心身機能の不具合（例：ことばが理解できない，速く歩けないなど）のみを問題にするのではなく，個人の活動や社会生活への参加がどの程度妨げられているかを含めて，とらえようとする視点が優勢になっています（世界保

健機構：WHO, 2000)。障害をもつ人が「困っていること」を理解し，ともに生きるために，社会の側が支援し変化することが求められているのです（*Column ㉖*)。

3 発達のかたよりをどうとらえるか

「気になる」子どもの姿の背景に，発達のかたよりやつまずきがあると思われる場合に，どうとらえて対応したらよいのかというのはなかなか難しい問題です。ここではまず，発達のかたよりが生じるプロセスをふまえて，具体的な対応の原則について考えてみましょう。

相乗的相互作用としての発達

子どもが発達途上においてどんな姿（行動）を見せるかという問題には，身近な大人の関わりをはじめとする生育環境だけでなく，子ども自身がもって生まれた（初期の）気質などの遺伝的要因もまた，深く関わっています。サメロフ（Sameroff, 1975）は，遺伝（生得的要因）と環境（経験的要因）が，時間の経過の中で互いに作用し合っていくプロセスを明らかにすることが重要だと考え，これを発達の**相乗的相互作用**（transaction）と呼びました（**図 13-1** 参照）。

たとえば気質（遺伝）的に，いつも機嫌のよい子どもがいたとします。子どもがにこにこ笑っていれば，親もにっこり笑い返すことが多くなるでしょう。一方，中には機嫌のよくないことが多い子どもや，笑いかけてもなかなか気づかない子ども，関わること自体をあまり好まない子どももいます。関わる側の大人は，期待通りの反応がすぐに返ってこないと，やがて動機づけを失い，除々にあまり

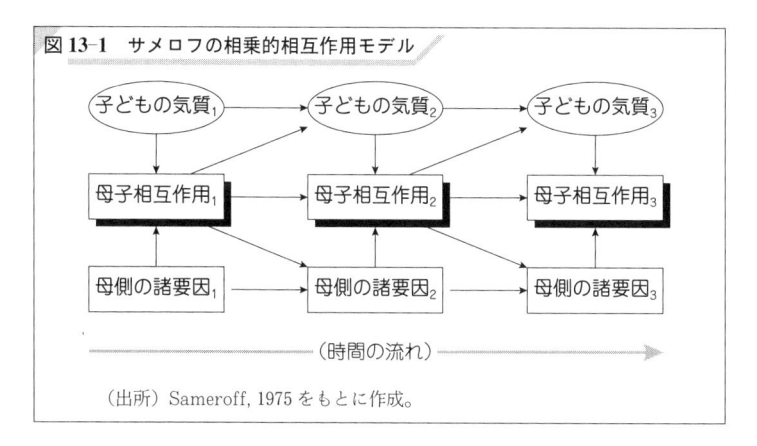

図 13-1 サメロフの相乗的相互作用モデル

```
子どもの気質₁ → 子どもの気質₂ → 子どもの気質₃
    ↕              ↕              ↕
母子相互作用₁ → 母子相互作用₂ → 母子相互作用₃
    ↕              ↕              ↕
母側の諸要因₁ → 母側の諸要因₂ → 母側の諸要因₃
```

──────（時間の流れ）──────→

（出所）Sameroff, 1975 をもとに作成。

働きかけをしなくなってしまいます。このように，対人的なやりとりでは互いに反応を調節し合うという相互性が働いているのです（津守，1990）。

子どもと大人のやりとりでは，多くの場合，大人が子どもに合わせて応答することが先になり，それから子どもが大人に合わせて応じるようになると考えられます。ですから，子どもが応じてくれることを願って，大人が工夫して関わり続けることによって初めて，子ども（相手）から反応が返ってくることもあります。

このように，やりとりの質は，子どもや大人の特徴（反応性）によって異なってきます。人が変わっていく場合には，ある程度の時間が必要です。相互作用とは，個人と環境が互いに相手に応じてそのありようを変化させることであり，その積み重ねが新たな関係を生み出す力となるのです。

発達の個人差と個人内差

発達のペースには，**個人差**があります。歩き始めの時期が早い子もいれば遅い子もいるというように，人それぞれです。また，個人のなかにも**個人内差**，つまり得意な領域と不得意な領域があり

表 13-5　「気になる」子どもの行動への対応

①情緒の安定
・安心して過ごせる場所を確保する
　たとえば、視覚や聴覚が過敏で、目や耳から入ってくる刺激がコントロールできずに混乱してしまうような場合は、コーナーなどで仕切った空間をつくるなどして、落ち着ける場所を作る。
・自分の気持ちを表現できるようにする
　こうしたい・したくないといった率直な気持ちを、子どもが表に出し、伝えられるように援助する。それがはっきりと表現できると、外界への関心やコミュニケーション意欲が出てくることも多い。
・毎日、好きなことに取り組める時間をつくる
　集団場面ではたとえいやでもみんなに合わせることが多いため、毎日少しでも、好きなことを自由にできる時間を確保する。そうして初めて、苦手なことにも少しずつ取り組めるようになる。

②刺激や環境の調整・構造化
・集団場面では刺激を少なくして、集中しやすい環境を作る
　たとえば、クラスに戻ってクラス全体に話しかける1対多の場面では、一番前の定位置に座らせて、保育者はクラス全体が静かになってから話す。
・活動の見通しがもてるような伝え方をする
　あらかじめ先に活動の順序や区切りを伝え、いましていることに気づかせる。また、ことばが理解しにくい場合は、ジェスチャーや絵・写真などを用いて視覚的に示す。
・ことばかけは具体的かつシンプルに、統一して行う
　たとえば、「こっち」といったあいまいなことばや、「ああしてから、次にこうして……」と長い文章で語ることを避ける。また、同じ場面で同じことばを繰り返し用いることによって、意味が理解しやすくなる。

③自己評価や、自己コントロール力を高める
・成功体験を増やし、できたら認めて自信をつける
　たとえば、目的の活動が少ししかできなくても、「これだけできた」とプラスにとらえて、子どもを評価する機会を増やす。また、得意なことを活かし、楽しみながら課題に取り組めるようにする。
・注意が必要なときは短く具体的に、できれば個人的に行う
　たとえば「これはだめ」ではなく、「こうしよう」と具体的にどうふるまったらよいかを伝える。パニックになった場合は、落ち着きを取り戻すまで待ち、「叱らず譲らない」という姿勢で冷静に対応する。

> ・難しい課題には段階的に，少しずつ取り組むようにする
> 　　たとえば，人の後ろに並んで待つことが難しく，一番前でなくては我慢できないといった子どもの場合は，しばらくは一番前にしてあげて，次は前に１人だけがいる状態で並んで待てるか様子を見る。

ます（細川，1993 ほか）。

　たとえば，人の輪に入って話をするのは苦手だけれども，１人でじっくりと手先の細かい作業をするのは得意といったことです。障害をもつ子どもは，発達の個人差や個人内差が大きいだけでなく，発達のペースもゆっくりです。また，自分で不得意なことをカバーし工夫しながら取り組むことが難しく，特に知的な障害をともなう場合は周りに援助を求めることも苦手です。保育所や幼稚園などの同年代のクラス集団に初めて参加する場合は，障害をもつ子どもの特性をふまえた支援が必要です。

発達のかたよりが「気になる」子どもの行動への対応

　五感を通して入った刺激を脳がどう判断し，どんな処理を行うかといった脳の機能には個人差があり，それが性格や好みの違いとして現れます。発達障害の場合は，特定の刺激に対する脳の処理や反応の仕方に特徴があり，それが結果的に多くの人とは少し違った感じ方やふるまい方となって現れます。たとえば，歌うことが好き・嫌いという以前に，周囲から聞こえる歌声が騒音としてしか聞こえないために，つらくて泣き出したり，その場にいられなくなったりします。このような場合は，耳に入ってくる刺激の種類を統制するために，歌声に慣れるまで少し離れた場所で過ごすことを認めるなど，じっくりと見まもりながら段階的な対応をしていくことが求められます。対応においては，①情緒の安定，②刺激や環境の調整・構造化，③自己評価や自己コントロール力を高める，といった点に留意することが大切です。これらの具体的な内容について，**表**

13–5 にまとめました。

4 親子の発達を支援する社会システム

　親子の健やかな生活をサポートするために，社会にはさまざまな制度や機関があります。問題が深刻なものになる以前に，それらを利用することが大切です。どんな支援を受けられる場があるのか，その一端を見ていくことにしましょう。

支援の窓口

(1) 母子手帳

　妊娠して，自分が住む市区町村（自治体）に届けを出すと，「母子健康手帳」（以下，母子手帳）が発行されます。母子手帳は，親と子の健康と成長の記録です。妊娠中から産後にかけての母体の経過，子どもの成長の過程や保健指導，予防接種や健康診査の結果などを記入できるようになっています（**図 13–2** 参照）。この記録を参考にして，医療機関の受診や健康診査が進められます。また，育児や子どもの発達に関する基本的な情報や，利用できる各種のサービス・制度が紹介されています。

(2) 保健（福祉）センター／保健所

　各市区町村に設置され，地域住民の保健全般の業務に対応しています。わが国では母子保健法に基づく乳幼児健康診査（以下，乳幼児健診／健診）が行われ，その受診率は全国平均で9割近くにのぼります（全障研，2001）。乳幼児健診には，市区町村の健康課・保健福祉課が保健所や保健福祉（相談）センターで行う集団検診と，委託された医療機関を受診する個別健診があります。集団検診の時期や内容は自治体によって違いますが，生後3～4カ月頃・1歳半・3歳という発達の節目に，よく行われるようです。近年の健診では，

図13-2 母子健康手帳（一部）

保護者の記録【3～4か月頃】（　年　月　日記載）	3～4か月健康診査（　年　月　日実施・　か月　日）

○首がすわりましたか。　　　　　　　　　　　はい　いいえ
　　　　　　　　　　　　(すわった時期：　月　日頃)
○あやすとよく笑いますか。　　　　　　　　はい　いいえ
○目つきや目の動きがおかしいのでは
　ないかと気になりますか。　　　　　　　　いいえ　はい
○見えない方向から声をかけてみると，
　そちらの方を見ようとしますか。　　　　　はい　いいえ
○外気浴をしていますか。　　　　　　　　　はい　いいえ
　(天気のよい日に薄着で散歩するなどしてあげましょう。)
○薄めた果汁やスープを飲ませていますか。
　(5か月頃から離乳が始められます。)　　　はい　いいえ
○子育てについて困難を感じることはありますか。
　　　　　　　　　　　　いいえ　はい　何ともいえない
○育児の心配，かかった病気，感想などを自由に記入しましょう。

体　重　　　　　g　　身　長　　　．　cm
胸　囲　　　．　cm　　頭　囲　　　．　cm
栄養状態：　良・要指導　　栄養法：　母乳・混合・人工
離乳準備：　開始・未開始　　股関節開排制限：　なし・あり
健康・要観察

指導事項

施設名又は
担当者名

次の健康診査までの記録
（自宅で測定した身長・体重も記入しましょう。）

年月日	月齢	体　重	身　長	指導事項	施設名又は担当者名
		g	．cm		

（出所）練馬区，2003年。

子どもの障害や，親の深刻な育児ストレス・虐待といったリスクのあるケースを早期に見出すスクリーニングの目的だけでなく，各種の保健指導や相談事業を通じて親子の心身の健康を維持・促進し，虐待をはじめとする問題の発生を予防する役割がとみに重視されるようになってきています。

(3) 家庭児童相談所

各都道府県と政令指定都市に設置されており，18歳未満の児童に関わるあらゆる相談に応じ，学校や各種機関と連携を図りながら，虐待などの問題解決において中心的な役割を担っています。その機能は，子ども自身の悩みや子どもの養育・教育に関する相談，保健・医療に関する相談といった業務のほかに，子どもと家庭に関する調査・判定・指導，児童福祉施設への措置，子どもの一時保護，

知的障害の判定と療育手帳の発行なども行います。

(4) **子ども家庭支援センター**

1997（平成9）年の児童福祉法改正にともなって設置された，市区町村が運営する相談機関で，民間委託される場合もあります。家庭支援ワーカーや専門相談員（社会福祉士，保健師等，保育士，臨床心理士，看護師，教育・心理の専門知識をもつ相談員など）が，子ども（原則的には18歳未満）や保護者，地域住民からの相談に応じています。電話相談も多く，相談内容は家庭や生活環境の相談，発育・発達，養育不安，虐待危惧など多岐にわたります。保育所・児童館での子育てひろばや，児童相談所との連携のもとに，重層的な相談体制を目指しています。継続指導や緊急時の対応，一時保護などの役割を担うこともあります。

(5) **教育相談所（室）**

都道府県・各市区町村に設置され，地域の子どもの学業や行動面の問題，身体・精神面の健康，障害，進路や適性などの相談を受けています。臨床心理の専門家・教職経験者・言語聴覚の専門家などが，子ども自身の悩みはもちろんのこと，子育てや教育に携わる人たちからの相談に，電話や来所などの形態で応じています。不登校の子どもやその両親に対してカウンセリングを行い，学校や関係機関と連携して問題の解決にあたることもあります。

(6) **巡回相談（指導）**

巡回相談とは，心理職をはじめとする専門家スタッフが幼稚園や保育所を訪問し，問題を抱えた子どもや，保育者の悩みに対応する支援の総称です。2000年には69%の自治体で巡回相談が実施されており（全障研，2001），**統合保育**（障害を有する子どもとそうでない子どもを一緒に保育すること）への支援が主たる目的だった時代から，現在は虐待への対処や親との人間関係のもち方など，相談内容の幅

が広くなり，求められる援助技術も複雑になっていると言えます。

巡回相談による支援には，大きく分けて①保育者や保育への支援と②保育者を取り巻く環境の調整や連携に向けた支援があります（東京発達相談研究会・浜谷，2002）。回数も要請に応じて1度から継続して月や年に数回まで，支援の方法は自治体や派遣機関によってさまざまです。支援の機能としては，「保育指針の作成」「障害などの理解」「保育意欲」といった側面への支援が特に高く評価されています（浜谷，2005）。

このほかにも，教育委員会や精神保健福祉センター，児童館，発達障害者支援センター，大学や病院付属の相談機関，私立や法人の組織が母体となった相談機関や療育機関など，さまざまな利用機関があります。

心理職による発達支援の役割

心理職による発達支援の役割として，①子ども（や親）の問題や発達の評価（**アセスメント**）を行う，②その状況を整理して，養育者が納得のいくように伝える，③養育者が直面している育児の問題に気づき，具体的な支援につなげることがあげられます（石堂，2002）。アセスメントでは養育者からの聞き取り・発達検査・行動観察といった複数の方法を有機的に関連づけて，問題の所在と支援の方向性をその場で把握し，わかりやすく養育者や保育者に伝えていくといった総合的な力量が求められます。

こうした支援で大切にしたいのは，育児支援の一環として親子と関わる視点です。つまり親が主体となって，わが子や自らの状況を理解しようと努め，必要な手立てを選択できるよう，そのプロセスを支えるのです。実際には，気がかりな点があっても，簡単には相談に訪れないケースが多々あります。「まだ小さいから」と思いながらも「なんだかおかしい」という不安を抱え，育児に自信をもて

Column㉗ わが子の障害を受容することが難しい母親との，2年間の関わりから学んだこと

①B君とお母さんは1歳半健診以降，お誘いすれば発達相談にはみえるものの，親子遊びグループや療育機関への通園は利用しませんでした。その背景には，B君が特別なケアを受けることに対する家族の抵抗感もあったようです。2歳を過ぎてもB君には発語はほとんど見られず，多動や不器用に加えて，こだわりや関わりの希薄さ，感覚過敏も際立つようになりました。視線が合いにくく，意に沿わない働きかけにはまったく反応がない，初めての場所ではパニックを起こして泣き叫ぶ，よく買い物に行くスーパーでは階段の上り下りを際限なく繰り返すといったB君の行動を考えると，お母さんの苦労は並大抵のものではなかったと思います。しかし，お母さんは努めて深刻に考えまいとし，積み木を並べ1人で遊ぶB君の動きに合わせて気持ちのこもったことばをかけるなど，関わりがもちにくいわが子の特性に合わせて根気よく働きかけ，また，どうしたらうまく関われるのかを真剣に模索していました。そこで，発達相談では，お母さんの育児上の悩みに耳を傾けるとともに，関わりの上手な点をほめ，それらをB君の発達上の特徴という視点から意味づけることで，お母さんがB君の特性に気づいていけるように支援していきました。

②3歳の発達相談では要求を表す単語レベルの発語はありましたが，独特なイントネーションでのオウム返しや，要求中心の一方的な関わりが多く，ほかにも自閉的な兆候が見られました。場所見知りがきわめて強く，建物に入る前から泣き叫ぶ・逃げるといった激しいパニックを起こしたために相談や発達検査自体が成り立たなかったという経緯もあり，ことばが増えたなど，B君なりの成長を認めながらも，ぜひ療育機関を利用して欲しいと伝えました。以前から気になっていた発達の特徴は大きくは変化しておらず，見方によっては自閉的とも受け取れるが，軽度の場合は早めの対応によって大きく伸びていくことが期待できるからです。しかし，お母さんには「以前よりもやりとりができるようになった」というB君の成長を認めて欲しい気持ちが強く，場所見知りには「歯医者でいやな思いをしたため」と別の原因があると考えていること

から，話し合いはスムーズに進みませんでした。後にお父さんとも電話で話をしましたが，かえって溝は深まるばかりでした。

　③そこで保健師や保育士に，同年代の子どもと遊ぶ地域のグループを紹介したり，自宅を訪問して相談に乗ってくれるよう依頼し，両親がB君の課題に気づいて援助を求めるまで見守る姿勢を基本としていくことにしました。その後，B君親子は3歳児健診で元気な姿を見せ，4歳前には両親揃って発達相談に見え，幼稚園入園に向けての課題と支援について一緒に考えました。さらに，第2子が誕生した後には，幼稚園と並行して療育機関を利用するようになりました。

　B君とお母さんは，親子自身が動き出す力を信じて寄り添って関わりつつ見守ること，そのために異職種が同じ見通しをもって連携して関わることの大切さを教えてくれました。地域保健事業の現場はとても忙しく，障害を抱えた親子がすぐに「次のステップ（療育）に移行しない」ことは否定的にとらえられがちです。しかし時に，心理職をはじめ支援に携わる専門職は，行政の方針と親子の気持ちの狭間で，緩衝材としての役割を果たすことも必要なのです。

ない自分を責め，親自身も苦しんでいます。そうした気持ちに耳を傾け，しっかりと不安を受けとめることが大切です（*Column* ㉗の①参照）。その一方で，障害の可能性が高いと思われる場合には，きちんと伝えることも必要です。親がわが子の問題を前向きに受けとめられるよう，どのタイミングでどう伝えるのか，とても難しい問題です。しかし，専門家として子どもの長い将来を考えて必要だと判断すれば，たとえ親との関係に一時的に距離ができてしまうとしても，病院での受診や療育機関の利用を強く勧めることもあります。その場合は，親の心情面に関するフォローを保健師や保育士に頼みます。子どもの発達に関して長期的な見通しをもちつつも，急がず根気よく親子を見守り，タイミングを見て柔軟に支援することが必要です。発達相談や巡回相談で心理職を常勤で置く市区町村は

数が少なく，保健師や保育士といった他職種とのふだんからの連携が欠かせないのです。

> 発達支援を行ううえでの留意点

(1) 早い気づきと，じっくりとした対応

障害の可能性も含め「気になる」行動に早期に気づくことは，子どもに適切に関わっていくうえで大切です。診断も，その一環として位置づけることができます。しかし，親にとって直面化を急ぐことは，子どもへの関わりという意味では逆効果になる場合もあります。その子どもの力をどう伸ばすか，具体的な手立てを考えて日々関わるのは医師や心理職ではなく，親や保育者といった身近な人々なのです。大切なのは，「障害」や「気になる」行動への対応策ではなく，問題を訴えている彼らの思いとの向き合い方であり（田中, 2006），個々人がそれを見出すプロセスを支えることなのです。

(2) 理解を支援に

問題を抱える子どもへの支援にあたって欠かせないのは，子どもの状態についての共通理解であり，特に「その子は何を感じて，そうしているのか」と子ども内部の視点から行動をとらえるまなざしが大切です。しかし，「気になる」行動の背景がさまざまであればあるほど難しく，関わる大人の立場の違いから視点が食い違うこともしばしばです。そこで，子どもを解釈しようとする以前に，まず支援に携わる者それぞれが，子どものどんな行動から何を読み取っているのかを明らかにする必要があります。また，実際にある方針で支援を行う場合には，見直すことを前提とした作業仮説として位置づけます（野田・深田, 2002）。子どもの総合的な状況を「仮に」理解し，実際に支援するという姿勢が必要なのです（田中, 2006）。

(3) 抱える環境の意義

「気になる」行動を示す子どもと関わる周囲の大人の気持ちは，

日々揺れています。こうしたアンビヴァレントな感情を抱えていけるようになるためには（第11章参照），支援を行う側の「抱える」力，すなわち結論を急がず，評価せずにありのままの気持ちを受けとめる環境が大切です。大人自身も抱えられる安心感を得ることによって，問題を抱える力を得ていくのです。子育ては自分1人でできるものでも，すべきものでもありません。相談とは問題を認め，弱い自分をさらけだす勇気がいるものですが，誰かに助けを得て救われた経験は，より援助を求める力，ひいては人を助ける力を育むのです。

(4) つなぎ手として

子どもの成長や保育者の実践の連続性をとらえる相談員の役割は，一歩引いた目でその意味を検討する作業でもあります。東京発達相談会・浜谷（2002）は相談員の専門的中立性という視点から，保育園・幼稚園の者と利害関係がない相談員は，保育園・幼稚園の実情では実現が難しくとも，子どもにとっての最善の利益を考え，大胆な理想論を提案して，本来あるべき姿を関係者が考える機会をもつことが重要だと指摘しています。しかしその一方，支援する側の気づきから始まる支援は，支援を期待する相手の思いに沿うべきものでなくてはならないという意見もあります（田中, 2005）。子ども・家族・関係者と立場が違えば意見も異なり，連携の難しさを自覚して取り組むことも大切です。思いや役割が異なるからこそ「連携」が求められるのであり，必要に応じて他の機関や専門家とも積極的に関わっていくことが求められるのです。

読書案内

田中千穂子・栗原はるみ・市川奈緒子編『発達障害の心理臨床——子どもと家族を支える療育支援と心理臨床的援助』有斐閣,2005 年

●よく耳にするもののわかりにくい「発達障害」という概念や,その心理的援助について,心理職の立場から生き生きと描きだした本。発達障害の具体的な事例,発達障害に関する本や映画など,さまざまな視点から紹介されている点も興味深い。

田中康雄監修『わかってほしい! 気になる子——自閉症・ADHD などと向き合う保育』学習研究社,2004 年

●軽度発達障害をはじめ,保育場面で「誤解されやすく,生きにくさを感じている」子どもたちを理解して欲しいという願いのもとに,発達を評価する視点から実際の支援の方法までわかりやすく,温かいまなざしで解説されている。

引用・参考文献

Adolph, K., & Joh, A. S. (2007) Motor development: How infants get into the act. In A. Slater, & M. Lewis (Eds.), *Introduction to infant development*. Oxford University Press.

Ainsworth, M. D. S., Blehar, M. C., Waters, E., & Wall, S. (1978) *Patterns of attachment: A psychological study of the Strange Situation*. Erlbaum.

秋田喜代美 (1998)『読書の発達心理学――子どもの発達と読書環境』国土社

秋田喜代美・無藤隆 (1996)「幼児の読み聞かせに対する考えと読書環境に関する行動の検討」『教育心理学研究』44, 109-120.

秋田喜代美・無藤隆・藤岡真貴子 (1992)「幼児の読書意義に対する認識――勉強・マンガ・テレビゲームとの比較」『日本発達心理学会第4回発表論文集』133.

秋田喜代美・横山真貴子・ブックスタート支援センター (2002)「ブックスタートプロジェクトにおける絵本との出会いに関する親の意識――(1)-4ヵ月時でのプロジェクトの効果」『日本保育学会大会研究論文集』55, 164-165.

American Psychiatric Association (2000) *Quick reference to the diagnostic criteria from DSM-IV-TR*. American Psychiatric Association. (高橋三郎・大野祐・染矢俊幸 (訳) (2003)『DSM-IV-TR 精神疾患の分類と診断の手引き』新訂版, 医学書院)

安藤寿康 (2000)『心はどのように遺伝するか――双生児が語る新しい遺伝観』講談社

青木紀久代 (2002)「親子を支える保育者の心理臨床的関わり」馬場禮子・青木紀久代 (編)『保育に生かす心理臨床』ミネルヴァ書房

蘭香代子 (1989)『母親モラトリアムの時代――21世紀の女性におくるCo-セルフの世界』北大路書房

麻生武 (2002)『乳幼児の心理――コミュニケーションと自我の発達』サイエンス社

Bahrick, L. E. (2004) The development of perception in a multimodal environment. In G. Bremner, & A. Slater (Eds.), *Theories of infant development*. Blackwell.

Baillargeon, R. (1987) Object permanence on 3. 5-and 4. 5-month-old infants. *Developmental Psychology*, 23, 655-664.

Bakeman, R., & Brownlee, J. R. (1982) Social rules governing conflicts in toddlers and preschoolers. In K. H. Rubin, & H. S. Ross (Eds.), *Peer relationships and social skills in childhood*. Springer Verlag.

Baltes, P. B., Reese, H. W., & Lipsitt, L. P. (1980) Life-span development psychology. *Annual Review of Psychology*, 31, 65-110.

Bartsch, K. & Wellman, H. M. (1995) *Children talk about the mind*. Oxford University Press.

Behrens, K. Y., Hesse, E., & Main, M. (2007) Mothers' attachment status as determined by the Adult Attachment Interview predicts their 6-year-olds' reunion responses: A study conducted in Japan. *Developmental Psychology*, 43, 1553–1567.

Belsky, J., & Kelly, J. (1994) *The transition to parenthood*. Delacorte Press. (安次嶺佳子（訳）(1995)『子供をもつと夫婦に何が起こるか』草思社)

Bendersky, M., & Sullivan, M. W. (2007) Basic methods in infant research. In A. Slater, & M. Lewis (Eds.), *Introduction to infant development*. Oxford University Press.

ベネッセ教育研究開発センター (2006)『第3回幼児の生活アンケート・国内調査』ベネッセ教育研究開発センター

Benoit, D., Zeanah, C. H., Parker, K. C. H., Nicholson, E. N., & Coolbear, J. (1997) Working model of the child interview: Infant clinical status related to maternal perceptions. *Infant Mental Health Journal*, 18, 107–121.

Biringen, Z. (2000) Emotional availability: Conceptualization and research findings. *American Journal of Orthopsychiatry*, 70, 104–114.

Biringen, Z. (2004) *Raising a secure child: Creating emotional connection between you and your child*. Penguin.

Biringen, Z., & Robinson, J. (1991) Emotional availability: A reconceptualization for research. *American Journal of Orthopsychiatry*, 61, 258–271.

ブルーム, P.／春日井晶子（訳）(2006)『赤ちゃんはどこまで人間なのか──心の理解の起源』ランダムハウス講談社

Blumberg, M. S. (2005) *Basic instinct: The genesis of behavior*. Thunder's Mouth Press. (塩原通緒（訳）(2006)『本能はどこまで本能か──ヒトと動物の行動の起源』早川書房)

Bokhorst, C. L., Bakermans-Kranenburg, M. J., Fearon, R. M. P., van IJzendoorn, M. H., Fonagy, P., & Schuengel, C. (2003) The importance of shared environment in mother-infant attachment security: A behavioral genetic study. *Child Development*, 74, 1769–1782.

Bowlby, J. (1969) *Attachment and Loss: Vol. 1, Attachment*. Basic Books. (revised ed., 1982) (黒田実郎（訳）(1991)『母子関係の理論1──愛着行動』新版, 岩崎学術出版社)

Bowlby, J. (1973) *Attachment and Loss: Vol. 2, Separation*. Basic Books. (黒田実郎（訳）(1991)『母子関係の理論2──分離不安』新版, 岩崎学術出版社)

Bowlby, J. (1980) *Attachment and Loss: Vol. 3, Loss*. Basic Books. (黒田実郎（訳）(1991)『母子関係の理論3──対象喪失』新装版, 岩崎学術出版社)

Bowlby, J. (1988) *A secure base: Parent-child attachment and healthy human development*. Basic Books.（二木武（訳）(1993)『母と子のアタッチメント——心の安全基地』医歯薬出版）

Bretherton, I., & Munholland, K. A. (2008) Internal working models in attachment relationships: Elaborating a central construct in attachment theory. In J. Cassidy, & P. Shaver (Eds.), *Handbook of attachment: Theory, research and clinical application*. 2nd ed. Guilford Press.

ブルーナー，J. S.／寺内晃・本郷一夫（訳）(1988)『乳幼児の話しことば』新曜社（Bruner, J. S. (1983) *Child talk: Learning to use language*. Oxford University Press.）

Bruner, J. (1994) The "remembered" self. In U. Neisser, & R. Fivush (Eds.), *The remembering self: Construction and accuracy in the self-narrative*. Cambridge University Press.

Bukowski, W, M., Newcomb, A. F., & Hartup, W. W. (Eds.) (1998) *The company they keep: friendships in childhood and adolescence*. Cambridge University Press.

Bushman, B. J., & Huesmann, R. (2001) Effects of televised violence on aggression. In D. G. Singer, & L. Singer (Eds.), *Handbook of children and the media*. Sage Publications.

Buss, A. H., & Plomin, R. (1984) *Temperament: Early developing personality traits*. Erlbaum.

Butterworth, G., & Harris, M. (1994) *Principles of Developmental Psychology*. Lawrence Erlbaum.

Campos, J., Hiatt, S., Ramsay, D., Henderson, C., & Svejda, M. (1978) The emergence of fear on the visual cliff. In M. Lewis, & L. Rosenblum (Eds.), *The development of affect*. Wiley.

Carlson, E. A., Cicchetti, D., Barnett, D., & Braunwald, K. (1989) Disorganized/disoriented attachment relationships in maltreated infants. *Developmental Psychology*, 25, 525–531.

Caspi, A. (1998) Personality development across the life course. In W. Damon (Series Ed.), N. Eisenberg (Vol. Ed.), *Handbook of child psychology: Vol. 3, Social, emotional, and personality development*. 5th ed. John Wiley.

Chapman, D. A., & Scott, K. G. (2001) Intergenerational risk factors and child development. *Developmental Review*, 21, 305–325.

Chisholm, K. (1998) A three year follow-up of attachment and indiscriminate friendliness in children adopted from Romanian orphanages. *Child Development*, 69, 1092–1106.

Cole, P. M. (1986) Children's spomtaneous control of facial expression. *Child Development*, 57, 1309–1321.

Damon, W., & Hart, D. (1988) *Self-understanding in childhood and ado-

lescence. Cambridge University Press.

DeCasper, A. J., & Spence, M. J. (1986) Prenatal maternal speech influences newborns' perception of speech sound. *Infant Behavior and Development*, 9, 133–150.

Denham, S. A. (1986) Social cognition, social behavior, and emotion in preschoolers. Contextual validation. *Child Development*, 57, 194–201.

Doherty, M. J. (2009) *Theory of mind: How children understand others' thoughts and feelings*. Psychology Press.

Dunn, J. (1988) *The beginning of social understanding*. Basil Blackwell.

Dunn, J. (1994) Changing minds and changing relationships. In C. Lewis, & P. Mitchell (Eds.), *Childrens' early understanding of mind: Origins and development*. Lawrence Erlbaum Associates.

Dunn, J. (2004) *Children's friendships: The beginnings of intimacy*. Wiley-Blackwell.

Dunn, J., & Kendrick, C. (1982) *Siblings: Love, envy, understanding*. Harvard University Press.

Dunn, J., Brown, J., Slomkowski. C., Telsla, C., & Youngblade, L. (1991) Young children's understanding of other people's feelings and beliefs: Individual differences and their antecedents. *Child Development*, 62, 1352–1366.

Easterbrooks, M. A. (1988) Effects of infant risk status on the transition to parenthood. In G. Michaels, & W. A. Goldberg (Eds.), *The transition to parenthood: Current theory and research*. Cambridge University Press.

Eisenberg, N. (1992) *The Caring Child*. Harvard University Press. (二宮克美・首藤敏元・宗方比佐子（訳）(1995)『思いやりのある子どもたち——向社会的行動の発達心理』北大路書房)

Eisenberg, N., & Mussen, P. H. (1989) *The roots of prosocial behavior in children*. Cambridge University Press. (菊池章夫・二宮克己（訳）(1991)『思いやり行動の発達心理』金子書房)

Eisenberg-Berg, N. (1979a) Development of children's prosocial moral judgement. *Developmental Psychology*, 15, 128–137.

Eisenberg-Berg, N. (1979b) Children's moral reasoning about their own spontaneous prosocial behavior. *Developmental Psychology*, 15, 228–229.

遠藤利彦 (1990)「移行対象の発生因的解明——移行対象と母性的関わり」『発達心理学研究』1, 59–69.

遠藤利彦 (1991)「移行対象と母子間ストレス」『教育心理学研究』39, 243–252.

遠藤利彦 (1992)「愛着と表象—愛着研究の最近の動向——内的作業モデル概念とそれをめぐる実証研究の概観」『心理学評論』35, 201–233.

遠藤利彦 (1995)「乳幼児期における情動の発達とはたらき」麻生武・内田伸子（編）『人生の旅立ち——胎児・乳児・幼児前期』講座発達心理学 2, 金子書房

遠藤利彦（2001）「三歳児神話の陥弄に関する補足的試論・私論」『ベビーサイエンス』1, 66–67.

遠藤利彦（2005）「発達心理学の新しいかたちを探る」遠藤利彦（編）『発達心理学の新しいかたち』誠信書房

遠藤利彦（2007）「アタッチメント理論とその実証研究を俯瞰する」数井みゆき・遠藤利彦（編）『アタッチメントと臨床領域』ミネルヴァ書房

遠藤利彦（2010）「アタッチメント理論の現在──生涯発達と臨床実践の視座からその行方を占う」『教育心理学年報』49, 150–161

Fernald & Morikawa (1993) Common themes and cultural variation in Japanese and American mother's speech to infants. *Child Development*, 64, 637–656.

Fish, S. M., Truglio, R. T., & Cole, C. F. (1999) The impact of Sesame Street on preschool children: A review and synthesis of 30 years' research. *Media Psychology*, 1, 165–190.

Fivush, R. (1994) Constructing narrative, emotion, and self in parent-child conversations about past. In U. Neisser, & R. Fivush (Eds.), *The remembering self: Construction and accuracy in the self-narrative*. Cambridge University Press.

Frey, K. S., & Ruble, D. N. (1985) What children say when the teacher is not around: Conflicting goals in social comparison and performance assessment in the classroom. *Journal of Personality and Social Psychology*, 48, 550–562.

藤井東治（1996）「『望まない妊娠の結果生まれた児』への虐待をめぐる問題──児童虐待に関する調査と考察」『家族心理学研究』10, 105–117.

藤崎春代（1991）「社会的認知の発達」内田伸子・臼井博・藤崎春代『乳幼児の心理学』ベーシック現代心理学2, 有斐閣

藤崎春代（1997）「保育者は幼児の過去経験物語をどのように援助するのか？」『帝京大学文学部紀要』4, 41–64.

藤崎春代・西本絹子・浜谷直人・常田秀子（1992）『保育のなかのコミュニケーション──園生活においてちょっと気になる子どもたち』ミネルヴァ書房

福丸由佳（2000）「共働き世帯の夫婦における多重役割と抑うつ度との関連」『家族心理学研究』14, 151–162.

Gallup, G. G., Jr. (1970) Chimpanzees: Self-recognition. *Science*, 167, 86–87.

Geldart, S., Maurer, D., & Henderson, H. (1999) The effects of the height of faces' internal features on adults' aesthetic ratings and 5-month-olds' looking times. *Perception*, 28, 839–850.

Gelman, S. A., Coley, J. D., & Gottfried, G. M. (1994) Essentialist beliefs in children: The acquisition of concepts and theories. In L. A. Hirschfeld, & S. A. Gelman (Eds.), *Mapping the mind: Domain specificity in cognition and culture*. Cambredge University Press.

Gibson, E. J. (1997) An ecological psychologist's prolegomena for perceptual development: A functional approach. In C. Dent-Read, & P. Zukow-Goldring (Eds.), *Evolving explanations of development: Ecological approaches to organism-environment systems*. APA.

Gibson, E. J., & Walk, R. D. (1960) The "visual cliff." *Scientific American*, 202, 67–71.

Gill, E. (1991) *The healing power of play: Working with abused children*. Guilford Press. (西澤哲 (訳) (1997)『虐待を受けた子どものプレイセラピー』誠信書房)

Gluckman, P., & Hanson, M. (2005) *The fetal matrix: Evolution, development and disease*. Cambridge University Press.

Goldberg, W. A. (1988) Introduction: Perspectives on the transition to parenthood. In G. Michaels, & W. A. Goldberg (Eds.), *The transition to parenthood: Current theory and research*. Cambridge University Press.

Goldberg, W. A., Michaels, G. Y., & Lamb, M. E. (1985) Husband's and wive's adjustment to pregnancy and first parenthood. *Journal of Family Issues*, 6, 483–504.

濱田穣 (2007)『なぜヒトの脳だけが大きくなったのか――人類進化最大の謎に挑む』講談社

浜谷直人 (2005)「巡回相談はどのように障害児統合保育を支援するか――発達臨床コンサルテーションの支援モデル」『発達心理学研究』16, 300–310

繁多進 (1987)『愛着の発達――母と子の心の結びつき』大日本図書

原田正文 (2006)『子育ての変貌と次世代育成支援――兵庫レポートにみる子育て現場と子ども虐待予防』名古屋大学出版会

Harris, P. L., & Gross, D. (1988) Children's understanding of real & apparent emotion. In J. W. Astington, P. L. Harris, & D. R. Olson (Eds.), *Developing theories of mind*. Cambridge University Press.

Harter, S. (1999) *The construction of the self: A developmental perspective*. Guilford Press.

Hepper, P. (2007) Prenatal development. In A. Slater & M. Lewis (Eds.), *Introduction to infant development*. Oxford University Press.

Herman, J. L. (1992) *Trauma and recovery*. Basic Books. (中井久夫 (訳) (1996)『心的外傷と回復』みすず書房)

Hesse, E. (2008) The adult attachment interview: Protocol, method of analysis, and empirical studies. In J. Cassidy, & P. R. Shaver (Eds.), *Handbook of attachment: Theory, research, and clinical applications*. 2nd ed. Guilford Press.

平井信義・帆足英一 (編) (1991)『おもいやりを育む保育』新曜社

開一夫 (2005)「乳児認知研究の新しいかたち――注視時間法における課題と今後の展開」遠藤利彦 (編)『発達心理学の新しいかたち』誠信書房

Hoffman, M. L. (1987) The contribution of empathy to justice and moral judgement. In N. Eisenberg, & J. Strayer (Eds.), *Empathy and its development*. Cambridge University Press.

Hoffman, M. L. (2000) *Empathy and moral development*. Cambridge University Press. (菊池章夫・二宮克美(訳)(2001)『共感と道徳性の発達心理学』川島書店)

本郷一夫・杉山弘子・玉井真理子(1991)「子ども間のトラブルに対する保母の働きかけの効果」『発達心理学研究』1, 107-115.

本郷一夫ほか(2005)「保育の場における『気になる』子どもの保育支援に関する研究」『教育ネットワーク研究室年報』5, 東北大学大学院教育学研究科教育ネットワークセンター教育ネットワーク研究室

掘越紀香(1998)「3・4歳児における『ふざけ』行動の変化」無藤隆(研究代表)『幼児の生活における感情と完成の育ち(平成8〜9年度科学研究費補助金(基礎研究(B)(2))研究成果報告書)』49-68.

掘越紀香(2003)「ふざけ行動にみるちょっと気になる幼児の園生活への対処」『保育学研究』41(1), 71-77.

掘越紀香・無藤隆(1996)「幼稚園児の仲間関係における『ふざけ』行動の役割」『日本発達心理学会第7回大会発表論文集』52.

掘越紀香・無藤隆(1999)「幼稚園児の仲間関係における『ふざけ』行動の役割(4)」『日本発達心理学会第10回大会発表論文集』473.

掘越紀香・無藤隆(2000)「幼児にとってのふざけ行動の意味──タブーのふざけの変化」『子ども社会研究』6, 43-55.

細川かおり(1993)「発達の障害とその保育における対応」岸井勇雄・無藤隆・柴崎正行(監修)/無藤隆(編)『発達の理解と保育の課題』保育・教育ネオシリーズ5, 同文書院

Howe, D. (2005) *Child abuse and neglect: Attachment, development and intervention*. Palgrave.

Howes, C., & Fraver, J. (1987) Toddler's responses to the distress of their peers. *Journal of Applied Developmental Psychology*, 8, 441-452.

Howes, C., & Spieker, S. (2008) Attachment relationships in the context of multiple caregivers. In J. Cassidy, & P. R. Shaver (Eds.), *Handbook of attachment: Theory, research, and clinical applications*. 2nd ed. Guilford Press.

Husemann, R., & Eron, L. (1986) *Television and aggressive child: A cross national comparison*. Lawrence Erbaum Associates.

Iacoboni, M. (2008) *Mirroring people: The new science of how we connnect with others*. Farra, Straus & Giroux. (塩原通緒(訳)(2009)『ミラーニューロンの発見──「物まね細胞」が明かす驚きの脳科学』早川書房)

池上貴美子(1998)「動く顔図版に対する原初的コミュニケーションの発生的機序」『電子情報通信学会技術研究報告』35, 25-32.

井上徳子（1994）「チンパンジー幼児における自己鏡映像認知――縦断的研究と横断的研究」『発達心理学研究』5, 51-60.

石堂志津子（2002）「保健所での健診とフォローに関する発達支援」長崎勤・古澤頼雄・藤田継道（編）『臨床発達心理学概論――発達支援の理論と実際』臨床発達心理学1, ミネルヴァ書房

石崎理恵（1996）「絵本場面における母親と子どもの対話分析――フォーマットの獲得と個人差」『発達心理学研究』7, 1-11.

板倉昭二（1999）『自己の起源――比較認知科学からのアプローチ』金子書房

板倉昭二（2006）『「私」はいつ生まれるか』筑摩書房

板倉昭二（2007）『心を発見する心の発達』京都大学学術出版会

伊藤順子（2006）「幼児の向社会性についての認知と向社会的行動の関連――遊び場面の観察を通して」『発達心理学研究』17, 241-251.

伊藤忠弘・平林秀美（1997）「向社会的行動の発達」井上健治・久保ゆかり（編）『子どもの社会的発達』東京大学出版会

岩田純一（2001）『〈わたし〉の発達――乳幼児が語る〈わたし〉の世界』ミネルヴァ書房

岩田美香（1997）「「育児不安」研究の限界――現代の育児構造と母親の位置」『教育福祉研究』3, 27-34.

James, W. (1890) *Principles of psychology*. Holt.

児童虐待問題研究会（編）（2008）『Q & A 児童虐待防止ハンドブック』ぎょうせい

Kagan, J. (1984) *The nature of the child*. Basic Books.

Kagan, J. (1994) *Galen's prophecy: Temperament in human nature*. Basic Books.

Kalter, H. (2003) Teratology in the 20th century: Environmental causes of congenital malformations in humans and how they were established. *Neurotoxicology and Teratology*, 25, 131-282.

上出弘之（2000）「現代の子どものストレス」日本精神衛生会（編）『子どものメンタルヘルス』こころの健康シリーズⅠ, 日本精神衛生会

金田利子・柴田幸一・諏訪きぬ（編）（1990）『母子関係と集団保育――心理的拠点形成のために』明治図書出版

金子恵美（2002）「子ども虐待その他特別な配慮を必要とする子どもや家族に対する援助」柏女霊峰・山縣文治（編）『家族援助論』ミネルヴァ書房

Karraker, K. H., Lake, M. A., & Parry, T. B. (1994) Infant coping with everyday stressful events. *Merril-Pelmer Quarterly*, 40, 171-182.

柏木惠子（1988）『幼児期における「自己」の発達――行動の自己制御機能を中心に』東京大学出版会

柏木惠子（2001）『子どもという価値――少子化時代の女性の心理』中央公論新社

柏木惠子（2008）『子どもが育つ条件――家族心理学から考える』岩波書店

柏木惠子・若松素子（1994）「親になることによる人格発達——生涯発達的視点から親を研究する試み」『発達心理学研究』5, 72-83.

加藤道代（2007）「子育て期の母親における『被援助性』とサポートシステムの変化（2）」『東北大学大学院教育学研究科研究年報』55, 243-270.

川戸由季・遠藤利彦（2001）「Imaginary Companion の実態を探る」『日本教育心理学会総会発表論文集』43, 224.

加用文男（1981）「幼児のケンカの心理学的分析」『現代と保育』9, 176-189.

加用文男（1998）「遊びに生きる子どもの多重世界」麻生武・綿貫徹（編）『遊びという謎』ミネルヴァ書房

数井みゆき・遠藤利彦・田中亜希子・坂上裕子・菅沼真樹（2000）「日本人母子における愛着の世代間伝達」『教育心理学研究』8, 323-332.

数井みゆき・無藤隆・園田菜摘（1996）「子どもの発達と母子関係・夫婦関係——幼児を持つ家族について」『発達心理学研究』7, 31-40.

Kellman, P., & Spelke, E. S. (1983) Perception of partly occluded objects in infancy. *Cognitive Psychology*, 15, 483-524.

菊池哲平（2004）「幼児における自分自身の表情に対する理解の発達的変化」『発達心理学研究』15, 207-216.

菊池哲平（2006）「幼児における状況手がかりからの自己情動と他者情動の理解」『教育心理学研究』54, 90-100.

木下孝司（2001）「遅延提示された自己映像に関する幼児の理解——自己認知・時間的視点・『心の理論』の関連」『発達心理学研究』12, 185-194.

木下芳子・朝生あけみ・斉藤こずゑ（1986）「幼児期の仲間同士の相互交渉と社会的能力の発達——3歳児におけるいざこざの発生と解決」『埼玉大学紀要教育科学』35（I）, 1-15.

小嶋佳子（2001）「対人的場面におかれた他者の嫌悪を推測する5,6歳児の能力」『心理学研究』72, 51-56.

小松孝至（2006）「母子の会話の中で構成される幼児の自己——「自己と他者との関連づけ」に着目した1事例の縦断的検討」『発達心理学研究』17, 115-125.

駒谷真美（2001）「どきどき探検テレビの世界へ行ってみよう！——家庭におけるメディア・リテラシー教育の実践」『家庭におけるメディア教育の研究調査報告書』放送番組向上協議会

小椋たみ子（1999）「語彙獲得の日米比較」桐谷滋（編）『ことばの獲得』ミネルヴァ書房

小西行郎（2003）『赤ちゃんと脳科学』集英社

Kopp, C. B. (1989) Regulation of distress and negative emotion: A developmental view. *Developmental Psychology*, 25, 343-354.

厚生労働省（2006）『子ども虐待による死亡事例等の検証結果等について——社会保障審議会児童部会児童虐待等要保護事例の検証に関する専門委員会第2次報告』

久保ゆかり（1997）「他者理解の発達」井上健治・久保ゆかり（編）『子どもの社会的発達』東京大学出版会

久保ゆかり（1998）「気持ちを読みとる心の成長」丸野俊一・子安増生（編）『子どもが「こころ」に気づくとき』ミネルヴァ書房

Kuhl, P. K., Stevens, E., Hayashi, A., Deguchi, T., Kiritani, S., & Iverson, P. (2006) Infants show afacilitation effect for native language phonetic perception between 6 and 12 months. *Developmental Science*, 9, F13–F21.

鯨岡峻（2001）「乳児期におけるコミュニケーションの発達」秦野悦子（編）『ことばの発達入門』大修館書店

Laing, R. D. (1961) *The self and others*. Tavistock Publications.（志貴晴彦・笠原嘉（訳）（1975）『自己と他者』みすず書房）

Lebovici, S. (1988) Fantasmatic interaction and intergenerational transmission. *Infant Mental Health Journal*, 9, 10–19.

Lecanuet, J. P., & Schaal, B. (1996) Fetal sensory competencies. *European Journal of Obstetrics and Gynecology and Reproductive Biology*, 68, 1–23.

Lewis M., (1993) The emergence of human emotions. In M. Lewis, & J. Haviland (Eds.), *Handbook of emotions*. Guilford Press.

Lewis, M., & Brooks-Gunn, J., (1979) *Social cognition and acquisition of self*. Plenum.

Linden, D. J. (2007) *The accidental mind: How brain evolution has given us love, memory, dreams, and god*. Belknap Press.（夏目大（訳）（2009）『つぎはぎだらけの脳と心——脳の進化は，いかに愛，記憶，夢，神をもたらしたのか？』インターシフト）

前田富祺・前田紀代子（1983）『幼児の語彙発達の研究』武蔵野書院

前川喜平・青木継稔（1997）『今日の乳幼児健診マニュアル』改訂第2版，中外医学社

Mahler, M. S., Pine, F., & Bergman, A. (1975) *The psychological birth of the human infant: Symbiosis and individuation*. Basic Books.（高橋雅士ほか（訳）（1981）『乳幼児の心理的誕生——母子共生と個体化』黎明書房）

Main, M. (1991) Metacognitive knowledge, metacognitive monitoring, and singular (coherent) vs. multiple (incoherent) models of attachment: Findings and directions for future research. In C. M. Parkes, J. Stevenson-Hinde, & P. Marris (Eds.), *Attachment across the life cycle*. Routledge.

Main, M., & Hesse, E. (1990) Parents' unresolved traumatic experiences are related to infant disorganized attachment status: Is frightened and/or frightening parental behavior the linking mechanism? In M. T. Greenberg, D. Cicchetti, & E. M. Cummmings (Eds.), *Attachment in the preschool years*. University of Chicago Press.

Main, M., & Solomon, J. (1990) Procedures for identifying infants as disorganized/disoriented during the Ainsworth strange situation. In M. T. Greenberg, D. Cicchetti, & E. M. Cummmings (Eds.), *Attachment in the preschool years*. University of Chicago Press.

牧野カツコ（1982）「乳幼児を持つ母親の生活と〈育児不安〉」『家庭教育研究所紀要』3，34-56

牧野カツコ（1983）「働く女性と〈育児不安〉」『家庭教育研究所紀要』4，67-76.

Marvin, R., Cooper, G., Hoffman, K., & Powell, B. (2002) The circle of security project: Attachment-based intervention with caregiver-preschool child dyads. *Attachment and Human Development*, 1, 107-124.

Markman, E., & Wachtel, J. E. (1988) Children's use of mutual exclusivity to constrain the meaning of words. *Cognitive Psychology* 20, 121-157.

丸野俊一（1990）「認知」無藤隆・高橋惠子・田島信元（編）『発達心理学入門 I ——乳児・幼児・児童』東京大学出版会

正高信男（2001）『子どもはことばをからだで覚える——メロディから意味の世界へ』中央公論新社

Massey, C. M., & Gelman, R. (1988) Preschoolers decide whether pictured unfamiliar objects can move themselves. *Developmental Psychology*, 24, 307-317.

松井淳子（1999）「集団活動場面における幼児の他者理解——友だちについての語りの観察から」『乳幼児教育学研究』8，53-62.

松沢哲郎（2002）『進化の隣人——ヒトとチンパンジー』岩波書店

Mayeroff, M. (1971) *On caring*. Harper & Row.（田村真・向野宣之（訳）(2003)『ケアの本質——生きることの意味』ゆみる出版）

Meins, E. (1997) *Security of attachment and the social development of cognition*. Psychology Press.

Meins, E., Fernyhough, C., & Russell, J. (1998) Security of attachment as a predictor of symbolic and mentalizing abilities: A longitudinal study. *Social Development*, 7, 1-24.

Meins, E., Fernyhough, C., Wainwright, R. Gupta, M. D., Fradley, E., & Tuckey, M. (2002). Maternal mind-mindedness and attachment security as predictors of theory of mind understanding. *Child Development*, 73, 1715-1726.

Meltzoff, A. N., & Borton, R. W. (1979) Intermodal matching by human neonates. *Nature*, 282, 403-404.

Meltozoff, A. N., & Prinz, W. (2002) *The imitative mind: Development, evolution and brain bases*. Cambridge University Press.

Michaels, G. (1988) Motivational factors in the decision and the timing of pregnancy. In G. Michaels, & W. A. Goldberg (Eds.), *The transition to parenthood: Current theory and research*. Cambridge University Press.

Miller, A. (1981) *The drama of the gifted child: The search for the true self*.

Basic Books. (山下公子 (訳) (1996)『才能ある子のドラマ——真の自己を求めて』新曜社)

Moalem, S. (2007) *Survival of the sickest: A medical maverick discovers why we need disease.* William Morrow. (矢野真千子 (訳) (2007)『迷惑な進化——病気の遺伝子はどこから来たのか』日本放送出版協会)

文部科学省 (2008)『幼稚園教育要領 (平成20年度告示)』フレーベル館

Moore, D. S. (2001) *The dependent gene: The fallacy of nature vs. nurture.* W. H. Freeman & Co. (池田清彦・池田清美 (訳) (2005)『遺伝子神話の崩壊——「発生システム的見解」がすべてを変える』徳間書店)

森下葉子 (2006)「父親になることによる発達とそれに関わる要因」『発達心理学研究』17, 182–192.

森田展彰 (2003)「虐待に関わる要因と親に対する介入・治療」中谷瑾子・岩井宜子・中谷真樹 (編)『児童虐待と現代の家族——実態の把握・診断と今後の課題』信山社

森田展彰・有園博子・肥田明日香・富田拓・西澤哲 (2004)「被虐待児児童における精神症状・問題行動および内在化された養育者のイメージ——養護施設・児童自律支援施設の児童と一般小中高校児童の比較」『平成15年度財団法人こども未来財団調査報告書』財団法人こども未来財団

森田ゆり (2004)『新・子どもの虐待——生きる力が侵されるとき』岩波書店

本島優子 (2007)「妊娠期における母親の子ども表象とその発達的規定因および帰結に関する文献展望」『京都大学大学院教育学研究科紀要』53, 299–312.

宗方比佐子・二宮克美 (1985)「プロソーシャルな道徳的判断の発達」『教育心理学研究』33, 157–164.

村野井均 (1986)「テレビに映った人間の映像とその演技に関する乳幼児の認識」『弘前学院大学・弘前学院短期大学紀要』22, 41–51.

無藤清子・園田雅代・野村法子・前川あさ美 (1996)「複数役割をもつ成人期女性の葛藤と統合のプロセス (その3)」『日本教育心理学会第38回総会発表論文集』124.

永久ひさ子・柏木惠子 (2000)「母親の個人化と子どもの価値——女性の高学歴化, 有職化の視点から」『家族心理学研究』14, 139–150.

永井幸代ほか (2002)「子どもの誕生の後に気になること」石川道子・辻井正次・杉山登志郎 (編)『可能性ある子どもたちの医学と心理学』ブレーン出版

中野茂 (1996)「遊び研究の潮流——遊びの行動主義から"遊び心へ"」高橋たまき・中沢和子・森上史朗 (編)『遊びの発達学——基礎編』培風館

中野茂 (1997)「マインドの理論から心情共感論へ——乳児期に始まる心を分かち合う関係」『心理学評論』40, 78–94.

中山まき子 (1992)「妊娠体験者の子どもを持つことにおける意識——子どもを〈授かる〉・〈つくる〉意識を中心に」『発達心理学研究』3, 51–64.

Needham, A., & Baillargeon, R. (1993) Intutitions about support in 4 1/2-month-old infants. *Congniton,* 47, 121–148.

Nelson, K. (1997) Finding one's self in time. In J. G. Snodgrass, & R. L. Thompson (Eds.), The self across psychology: self-recognition, self-awareness, and the self-concept. *Annals of the New York Academy of Sciences*, 818, 103–116.

Nesse, R. M., & Williams, G. C. (1995) *Why we get sick: The new science of darwinian medicine.* Crown.（長谷川真理子・青木千里・長谷川寿一（訳）(2001)『病気はなぜ，あるのか——進化医学による新しい理解』新曜社）

NHK放送文化研究所（2006）『"子どもに良い放送"プロジェクト第3回フォローアップ調査報告書』NHK放送文化研究所

http://www.nhk.or.jp/bunken/research/bangumi/kodomo/kodomo_06040701.pdf（検索日：2009/10/13）

NICHD (The NICHD Early Child Care Rrsearch Network) (Ed.) (2005) *Child care and child development: Results from the NICHD study of early child care and youth development.* Guilford Press.

Nicolson, P. (2001) *Postnatal depression: facing the paradox of loss, happiness and motherhood.* John Wiley & Sons.

日本玩具協会（2008）『子どもにとって「おもちゃ」とは』日本玩具協会ウェブページ

http://www.toyjournal.or.jp/cgi-bin/vote/newpage6.html（検索日：2009/10/13）

日本子ども家庭総合研究所（編）（2001）『厚生省　子ども虐待対応の手引き（平成12年11月改訂版）』有斐閣

日本発達障害ネットワーク（JDD Net）

http://jddnet.jp/index.php

日本小児科学会こどもの生活環境改善委員会（2004）『乳幼児のテレビ・ビデオ長時間視聴は危険です』日本小児科学会ウェブページ

http://www.jpeds.or.jp/iinkai-j.html（検索日：2009/10/13）

西川由紀子（2003）「子どもの自称詞の使い分け——『オレ』という自称詞に着目して」『発達心理学研究』14, 25–38.

西澤哲（1997）『子どものトラウマ』講談社

西澤哲（1999）『トラウマの臨床心理学』金剛出版

西澤哲（2003）「虐待によるトラウマのプレイセラピー」『子どもの虐待とネグレクト』5, 12–20.

西澤哲（2004）「子ども虐待がそだちにもたらすもの」『そだちの科学』2, 10–16.

野田淳子・深田昭三（2002）「保育のフィールドにおける発達支援——対応の難しい子どもと保育者の変容をうながしたもの」『乳幼児教育学研究』11, 33–42.

O'Connor, T. G. (2005) Attachment disturbances associated with early severe deprivation. In C. S. Carter, L. Ahnert, K. E. Grossmann, S. B. Hrdy,

M. E. Lamb, S. W. Porges, & N. Sachser (Eds.), *Attachment and bonding: A new synthesis*. The MIT Press.

荻野美佐子（1986）「低年齢児集団保育における子どもの人間関係の形成」無藤隆・内田伸子・斉藤こずゑ（編）『子ども時代を豊かに』学文社

荻野美佐子・小林春美（1999）「語彙獲得の初期発達」桐谷滋（編）『ことばの獲得』ミネルヴァ書房

大日向雅美（1988）『母性の研究』川島書店

大日向雅美（1996）「子どもを愛せない最近の母親たち」『現代のエスプリ』342, 55-62.

大豆生田啓友（2003）「子ども・家庭支援および家庭連携とカウンセリングマインド」森上史朗・浜口順子（編）『幼児理解と保育援助』ミネルヴァ書房

大内晶子・長尾仁美・櫻井茂男（2008）「幼児の自己制御機能尺度の検討──社会的スキル・問題行動との関係を中心に」『教育心理学研究』56, 414-425.

岡本夏木（1982）『子どもとことば』岩波書店

岡本夏木（1985）『ことばと発達』岩波書店

岡本依子・菅野幸恵・根ヶ山光一（2003）「胎動に対する語りにみられる妊娠期の主観的な母子関係──胎動日記における胎児の意味づけ」『発達心理学研究』14, 64-76.

岡本祐子（1994）『成人期における自我同一性の発達過程とその要因に関する研究』風間書房

岡本祐子（1997）『中年期からのアイデンティティ発達の心理学──成人期・老年期の心の発達と共に生きることの意味』ナカニシヤ出版

岡本祐子（編）（1999）『女性の生涯発達とアイデンティティ──個としての発達・かかわりの中での成熟』北大路書房

岡本祐子（2001）「育児による親の発達とそれを支える家族要因に関する研究」『広島大学大学院教育学研究科紀要』第2部, 50, 333-339.

岡山久代・高橋真理（2006）「妊娠期における初妊婦と実母の関係性の発達的変化」『母性衛生』47, 455-463.

Onishi, K. H., & Baillargeon, R. (2005) Do 15-month-old infants understand false beliefs? *Science*, 308, 255-258

小野寺敦子（2005）「親になることにともなう夫婦関係の変化」『発達心理学研究』16, 15-25.

小野寺敦子・青木紀久代・小山真弓（1998）「父親になる意識の形成過程」『発達心理学研究』9, 121-130.

Papousek, (1993) Transmission of the communicative competence: Genetic, cultural, when, and how? *International Journal of Psychology*, 28, 709-717.

Pascalis, O., de Haan., M., & Nelson, C. A. (2002) Is face processing species-specific during the first year of life? *Science*, 296, 1321-1323.

Pipp, S. (1993) Infants' knowledge of self, other, and relationship. In U. Neisser (Ed.), *The perceived self: Ecological and interpersonal sources of self knowledge*. Cambridge University Press.

Plomin, R., & Petrill, S. A.（1997）Genetics and intelligence: What's new? *Intelligence*, 24, 53–77.

Porter, R. H., & Winberg, J.（1999）Unique salience of maternal breast odors for newborn infants. *Neuroscience and Biobehavioral Review*, 23, 439–449.

Prior, V., & Glaser, D.（2006）*Understanding attachment and attachment disorders: Theory, evidence and practice*. Jessica Kingsley Publishers.（加藤和生（監訳）（2008）『愛着と愛着障害——理論と証拠にもとづいた理解・臨床・介入のためのガイドブック』北大路書房）

Querleu, D., Renard, X., Boutteville, C., & Crepin, G.（1989）Hearing by the human fetus? *Seminar in Perinatology*, 13, 409–420.

Ramsey-Rennels, J. L., & Langlois, J. H.（2007）How infants perceive and process faces. In A. Slater, & M. Lewis（Eds.）, *Introduction to infant development*. Oxford University Press.

Rauh, H., Ziegenhain, U., Muller, B., & Wijnroks, L.（2000）Stability and change in infant-mother attachment in the second year of life: Relations to parenting quality and varying degrees of day-care experience. In P. M. Crittenden, & A. H. Claussen（Eds.）, *The oeganization of attachment relationships: Maturation, culture, and context*. Cambridge University Press.

Reder, P., & Duncan, S.（1999）*Lost innocents: A follow-up study of fatal child abuse*. Routledge.（小林美智子・西澤哲（監訳）（2005）『子どもが虐待で死ぬとき——虐待死亡事例の分析』明石書店）

Reid, V. M., Striano, T., & Koops, W.（2007）*Social cognition during infancy: A special issue of the european journal of developmental psychology*. Psychology Press.

Rizzolatti, G., & Sinigaglia, C.（2008）*Mirrors in the brain: How our minds share actions and emotions*. Oxford University Press.（柴田裕之（訳）（2009）『ミラーニューロン』紀伊國屋書店）

Roberts, G. L.（2000）Evaluating the prevalence and impact of domestic violence. In A. Y. Shalev, R. Yehuda, & A. C. McFarlance（Eds.）, *International handbook of human response to trauma*. Kluwer Academic.

Rosengren, K. S., Geiman, S. A., Kalish, C. W., & McCormic, M.（1991）As time goes by: Children's early understanding of growth in animals. *Child Development*, 62, 1302–1320.

Rubin, R.（1984）*Maternal identity and the maternal experience*. Springer Publishing.（新道幸恵・後藤桂子（訳）（1997）『母性論——母性の主観的経験』医学書院）

Saarni, C.（1999）*The development of emotional competence*. Guilford Press.

（佐藤香（訳）（2005）『感情コンピテンスの発達』ナカニシヤ出版）
相模あゆみ・小林登・谷村雅子（2003）「児童虐待による死亡の実態——平成12年度児童虐待全国実態調査より」日本子ども虐待防止学会『子どもの虐待とネグレクト』5.
坂上裕子（2000）「情動表出に関する幼児の認識」『日本発達心理学会第11回大会論文集』348.
坂上裕子（2003）「歩行期開始期における母子の共発達——子どもの反抗・自己主張への母親の適応過程の検討」『発達心理学研究』14，257-271.
坂上裕子（2005）『子どもの反抗期における母親の発達——歩行期開始期の母子の共変化過程』風間書房
榊原洋一（2009）『「脳科学」の壁——脳機能イメージングで何が分かったのか』講談社
佐久間路子（2001）「幼児期・児童期における関係的自己の発達」『お茶の水女子大学人間文化論叢』3, 33-44.
佐久間路子（2007）「幼児は自己の成長をどのように捉えているか——5歳児を対象とした面接調査による検討」『日本保育学会第60回大会発表論文集』1124-1125.
佐久間（保崎）路子・遠藤利彦・無藤隆（2000）「幼児期・児童期における自己理解の発達——内容的側面と評価的側面に着目して」『発達心理学研究』11, 176-187.
Sameroff, A. J.（1975）Early influences on development: Fact or fantasy? *Merrill-Palmer Quarterly*, 21, 267-294.
Sameroff, A., & Emde, R. N.（Eds.）(1989) *Relationship disturbances in early childhood: A developmental approach*. Basic Books.（小此木啓吾（監修）（2003）『早期関係性障害——乳幼児期の成り立ちとその変遷を探る』岩崎学術出版社）
Schaffer, H. R.（1998）*Making decisions about children*. 2nd ed. Blackwell.（無藤隆・佐藤恵理子（訳）（2001）『子どもの養育に心理学がいえること——発達と家族環境』新曜社
Schuder, M. R., & Lyons-Ruth, K.（2004）"Hidden trauma" in infancy: Attachment, fearful arousal, and early dysfunction of the stress response system. In J. D. Osofsky（Ed.）, *Young children and trauma: Intervention and treatment*. Guilford Press.
柴崎正行（2001）「心身の障害とその理解」大場幸夫・柴崎正行（編）『障害児保育』新・保育講座15，ミネルヴァ書房
島村直巳・三神廣子（1994）「幼児のひらがなの習得——国立国語研究所の1967年の調査との比較を通して」『教育心理学研究』42, 70-76.
下條信輔（1988）『まなざしの誕生——赤ちゃん学革命』新曜社
篠原郁子（2006）「乳児を持つ母親における mind-mindedness 測定方法の開発——母子相互作用との関連を含めて」『心理学研究』77, 244-252.

汐見稔幸・小西行郎・榊原洋一（2007）『乳児保育の基本』フレーベル館

Singer, D. G., & Singer, J. L.（1990）*The house of make-believe: Children's play and developing imagination.* Harvard University Press（高橋たまき・戸田須恵子・無藤隆・新谷和代（訳）（1997）『遊びがひらく想像力——創造的人間への道筋』新曜社）

Slater, A., Field, T., & Hermandez-Reif, M.（2007）The development of the senses. In A. Slater, & M. Lewis（Eds.）, *Introduction to infant development.* Oxford University Press.

園田菜摘・無藤隆（1996）「母子相互作用における内的状態への言及——場面差と母親の個人差」『発達心理学研究』7, 159–169.

Spelke, E., Breinlinger, K., Macomber, J., & Jacobson, K.（1992）Origins of knowledge. *Psychological Review*, 99, 605–632.

Stein, N. L., & Levine, L. J.（1989）The causal organization of emotional knowledge: A developmental study. *Cognition & Emotion*, 3, 343–378.

Stern, D. N,（1995）*The motherhood constellation: a unified view of parent-infant psychology.* Basic Books.（馬場禮子・青木紀久代（訳）（2000）『親－乳幼児心理療法——母性のコンステレーション』岩崎学術出版社）

菅原ますみ（2006）「乳幼児期のテレビ・ビデオ接触の実態および社会情緒的発達のと関連——0歳・1歳・2歳の3時点調査から」『"子どもに良い放送"プロジェクト第3回フォローアップ調査報告書』NHK放送文化研究所
http://www.nhk.or.jp/bunken/research/bangumi/kodomo/kodomo_06040701.pdf（検索日：2009/10/13）

住田正樹（1999）「母親の育児不安と夫婦関係」『子ども社会研究』5, 3–20.

庄司順一（1992）「小児虐待」『小児保健研究』51, 341–350.

首藤敏元（1995）「対人行動の発達」澤田瑞也（編）『人間関係の生涯発達』培風館

高橋たまき（1996）「遊びの再考」高橋たまき・中沢和子・森上史朗（編）『遊びの発達学 基礎編』培風館

高橋登（1997）「幼児のことば遊びの発達——"しりとり"を可能にする条件の分析」『発達心理学研究』8, 42–52

高坂聡（1996）「幼稚園児のいざこざに関する自然観察研究——おもちゃを取るための方略の分類」『発達心理学研究』7, 62–72.

高杉展（2001）「子どもが育つ環境の理解」『新・保育講座 保育原理』ミネルヴァ書房

田中千穂子（2005）「発達障害へのまなざし」田中千穂子・栗原はるみ・市川奈緒子（編）『発達障害の心理臨床』有斐閣

田中康雄（監修）（2004）『わかってほしい！気になる子——自閉症・ADHDなどと向き合う保育』学習研究社

田中康雄（2006）『軽度発達障害のある子のライフサイクルに合わせた理解と対応』学習研究社

寺田晃（1995）「乳幼児の成長・発達と健康」寺田晃・岡堂哲雄（監修）／寺田晃・村井憲男（編）『きずな――母と乳幼児メンタルヘルス・エッセンス』日本文化科学社

勅使千鶴（1999）『子どもの発達とあそびの指導』ひとなる書房

Thomas, A., & Chess, S.（1977）*Temperament and development*. Brunner/Mazel.

戸田まり（1996）「発達心理学における成人期（1）――『親』はどう捉えられてきたか」『北海道教育大学紀要』（第1部C），46，41-52.

特定非営利活動法人 ブックスタート
http://www.bookstart.net/

徳田治子（2004）「ナラティヴから捉える子育て期女性の意味づけ――生涯発達の視点から」『発達心理学研究』15，13-26.

徳田治子（2007）「子育て期を生きる母親への質的アプローチ」遠藤利彦・坂上裕子（編）『はじめての質的研究法――生涯発達編』東京図書

東京発達相談研究会・浜谷直人（編）（2002）『保育を支援する発達臨床コンサルテーション』ミネルヴァ書房

富昌平（2002）「子どもの空想の友達に関する文献展望」『山口芸術短期大学研究紀要』34，19-36.

富昌平（2003）「幼児期の空想の友達とその周辺現象に関する調査研究(2)」『幼年教育研究年報』25，79-86.

富昌平・山崎晃（2002）「幼児期の空想の友達とその周辺現象に関する調査研究(1)」『幼年教育研究年報』24，31-39.

Trickett, P. K., & McBride-Chang, C.（1995）The developmental impact of different forms of child abuse and neglect. *Developmental Review*, 15, 311-337.

津守真（1990）「障害児保育とは」柴崎正行・大澤幸夫（編）『障害児保育』保育講座12，ミネルヴァ書房

Turati, C., Simion, F., Milani, I., & Umilta, C.（2002）Newborns' preference for faces: What is crucial? *Developmental Psychology*, 38, 875-882.

内田伸子（1990）『想像力の発達――創造的想像のメカニズム』サイエンス社

内田伸子（1996）『子どものディスコースの発達――物語産出の基礎過程』風間書房

上原泉（1998）「再認が可能になる時期とエピソード報告開始時期の関係――縦断的調査による事例報告」『教育心理学研究』46，271-279.

氏家達夫（1996）『親になるプロセス』金子書房

van der Kolk, B. A.（1996）The complexity of adaptation to trauma: Self-regulation, stimulus discrimination, and characterological development. In B. A. van der Kolk, A. C. McFarlane, & L. Weisaeth (Eds.), *Traumatic stress: The effects of overwhelming experience on mind, body, and society*. Guilford Press.（西澤哲（監訳）（2001）『トラウマティックストレス――

PTSD およびトラウマ反応の臨床と研究のすべて』誠信書房）

van IJzendoorn, M. H. (1995) Adult attachment representations, parental responsiveness and infant attachment: A meta-analysis on the predictive validity of the adult attachment interview. *Psychological Bulletin*, 117, 387–403.

van IJzendoorn, M. H., & Bakermans-Kranenburg, M. J. (1997) Intergenerational transmission of attachment: A move to the contextual level. In L. Atkinson, & K. J. Zucker (Eds.), *Attachment and psychopathology*. Guilford Press.

Vosniadou, S., & Brewer, W. F. (1992) Mental models of the earth: A study of conceptual change in childhood. *Cognitive Psychology*, 24, 535–585.

Wartner, U. G., Grossmann, K., Fremmer-Bombik, E., & Suess, G. (1994) Attachment patterns at age six in south Germany: Predictability from infancy and implications for preschool behavior. *Child Development*, 65, 1014–1027.

鷲田清一（1996）『じぶん・この不思議な存在』講談社

Waters, E, Merrick, S. K., Treboux, D., Crowell, J., & Albersheim, L. (2000) Attachment security in infancy and adulthood: A twenty-year longitudinal study. *Child Development*, 71, 684–689.

Werner, H., & Kaplan, B. (1963) *Symbol formation: An organismic-developmental approach to language and the expression of thought*. John Wiley.（柿崎祐一（監訳）（1974）『シンボルの形成——言葉と表現への有機・発達論的アプローチ』ミネルヴァ書房）

WHO（2000）『WHO 国際障害分類　第 2 版——生活機能と障害の国際分類』ベータ 2 案完全版，WHO 国際障害分類日本協力センター

Winnicott, D. W. (1958) *Collected papers: Through paediatrics to psycho-analysis*. Basic Books.（北山修（監訳）（2005）『小児医学から精神分析へ——ウィニコット臨床論文集』岩崎学術出版社）

Winnicott, D. W. (1965) *The maturational processes and the facilitating environment*. Hogarth Press.（牛島定信（訳）（1977）『情緒発達の精神分析理論——自我の芽ばえと母なるもの』岩崎学術出版社）

山田洋子・中西由里（1983）「乳児の指さしの発達」『児童青年精神医学とその近接領域』24, 239–259.

山地弘起（1997）「自己の発達」井上健治・久保ゆかり（編）『子どもの社会的発達』東京大学出版会

Wynn, K. (1992) Addition and subtraction by human infants. *Nature*, 358, 749–750.

山口真美（2003）『赤ちゃんは顔をよむ——視覚と心の発達学』紀伊國屋書店

山口雅史（1997）「いつ，一人前の母親になるのか？——母親のもつ母親発達観

の研究」『家族心理学研究』11，83-59.

矢野由佳子・青木紀久代(2002)「保育における『気になる子どもたち』――多数園の実態の共有と対処」『児童育成研究』20，3-11.

依田明(1990)『きょうだいの研究』大日本図書

横山正幸(1991)「幼児による格助詞ニ→ガの置換誤用」『福岡教育大学紀要』40号，4分冊，303-312.

横山真貴子(1997)「就寝前の絵本の読み聞かせ場面における母子の対話の内容」『読書科学』41，91-104.

横山真貴子・秋田喜代美・安見克夫・遠藤雅子(1998)「読み聞かせを構成する保育者の思考と行動(1)(2)」『日本発達心理学会第9回発表論文集』140-141.

吉田敬子(2000)『母子と家族への援助――妊娠と出産の精神医学』金剛出版

吉永茂美・眞鍋えみ子・瀬戸正弘・上里一郎(2006)「育児ストレッサー尺度作成の試み」『母子衛生』47，386-396.

郵政省(2000)『放送分野における青少年とメディア・リテラシーに関する調査研究会報告書』郵政省
http://www.soumu.go.jp/main_sosiki/joho_tsusin/top/hoso/pdf/houkokusyo.pdf (検索日:2009/10/13)

Zahn-Waxler, C., Radke-Yarrow, M., Wagner, E., & Chapman, M. (1992) Development of concern for others. *Developmental Psychology*, 28, 126-136.

Zeanah, C. H., & Boris, N. (2000) Disturbances and disorders of attachment in early childhood. In C. H. Zeanah (Ed.), *Handbook of infant mental health*. Guilford Press.

Zeanah, C. H., Smyke, A. T., & Dumitrescu, A. (2002) Attachment disturbances in young children. II: Indiscriminate behavior and institutional care. *Journal of the American Academy of Child & Adolescent Psychiatry*, 41, 983-989.

Zeanah, C. H., Zeanah, P. D., & Stewart, L. (1990) Parents' constructions of their infants' personalities before and after birth: A descriptive study. *Child psychiatry and human development*, 20, 191-206.

全障研:障害乳幼児施策全国実態調査委員会・近藤直子・白石恵理子・張貞京・藤野友紀・松原巨子(2001)「自治体における障害乳幼児施策の実態」『障害者問題研究』29(2)，4-31.

事項索引

● あ 行

IQ　36
愛着遮断症候群　255
赤ちゃん
　——との相互作用　92
　想像上の——　53
赤ちゃん学　4
赤ちゃん学革命　61
赤ちゃん観　60
赤ちゃんらしさ　91
あざむき　193
足場かけ　132, 152
アセスメント　291
遊　び　133, 134, 206
アタッチメント　12, 25, 28, 87-89, 93, 192, 229
　——行動　95
　——の安定性　277
　——の個人差　54, 98, 112
　——の質　97, 112
　——の成立　47
　——の世代間伝達　112
　——の発達　94
　Aタイプ（回避型）——　100, 113, 192
　Bタイプ（安定型）——　100, 113, 192
　Cタイプ（アンビヴァレント型）——　100, 113, 192
　Dタイプ（無秩序・無方向型）——　105, 113
　行動にまとまりのある——　105
　成人の——　113
　胎児への——　233, 234
アタッチメント障害　107
アダルト・アタッチメント・インタヴュー　113
後追い行動　86
アニミズム的思考　125
安全基地　28, 101
安全の環　28, 88, 101
アンビヴァレンス（アンビヴァレントな感情・態度）　224, 295
いい子　21, 23
いい母親　23
育児（子育て）
　——に対する原初的没頭　9, 33
　——への動機づけ　9
育児語（マザリーズ）　141
育児支援（子育て支援）（親支援）　230, 246, 288, 291
育児ストレス　226, 229
育児不安　226
移行対象　175
いざこざ　181
　——の原因　183
　——の集結　184
依存性　88
一語文（一語発話）　146
一時保護　290
一貫した応答　13
遺　伝　35, 62, 284
遺伝率　36
移動能力（身体移動）　77, 82, 204
　——と感情　80
いないいないばあ　135, 136
イメージ　125
医療的ネグレクト　255
「生まれか育ちか」　35

運動能力 →身体的能力
笑　顔　171
エスカレートのシナリオ　263
エピソード記憶　13
絵　本　155, 207, 208
　　図鑑型認識——　210
　　生活——　211
延滞模倣　125
お座り　134
オノマトペ（擬音語・擬態語）　151
思いやり行動（愛他行動）　196, 198
おもちゃ　185, 204, 206
親　224
　　——ならではの脆弱性　246
　　——になる経験　224, 236, 240, 247
　　——の心理的危機　232, 235, 246
　　——への移行　232, 238, 239
　　——への準備性　228
親子関係（親子の関係性）　19, 244
　　——の構築　52
親支援　→育児支援
親ストレス　229
親—乳幼児心理療法　236
音韻意識　155, 156
音声刺激の識別　46

● か　行

介　入　185
回復的アプローチ　268
顔の知覚（識別）　67, 70
加害者化　268
関わりの一貫性　10
可逆的操作　154
確実な避難所　28, 101
学習障害　281
かくれんぼ　135
数の概念　72
仮説検証行動　198
家族の再統合　269
可塑性　115, 117

語り　→ナラティヴ
学　校　290
家庭外保育　277
家庭支援ワーカー　290
家庭児童相談所　289
カテゴリ的自己規定　167
からかい　180, 193
感覚（器官）　44, 161
感覚運動期　122, 124, 134
感覚過敏　292
眼球運動　45
環　境　31, 35, 160, 204, 284
　　——との適合　62
　　——による抱きかかえ　269
環境構成　211
環境変化　277
看護師　290
感　情　12, 87, 170
　　1次的——　172
感情経験　80
感情コンピテンス　187
感情焦点型の対処　173
感情制御　24, 29, 34, 172, 176
　　——の困難　268
感情調整　188
　　——の困難　265
感情伝染　196
感情発達モデル　170
感情表出　92, 187, 188
感情理解　192
記　憶　46, 152, 163
気　質　61, 62, 109, 284
期待違反法　65, 72, 193
気になる子ども　273, 275, 278, 294
規範（意識）　134, 200
虐　待　105, 112, 233, 235, 252, 256, 273
　　——的な人間関係の再現　268
　　——のリスク・モデル　264
　　——のリスク要因　260

──を受けた子どものトラウマ
　　　265
　　──を受けた子どもへの治療　268
　　しつけと──　262, 277
　　乳幼児期の──　264
虐待死（虐待の死亡事例）　259
客体的自己（客我）　162
嗅　覚　45, 47, 65, 66
教育相談所（室）　290
教育的ネグレクト　255
鏡映像の自己認知　162, 164, 174
鏡映文字　157
共感（性）　11, 173, 196, 200
　　──する脳　13
　　──的気遣い　198
共進化　94
きょうだい　180, 181
協調性　95
共同注意　141, 142, 162
強迫神経症症状　277
共発達　244
共鳴動作　69
クーイング　140
空　想　212
　　──の友達　153
具体的操作期　122
口紅課題　174
ケ　ア　247
　　──とコントロールをめぐる葛藤
　　　263
　　──役割を通したアイデンティティ
　　　238
形式的操作期　122
軽度発達障害　281
けんか　181, 186
言語　→ことば
言語能力（スキル）　218, 278
語彙獲得　218
語彙の爆発期　146, 209
構　音　147

攻撃（性）　166, 218
向社会的行動　196, 198
向社会的道徳判断　198
巧緻性（手・指の）　204
行動遺伝学　36
行動調整　88
行動の柔軟的調整　76
行動の抑制　62
広汎性発達障害　281
声の調子　13
心の発達　20
心の病（子どもの）　19, 21
心の理解　11, 14, 95, 137, 142, 189, 190,
　　193
個人差　36, 54, 285
個人内差　285
誤信念課題　190, 193
誤信念理解　138
個　性　62
子育て　→育児
子育てひろば　290
こだわり　292
ごっこ遊び　134, 136, 206
ことば　12, 13, 144, 162, 185
　　──の獲得　146, 149, 152
　　──の発達（言語発達）　142, 151
　　1次的──　157
　　過剰拡張（縮小）的な──の使用
　　　145, 146
　　2次的──　157
子ども家庭支援センター　290
コミュニケーション　12, 141-143
　　──好きな外形　14
　　──の問題　274
コミュニケーション・スタイル　157
コルチゾール値　65, 101

● さ　行

罪悪感　176
才能ある子　21

先取り方略　181
錯覚（養育者の）　6, 13, 18, 22, 33
サリドマイド　50
三項関係　142, 162
産後うつ　236
ジェネラル・ムーブメント　43
シェマ　122
視　覚　45, 67, 205
視覚的断崖　80
子宮回帰願望　47
自　己　18, 160, 169
　――と感情　170
　――の客体的認識　165
　――のナラティヴ　167
　――の発達　142
　偽りの――　21, 22
　客体的――（客我）　160
　社会的な――　169
　主体的――（主我）　160
　真の――　21, 23
　道徳的な――　200
自己意識的感情　173
自己概念　167
自己効力感　9, 76
自己指向性行動　161, 164
自己主体性　76
自己主張　165, 248
自己制御　165
　――の芽生え　165
自己中心性　125
自己認知　163
自己評価　168
　――的感情　176
自己抑制　165
自己理解の多面的発達モデル　167
視床下部　62
姿　勢　204
　――の制御　77
自然な実験　31
しつけ　200, 262, 277

嫉　妬　173
自伝的記憶（エピソード記憶）　152, 167
児童館　290
児童虐待　→虐待
児童虐待防止法（児童虐待の防止に関する法律）　252, 255, 256
児童福祉法　290
自閉症　12
社会関係　132
社会情緒的発達　176
社会性　186, 278, 281
社会的関係（世界）　117, 169
社会的構成主義　132
社会的行動　164
社会的参照　141
社会的スキル　166
社会的知覚　69, 91
社会的同調　69, 92
社会的微笑　92, 171
社会的表示ルール　188
修正的アプローチ　268
手段目的的問題解決　76
手腕の動き　77
馴化（脱馴化）　64, 127
巡回相談（指導）　290, 293
馴化・脱馴化法　64, 65
障　害　49, 279, 292
生涯発達　35, 111, 225, 239, 240
生涯発達心理学　35
情緒安定性　278
象徴機能（能力）　134, 204, 206
情緒的自律性　76
情緒的利用可能性　26
衝動性　273
情報（メディア）環境　204
初期胎生期　42
初語　144
触　覚　44, 205
自律性　24, 34, 88, 176, 200

しりとり　156
侵害的でないこと　26
心身症（小児心身症）　19, 275
新生児微笑　8
新生児模倣　5, 69, 92
身体移動　→移動能力
身体的（運動）能力　133, 134, 172, 204
　　――の発達　74
身体的虐待（子どもへの物理的暴力）　252-254
身体同調システム　92
心的辞書　156
信　念　189
　　――の理解　190
親密な他者との関係性　198
親密な人間関係の障害　267
心理職　291, 293
心理的虐待　252, 256
スイカの引っ越し課題　193
随伴的な関わり　9, 13
睡眠と覚醒　46
数的処理能力　218
ストレス（子どもの）　229, 275
ストレス対処行動　275
ストレンジ・シチュエーション法　98, 192
刷り込み　87
成人期　225
　　――女性のアイデンティティ発達　237
　　――の人格発達　232
成人疾病胎児期起源説　51
精神分析　12
性的虐待（不適切な性的接触）　252, 253
生物学的概念　126, 130
制　約　149
生理的早産　89
選好注視法　64

前操作期　122, 125, 134
蠕　動　42
早期教育　30, 38
想像力　207
素朴理論　130

● た　行

第1次循環反応　122
第1次相互主観性　141
第2次循環反応　124
第2次相互主観性　142
第3次循環反応　124, 136
胎芽期　42
胎児（期）　42, 65
　　――の発達　49
　　――へのアタッチメント　233, 234
胎児アルコール症候群　49
対人関係　115, 134, 180, 267
対人関係スタイル　110
胎　動　43, 52, 233, 234
胎内環境　49-51
大脳辺縁系　62
体　罰　262
代理ミュンヒハウゼン症候群　254
対　話　209
多重役割　228
脱錯覚　33
脱錯覚（養育者の）　18
多　動　292
試　し　268
探　索　29, 76
知　覚　64, 68
知覚的狭化　68
父親（夫）
　　――の育事　227
　　――の発達　241
チック　277, 283
知的（思考）能力　122, 133
知的機能　279
知的障害　281

注意欠陥多動性障害　281
注意の制御（移行）　165
聴覚　45, 47, 66, 205
調整　122
直感的育児　93
つかまり立ち　134
つわり　49
定位　94
DESNOS（ほかに特定されない極度のストレス障害）　265
低体重出生　51
手さし　143
テラトゲン　49-51
てれ　173
テレビ　214
テレビゲーム　213
トイレット・トレーニング　78, 176
同化　122
統合保育　290
同調　7
道徳性　196, 198
道徳的内在化　200

● な　行

内的作業モデル　96, 110, 115
仲間関係　111, 180, 181
慣らし保育　277
ナラティヴ（語り）　152, 167
喃語　140, 144
二項関係　141
二語文　147
2次的な障害　283
乳児揺さぶり症候群　254
乳幼児健康診査（乳幼児健診）　288
乳幼児健忘　152
人間関係　→対人関係
妊娠（期）　43, 49, 232
妊娠後期　233
妊娠初期　232
妊娠中期　233

認知（機能，能力）　46, 64, 172, 207, 281
認知発達　131, 132, 134
ネガティヴな感情（赤ちゃんの）　23, 24, 28, 88
ネグレクト（養育の放棄や怠慢）　252, 255, 277
脳機能画像法　63
脳神経科学　11
脳（機能）　31, 287

● は　行

排泄　78
はいはい　77, 79, 80, 95, 136
剝奪実験　31
恥　176
パーソナリティ　36, 110, 116
発信　94, 95
　社会的——　93
発達障害　265, 273, 279, 287
発達障害者支援法　282
発達相談　292, 293
発達段階　207
発達遅滞　255, 265
発達の遅れ　273
発達の最近接領域　132
発達の相乗的相互作用　284
発話　151, 189, 210
パニック　292
母親　225
　——の（心理的）サポート　227
　——の人間関係　227
　——の飲酒・喫煙　49
反抗挑戦性障害　283
反射行動　74
ハンドリガード　161
反復喃語　140
光トポグラフィー法　63
非器質性体重増加不良　255
引っ込み思案　166

皮膚感覚　65
表　情　12, 13
表象（能力）　125, 162
表象的近接　96
敏感性　25
ファンタジー　153, 154
夫婦関係　227, 229, 238, 239
不器用　292
ふざけ　180, 182
ブックスタート　208
物理的概念　126
物理的近接　96
普遍文法　148
ふり（遊び）　137, 187
プレリテラシー　157
文　法　148
分離（不安）　97, 277
保育観　186
保育者（保育士）　183, 290, 293
　　──の悩み　291
保育施設（保育所・幼稚園）　269, 277, 290
保育におけるカウンセリング機能　248
保育の質　279
保健（福祉）センター　288
保健所　288
母　語　66
歩行（つたい歩き）　77, 82, 95, 136
誇　り　176
母子関係　20
母子健康手帳（母子手帳）　288
母子保健法　288
母　性　226
保存課題　125
本の取り扱い方　209

● ま　行

mind-mindedness　8, 93, 192
まね　→模倣
マルトリートメント　252
マンガ　213, 214
味　覚　45, 65
身ぶり・手ぶり　12
ミラー・ニューロン　11
ミラーリング（映し出し）　10, 12, 13
無差別的愛着傾向　267
無差別的な社交性　107
無様式知覚（超感覚知覚）　68
メディア・リテラシー　217
文　字　154, 211
ものの永続性　72, 124, 129
物の取り合い　181, 183
模倣（まね）　5, 11, 204, 206
問題行動　19, 21, 166

● や　行

役割（関係）喪失　236
役割取得　198
夜　尿　277
指さし　141-143
指しゃぶり　43
養育の放棄や怠慢　→ネグレクト
養護欲求　90
幼児音　148
幼児語　145, 151
幼児図式　91
予測的行為　76, 79
欲求の先読み　23, 25
読み書き　154, 155, 157
読み聞かせ　207, 209
　　──の意義　212

● ら　行

ライフコース　228
療育機関　292, 293
療育手帳　290
臨床心理士　290
ルール　134
連　携　295

人名索引

● あ 行

アイゼンバーグ（Eisenberg-Berg, N.）　198
青木紀久代　273
蘭香代子　233
イアコボーニ（Iacoboni, M.）　12
岩田純一　169
ヴァン・デア・コルク（van der Kolk, B. A.）　265
ヴィゴツキー（Vygotsky, L. S.）　131
ウィニコット（Winnicott, D. W.）　9, 21, 23, 33, 34, 176, 224
ウェルマン（Wellman, H. M.）　189
氏家達夫　246
エインズワース（Ainsworth, M. D. S.）　98, 101
エムディ（Emde, R. M.）　200
遠藤利彦　167
大日向雅美　230
岡本祐子　237, 238
岡本依子　234

● か 行

柏木惠子　24, 228, 240, 244
ギル（Gill, E.）　268
鯨岡峻　144
ケーガン（Kagan, J.）　62

● さ 行

サアーニ（Saarni, C.）　187
坂上裕子　244, 245
佐久間路子　167, 169
サメロフ（Sameroff, A. J.）　284

菅野幸恵　234
スターン（Stern, D. N.）　236

● た 行

田中康雄　281
ダン（Dunn, J.）　192
ダンカン（Duncan, S.）　263
チェス（Chess, S.）　62
チョムスキー（Chomsky, A. N.）　148
ツァーン-ワックスラー（Zahn-Waxler, C.）　198
勅使千鶴　133, 135
デーモン（Damon, W.）　167
トマス（Thomas, A.）　62

● な 行

中西由里　143
中野茂　133
西澤哲　269
根ヶ山光一　234

● は 行

バーチ（Bartsch, K.）　189
ハート（Hart, D.）　167
浜谷直人　295
バルテス（Baltes, P. B.）　35, 36
ピアジェ（Piaget, J.）　122, 126, 129, 134
ビリンゲン（Biringen, Z.）　26
ブランバーグ（Blumberg, M. S.）　5
ボウルビー（Bowlby, J.）　94, 110, 112, 115
ホフマン（Hoffman, M. F.）　196, 198, 200

324

堀越紀香　　180, 182

● ま 行

マインズ（Meins, E.）　　8, 192, 196
マークマン（Markman, E.）　　150
マーラー（Mahler, M. S.）　　83
無藤隆　　167
メイヤロフ（Mayeroff, M.）　　247
メイン（Main, M.）　　105
森田ゆり　　262

● や 行

矢野由佳子　　273

山田洋子　　143

● ら 行

リンデン（Linden, D. J.）　　31
ルイス（Lewis, M.）　　170
レイダー（Reder, P.）　　263
レイン（Laign, J. P.）　　19, 20, 23

● わ 行

若松素子　　244
ワチテル（Wachtel, J. E.）　　150

● 著者紹介

遠藤 利彦（えんどう としひこ）
東京大学大学院教育学研究科教授

佐久間 路子（さくま みちこ）
白梅学園大学子ども学部教授

徳田 治子（とくだ はるこ）
高千穂大学人間科学部教授

野田 淳子（のだ じゅんこ）
東京経済大学全学共通教育センター准教授

乳幼児のこころ
──子育ち・子育ての発達心理学
Psychology of Infant Development and Parenting

ARMA
有斐閣アルマ

2011 年 6 月 25 日　初版第 1 刷発行
2025 年 6 月 10 日　初版第 9 刷発行

著　者	遠　藤　利　彦
	佐　久　間　路　子
	徳　田　治　子
	野　田　淳　子
発 行 者	江　草　貞　治
発 行 所	株式会社 有　斐　閣

郵便番号　101-0051
東京都千代田区神田神保町 2-17
https://www.yuhikaku.co.jp/

印刷・株式会社理想社／製本・牧製本印刷株式会社
© 2011, T. Endo, M. Sakuma, H. Tokuda,
J. Noda. Printed in Japan
落丁・乱丁本はお取替えいたします。
★定価はカバーに表示してあります。

ISBN 978-4-641-12429-5

JCOPY 本書の無断複写（コピー）は、著作権法上での例外を除き、禁じられています。複写される場合は、そのつど事前に、（一社）出版者著作権管理機構（電話03-5244-5088、FAX03-5244-5089、e-mail:info@jcopy.or.jp）の許諾を得てください。